西方传统 经典与解释
Classici et commentarii
HERMES

HERMES

在古希腊神话中，赫耳墨斯是宙斯和迈亚的儿子，奥林波斯神们的信使，道路与边界之神，睡眠与梦想之神，亡灵的引导者，演说者、商人、小偷、旅者和牧人的保护神……

西方传统 经典与解释
Classici et commentarii
HERMES
尼采注疏集
刘小枫 ● 主编

道德的谱系
Zur Genealogie der Moral

［德］尼采（Friedrich Nietzsche）● 著

梁锡江 ● 译

华东师范大学出版社

华东师范大学出版社六点分社　策划

"尼采注疏集"出版说明

尼采是我国相当广泛的读书人非常热爱的德语作家，惜乎我们迄今尚未有较为整全的汉译尼采著作集。如何填补我国学园中的这一空白，读书界早已翘首以待。

"全集"通常有两种含义。第一个含义指著作者写下的所有文字的汇集，包括作者并未打算发表的笔记、文稿和私信等等。从这一含义来看，意大利学者 Giorgio Colli 和 Mazzino Montinari 编订的十五卷本"考订版尼采文集"(*Nietzsche Sämtliche Werke*：Kritische Studienausgabe in 15 Bänden，缩写 KSA，实为十三卷，后两卷为"导论"、各卷校勘注和尼采生平系年)，虽享有盛名，却并非"全集"，仅为尼采生前发表的著作和相关未刊笔记，不含书信。Giorgio Colli 和 Mazzino Montinari 另编订有八卷本"考订版尼采书信集"(*Sämtliche Briefe*, Kritische Studienausgabe in 8 Bänden)。

其实，未刊笔记部分，KSA 版也不能称全，因为其中没有包含尼采在修习年代和教学初期的笔记——这段时期的文字(包括青年时期的诗作、授课提纲、笔记、书信)，有经数位学者历时数十年编辑而成的五卷本"尼采早期文稿"(*Frühe Schriften*：*Werke und Brief* 1854—1869；Joachim Mette 编卷一、二；Karl Schlechta / Mette 编卷三、四；Carl Koch / Schlechta 编卷五)。

若把这些编本加在一起(除去 KSA 版中的两卷文献,共计二十六卷之多)全数翻译过来,我们是否就有了"尼采全集"呢?

Giorgio Colli 和 Mazzino Montinari 起初就立志要编辑真正的"尼采全集",可惜未能全工,Volker Gerhardt、Norbert Miller、Wolfgang Müller-Lauter 和 Karl Pestalozzi 四位学者在柏林-布兰登堡学园(Berlin-Brandenburgischen Akademie der Wissenschaften)支持下接续主持编修(参与者为数不少),90 年代中期成就四十四卷本"考订版尼采全集"(*Nietzsche Werke Kritische Gesamtausgabe*,44 Bände,Berlin / New York,Walter de Gruyter 1967—1995,共九大部分,附带相关历史文献)。我国学界倘若谁有能力和财力全数翻译,肯定会是莫大的贡献(最好还加上 *Supplementa Nietzscheana*,迄今已出版七卷)。

"全集"的第二个含义,指著作者发表过和打算发表的全部文字,这类"全集"当称为"著作全集"(KSA 版十五卷编本有一半多篇幅是尼采 1869—1889 的未刊笔记,尼采的著作仅占其中前六卷,未刊笔记显然不能称"著作")。尼采"著作全集"的编辑始于19 世纪末。最早的是号称 Großoktavausgabe 的十九卷本(1894 年开始出版,其时病中的尼采还在世),前八卷为尼采自己出版过的著作,九卷以后为遗稿;然后有 Richard Oehler 等编的 Musarion 版二十三卷本(1920—1929)、Alfred Bäumler 编订的 Kröner 版十二卷本(1930 陆续出版,1965 年重印)。这些版本卷帙过多,与当时的排印技术以及编辑的分卷观念相关,均具历史功绩。

1956 年,Karl Schlechta 编订出版了"三卷本尼采著作全集"(*Werke in 3 Bänden*,附索引一卷;袖珍开本,纸张薄、轻而柔韧,堪称精当、精美的"尼采著作全集")——尼采自己出版的著作精印为前两卷,卷三收尼采早期未刊文稿和讲稿以及"权力意志"遗稿。KSA 版问世后,Karl Schlechta 本因卷帙精当仍印行不衰——迄今已印行十余版(笔者所见最近的新版为 1997 年),引用率仍然很高。

Karl Schlechta 本最受诟病的是采用了尼采胞妹编订的所谓"权力意志"遗稿（张念东、凌素心译本，北京：商务版1991）——由于没有编号，这个笔记编本显得杂乱无章（共辑1067条），文本的可靠性早已广受质疑。KSA版编辑尼采笔记以年代为序，从1869年秋至1889年元月初，长达近二十年（七至十三卷，近五千页），其中大部分不属遗著构想，所谓"权力意志"的部分仅为十二和十三卷（十三卷有贺骥中译本，漓江出版社2000；选本的中译有：沃尔法特编，《尼采遗稿选》，虞龙发译，上海译文版2005）。

有研究者认为，尼采并没有留下什么未完成的遗著，"权力意志"（或者"重估一切价值"）的写作构想，其实已见于最后的几部著作（《偶像的黄昏》、《善恶的彼岸》、《道德的谱系》、《敌基督》）——尼采想要说的已经说完，因此才写了《瞧，这个人》。按照这种看法，尼采的未刊笔记中并没有任何思想是其已刊著作中没有论及的。

研究尼采确乎当以尼采发表的著作为主——重要的是研读尼采或充满激情或深具匠心地写下并发表的文字。此外，尽管尼采的书好看，却实在不容易读（首先当然是不容易译），编译尼采著作，不仅当以尼采的著作为主，重要的是要同时关注注释和解读。

我们这个汉译"尼采注疏集"含三个部分：

1. 笺注本尼采著作全集——收尼采的全部著作，以KSA版为底本（其页码作为编码随文用方括号注出，便于研读者查考），并采用KSA版的校勘性注释和波恩大学德语古典文学教授Peter Pütz教授的"笺注本尼采著作全集"（共十卷）中的解释性注释（在条件许可的情况下，尽量采集法译本和英译本的注释——Gilles Deleuze/Maurice de Gandillac主编的Gallimard版法译全集本主要依据KSA版；英文的权威本子为"剑桥版尼采著作全集"）；

2. 尼采未刊文稿——选编重要的早期文稿（含讲稿和放弃了

的写作计划的残稿)、晚期遗稿和书信辑要；

3.阅读尼采——选译精当的文本解读专著或研究性论著/文集。

由此形成一套文本稳妥、篇幅适中、兼顾多面的"尼采笺注集"，虽离真正的"汉译尼采全集"的目标还很遥远，毕竟可为我们研读尼采提供一个较为稳靠的基础。

"尼采注疏集"是我国学界研究尼采的哲学学者和德语文学学者通力合作的结果，各位译者都有很好的翻译经验——这并不意味着译本无懈可击。编译者的心愿是，为尼采著作的汉译提供一种新的尝试。

刘小枫

2006年5月于

中山大学比较宗教研究所

德语古典文化与宗教研究中心

目　　录

KSA 版编者说明 / 1
Pütz 版编者说明 / 10

前言 / 47
第一章　"善与恶"、"好与坏" / 62
第二章　"罪欠"、"良知谴责"及相关概念 / 104
第三章　禁欲主义理念意味着什么？/ 154

Pütz 版尼采年表 / 239
译后记 / 244

KSA 版编者说明[1]

有一位哲学家,他一直感觉他还没有完全地实现自我——他论述过古希腊人,也曾经作为心理学者、道德学者与历史学者发表过自己的看法,最后他又凭借《扎拉图斯特拉如是说》在诗艺上取得了巅峰般的成就,如今的他却又希望在理论领域同样获得认可——他甚至或许还带着某种体系化的意图,力图将存在原则的相关法则公之于众。这位哲学家就是处于创作晚期的尼采,而该阶段肇始于《善恶的彼岸》。其实在尼采之前的文稿,特别是那些未发表的稿件中,他的这种野心和抱负就已经零星地显露出来,尤其是在认识论领域。一方面,在道德伦理学领域,他与叔本华之间的交锋更为尖锐,而在另一方面,在理论研究的领域内,这种交锋却逐渐减弱,尼采将他一些苦苦思索得出的结论暂时搁置,例如理智(Intellekt)之于意志和情感的优先性。而其他方面的反叔本华主题却依然保留,他针对"主体"(Subjekt)概念的重要批判在《善恶的彼岸》与《道德的谱系》[2]中也得到继续。尽管如此,我们还

---

[1] [译注]此篇编者说明本是 Giorgio Colli 为 1968 年《善恶的彼岸》与《道德的谱系》两书的意大利译本撰写的后记,后被收入 KSA 版第五卷(同样收录了上述两本著作),由 Ragni Maria Gschwend 译成德文。文中所引页码均出自 KSA 版第五卷。

[2] [译注]参本书第一章第 13 节。

是可以观察到,尼采在向叔本华重新靠拢(尼采在《道德的谱系》的前言中提到后者时,他的用词"伟大的老师叔本华"不是没有缘故的,参第251页),甚至我们还可以说,他在向形而上学重新靠拢,因为他将一切实在者均归结为"权力意志",而"权力意志"则对 principium individuationis① 进行调节,这样一种将所有特性归结为某个尽管形式多样、但却具有唯一性的根源的做法,虽然尼采本人的意图与之相反,但却依然是一种形而上学的态度。

尼采试图建立一个权力意志的"体系"的做法正是开始于这一时期,而正当他对这样一种具有整合性的实体展开初步探讨时,尽管他使用了具体的、属于尼采自己的观察历史世界的方法,但这种初步探讨却很难与他对那些形而上学哲学家们展开的道德批判等量齐观。在《道德的谱系》第三章,尼采对这些哲学家提出谴责,认为是他们促成了禁欲主义理想的统治地位。尼采关于"权力意志"的这一新的哲学原则与叔本华关于"生命意志"的原则之间有很大相似性,这一点很明显,而且毋庸置疑(尼采自己也承认),尼采的原则事实上是叔本华原则的一种变体。两者的核心是一样的,两者都属于强调意识内在的类型:在两种情况下,都涉及一种非理性的实体,它存在于我们内部(所有的神学都因此被克服),我们可以通过直接领悟而体验这一实体。两者的区别仅仅在于,叔本华拒绝这一实体并试图否定它,而尼采则接受它并希望肯定它。所以,尼采的原创性并不在于这一原则本身,而在于他对于这一原则的反应,在于他对此的态度,而这种态度还可以一直追溯到《肃剧诞生于音乐精神》。他现在进入了创作的最后阶段,以《善恶的彼岸》为开始,尼采在其作品中表现出了一种非常值得注意的从容(我们可以注意到,尼采在有节制地使用激情,其强度直到著作的最后几页才得到提升),而与此同时,尼采又重拾这一

---

① [译注]拉丁文,使个体得以形成并与其他个体相区别的那些原则。

主题,并且再次在希腊悲剧神灵的身上找到了一种象征性的表达。

不过,狄俄尼索斯不再是一个美学上的象征,而是出现在了伦理理论的层面上。因为对于尼采而言,利用与之相应的概念来进行某种理论的或者甚至某种形而上的研究的做法是与其原则相悖的。他只是在1884年之后的遗稿中这样尝试过。在《善恶的彼岸》、《道德的谱系》以及之后的著作中,尼采对于"权力意志"这一哲学概念的探讨依然是基于他作为道德学者和心理学者的经验,并且正如我们所预料的那样,他采用了之前所创造的比喻与概念。在《善恶的彼岸》中,狄俄尼索斯变成了一个知晓世界的本质乃是权力意志的人("狄俄尼索斯乃是一个哲学家,所以神灵也进行哲学思辨",参第238页①)。他接受了这一点,而且也希望如此。该问题的理论探讨得到了道德立场的补充,所以理论探讨不可以被孤立起来。而通过这种方式,哲学研究也继续与情绪冲动的领域紧密地联系在一起。哲学的原则被哲学家如何"感受"该原则的方式所掩盖。

在《善恶的彼岸》与《道德的谱系》两本著作中,痛苦(Leiden)的概念连同与之相联系的或由此派生而来的那些设想构成了检验这一"权力意志"哲学的试金石。而在这个问题的解释上,叔本华也起到了决定性的作用:叔本华将痛苦镶嵌入生命图景的坚决态度,对于尼采来说乃是他从未摆脱的青少年时期的经验(痛苦是《肃剧诞生于音乐精神》中狄俄尼索斯构想的一个基本组成部分)。伴随着权力意志这一形而上学的产生,痛苦连同所有与其相关联的东西都变成了中间人,一个使相关探讨可以转移到历史形成领域的中间人。事实上,我们很难谈论自在自为的权力意志,但是从痛苦的角度出发,从对于痛苦的评价的角度出发,我们就有可能观察到人对于这种形而上的冲动的道德反应。

---

① [译注]参《善恶的彼岸》,格言295。

权力意志会导致痛苦,这是一个被尼采称作"狄俄尼索斯式的"可怕认识。每一种意欲屏蔽痛苦的道德和世界观——这不仅仅指的是佛教和叔本华,同时也指所有被尼采用"颓废"(dekadent)来形容的东西,包括"现代理念"的民主化运动①——,他们同时也就拒绝了权力意志,即生命本身。现代性的弱点,即它的"颓废","就在于它对痛苦的极度仇视,就在于那种近似于娘们儿一样的无能,无法旁观痛苦,无法容忍痛苦"(第125页②)。而狄俄尼索斯式的立场则与之相反:"你们意欲[……]取消痛苦;而我们呢?——我们似乎更愿意让痛苦比以往任何时候都来得更猛烈些!"(第161页③)世界的实质不可以被遮蔽、不可以被虚伪地隐藏起来;如果在生命的深渊中存在着某些可怕的东西,那么"求真的激情"(Pathos der Wahrheit)就会命令我们去把真相揭露出来。"[……]现代灵魂最真实的特征[……]是[……]道德的重复性谎言中的那种固执的天真(Unschuld)。"(第385页④)因为与那些面对深渊试图否定生命的人相比,更为糟糕的乃是那些在深渊前闭上双眼的人,他们试图要人们相信,在那深处根本不存在痛苦,人们可以不受痛苦的侵害。"这些人属于[……]平等主义者,他们是伪装的所谓的'自由意志者'[……]事实上,他们是不自由的,他们肤浅得令人发噱,尤其是他们的基本倾向,即在迄今为止的古老社会形式中发现一切人类困苦与猜疑的原因[……]——而痛苦则被他们看作是必须消除的东西。"(第66页⑤)

痛苦的主题同时也使主人道德(Herrenmoral)与畜群道德(Herdenmoral)之间的对立得到了解释。该对立主要是在《道德的

---

① [译注]参本书第三章第26节。
② [译注]参《善恶的彼岸》,格言202。
③ 同上,格言225。
④ [译注]参本书第三章第19节。
⑤ [译注]参《善恶的彼岸》,格言44。

谱系》中得到了阐发①。而在这个问题上,尼采同样受到自己狂热的求真意识的驱使,即那种要将世界的痛苦彻彻底底展现出来的冲动(尽管人们也不能忽视某些前后矛盾之处以及一些过于尖厉的语调,尤其是将那些引起文明者羞耻之心的伤口暴露出来的行为,很容易翻转成为某种不受控制的洋洋自得)。尼采著名的关于"金发野兽"②的观点,关于每一种主人道德都是建立在攻击性暴行基础之上的观点意味着:人类社会就是建立在可怕的罪行之上,而且永远都是如此。狄俄尼索斯命令人们,毫不掩饰地将这一真相说出来,同时接受它,肯定它。这也是修昔底德在弥罗斯人与雅典代表们之间的对话中所见证的相同的真实观③。与修昔底德一样,尼采也没有赞美暴力。而那些将弥罗斯人毫不留情地杀光的雅典人,同时也是被伯利克勒斯在葬礼演讲上颂扬为希腊的教育者、美与智慧的爱好者的同一代雅典人。而对于尼采而言,如果拒绝看到这一点的话,要么意味着普遍地否定生命,要么意味着说出一些关于生命原则的错误意见。而群氓道德则是建立在仇恨与复仇基础之上的,该道德文化拒绝痛苦,并且走上了颓废与虚无主义的道路。如果人们只是将这一论断看作是一种对历史的诠释的话,那么它很有可能是错误的,而尼采理论的重要意义就在于它与世界本质之间"求真"的关系,同时也在于那狄俄尼索斯式的要求,即对痛苦采取接受的态度,痛苦只能与生命一起被镇压——如果我们同时将生命理解为希腊悲剧或狄俄尼索斯哲学得以产生的根源的话。

痛苦的主题就像是一条红线贯穿于该作品的始终;它也许并没有马上显现出来,但事实上,它却将那些尼采在这里处理过的不

---

① [译注]参本书第一章,特别是第9节。
② [译注]参本书第一章第11节。
③ [译注]即《伯罗奔半岛战争志》第五卷第七章中著名的"弥罗斯人的辩论"(Melierdialog)。

同主题联结起来,并且使他思想的新路线变得清晰明朗。它是对那个发人深省的认识的逻辑反射,而那个认识在《扎拉图斯特拉如是说》中则转化为"永恒复返"的母题(das Motiv von der „ewigen Wiederkunft")。尼采利用现代世界对于痛苦的评判来推导出自己对于这个世界的评判,这一评判虽然不是历史性的,但却极具根本性的重要意义。在这个问题上,他分析解剖了痛苦的各种不同表现以及对痛苦的不同反应——我们可以这样说,他探讨了痛苦的整个范畴。通过这种方式,他重新返回到以《扎拉图斯特拉如是说》之前的著作为特征的分析领域,同时他在研究中也预先发表了一些后来心理学研究的重要结论。这一点尤其体现在《道德的谱系》一书的第二与第三章:他论述了主动的遗忘性的问题("遗忘性并不像肤浅的人们所认为的那样,只是一种惯性,它更是一种主动的、最严格意义上的积极的阻力。可以归入这种力量的,只有那些我们所经历过的、体验过的、被我们吸纳的、[……]却很少进入我们意识的东西",第 291 页①),此外还有关于本能的内在化("一切不向外在倾泻的本能都转向内在",第 322 页②)以及类似的主题的论述。不过,作为整个思想发展基础的痛苦概念却被后来的心理学用一种完全对立的方式给予了解释,尼采本人几乎预见到了这一点,他说:"[……]想证明疼痛是一种错误时,他们就天真地假设:其中的错误一旦为人所认识,疼痛就必然会消失——可是,请看! 疼痛它拒绝消失……"(第 379 页③)

最大的痛苦自然是出现在认识者那里,即那些从根源上理解和把握权力意志的人。哲学自身,那些相互矛盾的观点都是为了承受痛苦而戴上的面具。对于尼采而言,认识已经不再是《扎拉图斯特拉如是说》之前的那些著作中那样的某种价值自体,而事

---

① [译注]参本书第二章第 1 节。
② 同上,第 16 节。
③ [译注]参本书第三章第 17 节。

实上,《道德的谱系》的最后一章已经开始显现出反科学的论据与观点了:"所有深刻的东西都喜欢面具;最深沉的事物甚至痛恨比喻和象征。对于一个神灵的羞耻心而言,其对立物难道不才是正确的伪装吗?"(第57页①)这就意味着:请不要按照字面意思来理解我;我所想的有可能与我说的完全相反。而漫游者所渴望的"休养"就是"再多一张面具!第二张面具!"(第229页②)"[……]它也几乎决定了人类忍受痛苦能够达到多深的程度[……]。深刻的痛苦让人高贵[……];而有时候,甚至连愚蠢也是一种不幸的、过于确定的知识的面具。"(第225-226页③)"隐士并不相信,一个哲学家曾经[……]在书籍中成功地表达出了他真实的、最终的观点:人们写书不正是为了掩盖他自身所掩盖的东西吗?[……]每一种哲学也掩盖了一种哲学;每一种观点都是一种掩盖,每一个单词也都是一个面具。"(第234页④)

到这里为止,我们主要把重心放在了尼采创作后期的主题上,它们首先出现在《善恶的彼岸》与《道德的谱系》两本书中。而从语言上来看,这里也可以观察到一种风格的过渡,特别是格言形式的缩减,《善恶的彼岸》偶然还使用该形式,而到了《道德的谱系》中则被彻底放弃了。风格彻底成熟了,没有任何扭曲和夸大,激情也受到了控制。人们可以从中看出一定的疲惫感,甚至几乎是一种厌倦感。而《道德的谱系》还呈现出一种尝试体系化的发展倾向,偶尔会有一些教条化、甚至几乎是迂腐不化的执拗态度,或者是挑衅煽动式的却又混乱无章的悖谬。

另一方面,按照尼采自己的说法,在《扎拉图斯特拉如是说》中,有些主题依然是象征式的,是诗意的,或者只是以暗示的方式

---

① [译注]参《善恶的彼岸》格言40。
② 同上,格言278。
③ 同上,格言270。
④ 同上,格言289。

得到了处理,而《善恶的彼岸》则对这些主题进行了澄清以及概念上的发展(例如我们可以将上面的痛苦母题与永恒复返的母题相对立)。还需要指出的一点是,《善恶的彼岸》一书有很多地方的雏形其实都可以追溯到尼采早期的岁月。我们这里探讨的这两本著作——《善恶的彼岸》与《道德的谱系》——它们重新处理了从《人性的、太人性的》到《快乐的科学》那一时期的中心主题,并对其做出了进一步的发展,特别是关于道德概念的方式与起源的探讨。从这一点来看,《善恶的彼岸》尤其可以被看作是一个结束,一个终章——不管怎样,对于作者的内在经验而言,事实确是如此。

而尼采此后的著作,则不再被他看作是自己道路中一个个阶段,不再与其自身相脱离,他越来越不可避免地被这些著作耗尽了心力。一个间接的证据就是,在尼采疯狂的最后岁月里,他试图写下文字的唯一证据就是他用不受控制的手将《善恶的彼岸》的卷尾诗《来自高山》(Aus hohen Bergen)的最初几行诗句写进了一个小本子里。他对于过去生活的错乱回忆终结于此:随后的种种,均已灰飞烟灭,因为他生存的创伤逐渐扩大,最终变得再也无法挽回。

Giorgio Colli

KSA 版编者附注:

《道德的谱系》一文流传下来的手稿非常不完整。甚至可以说,除了个别少数纸头、断片式的笔记以及自制的供初版用的手稿以外,这篇"论战檄文"整个的前期准备手稿都已丢失。尼采的撰写时间是 1887 年 7 月 10 日至 30 日。与《善恶的彼岸》一样,尼采自筹资金完成了该文的印刷,时间是同年的 8 月初至 10 月底。校对稿(未能保存下来)由尼采和加斯特(Peter Gast)进行了通读。9

月 21 日,尼采也来到了加斯特所在的威尼斯。按照后者的说法,剩余的 5½ 个印张到了 10 月 19 日全部通读完成。1887 年 11 月 12 日,尼采收到了从莱比锡寄来的第一批样书:《道德的谱系——一篇论战檄文》,莱比锡,1887 年,C.G.Naumann 出版社。

扉页上的格言:Tout comprendre c'est tout — mépriser?[法文:明白一切就意味着蔑视一切?]

供初版用的手稿的扉页背面:最近出版的《善恶的彼岸》一书的副篇,对前者加以补充与解释。

Pütz 版编者说明

方法与目标

在尼采的所有著作中,《道德的谱系》(1887年)可能是最难懂也最具独创性的,因为其内容十分深刻。该书在《善恶的彼岸》出版一年之后发表,在主题上与前作保持了紧密联系。《善恶的彼岸》一书的副标题是"一种未来哲学的前奏",其主旨在于展现可预料者(Erwartetes),或者至少是可期待者(Erhofftes)。而从其用词的限定性与保留(如"未来"、"前奏")可以看出,这样一种哲学的时机还没有成熟,它可能在很长时间内都不会出现,或许永远也不会到来。《善恶的彼岸》带着一种以未来为导向的眼光去探寻一种十分值得追求的目标,即克服种种道德矛盾,最终克服所有令人痛苦的二元对立。而《道德的谱系》的主旨并不在于探问道德的未来,而是探问道德的过去,道德的来源与历史,即那依然笼罩在黑暗之中,或者至少是向黑暗深处延伸的来源与历史。《道德的谱系》为道德制定了一个家谱,而其副标题"一篇论战檄文"则暗示着,尼采将在这里探讨一些颇具挑衅性的东西,而读者也很快就会知道,被我们今天视作高贵正派的那些价值却有着粗俗鄙陋的起源,而善与恶则有着非常可疑的祖先。这本书深入到了人类心灵史的深处,所以从这个意义上来讲,这也是一部深刻的书。

粗略地浏览一下该书,我们就会发现其独特的段落划分方式,它与尼采的其他著作,尤其是其创作中期的著作有着明显区别。除了《扎拉图斯特拉如是说》(1883—85年)之外,从《人性的、太人性的》(1878/80年)、《朝霞》(1880年)、《快乐的科学》(1882年)直到《善恶的彼岸》(1886年),这些著作章节段落整体上是越来越短,并且经常浓缩为单独一个格言式的句子。这种形式甚至也部分地适用于《善恶的彼岸》,特别是其中的第四章,不过该书从整体上已经倾向于使用更长的段落,同时重新采用了尼采创作早期的段落方式(例如1872年的《肃剧诞生于音乐精神》;1873—76年的《不合时宜的沉思》)。而《道德的谱系》则彻底放弃了那种类似印象派点画法的处理观察、想法与思考的格言集形式。在该书前言的第2节,尼采强调了它与之前著作的延续性,同时也突出了他的追求,即用一种坚定的关联意志(Willen zum Zusammenhang)去对抗孤立化的危险,以便他的思想能够像一棵树的果实一样彼此联系。所以其反思的形式不再是格言,而是短篇随笔,一般篇幅在两个书页左右,偶尔会达到五页。同时各章节内部并不分段,从形式上看就像是巨大的石块,从内容上看则像是强力向前推进的反思集团军。在预先的小规模交锋(即"前言")之后,整个大部队就变成了三个接踵而行的纵队:第一章主要针对的是道德的价值,即善与恶;第二章研究探讨的是道德状态的不完满形式,例如"罪欠"、"良知谴责"及"相关的东西";而第三章则分析了在艺术、哲学、道德和宗教中占据统治地位的关于禁欲主义理想的价值观。如果这本书的作者不是尼采,而是别人,那他就不会像尼采那样在著作中如此激进地质疑道德价值判断的等级,准确地说是要将其消除,以便为新的价值和真理腾出位置。

尼采的其他著作或多或少都会分散为各个彼此异质的孤立部

分,它们之间的断裂虽然闪闪发光,但却无法为具有决定意义的关联性提供足够的光线。而《道德的谱系》则与之不同,它是一篇关联性很强的文章,里面有非常清晰的引领性的概念与理念,所以与其他著作相比,《道德的谱系》能够使读者在更高的程度上追踪到它那追及深远并且意在深远的思想活动,追随其论辩的脚步,而不会突然陷入某种思想的单纯"复述"中,因为作者通过相关的反思与分析避免了这一情况的发生。

该书的前言共分为八个小节,主要论述"谱系学"的工作方法,表明自己与他人相反和相敌对的立场,指出他人的过错与疏忽,并且在最后思考相关的修正方法。第 1 节乃是整个尼采思想风格的序幕,采用了很多对习语、惯用语以及名言名句的戏仿处理,虽然看上去有些轻佻,但说的却是很严肃的内容,在那些制造歧义的语言置换与颠转的方式之中,尼采已经非常明确地表达出了他那意欲彻底转变思想的决定性意志。该书第一句话就已经利用相关的手段为我们诊断出一种充满矛盾、在消除成见方面很有价值的病症:"我们并无自知之明。我们是认识者,但我们并不认识自己。"利用类似方式,尼采将德语中很多相关相近的词汇组合在一起以便达到相应的效果,例如"生命"(Leben)与"体验"(Erlebnisse),"这些事情"(bei solchen Sachen)与"心不在焉"(nicht bei der Sache),"点数"(zählen)与"数错"(verzählen)等,另外还有对《圣经》文字("须知你的珍宝在那里……",参第 1 节相关脚注)以及名言谚语("离每个人最远的人就是他自己")的颠转。

尼采并非对我们从事认识活动持否定态度;与之相应,他也不会像启蒙主义者那样指责人们缺乏勇气去进行独立的、不受权威和偏见约束的思考①。他的异议主要是针对我们的认识活动本身,它的独立自主已经变得机械化了。它已经堕落为一种如蜜蜂

---

① [译注]参见康德的论文《什么是启蒙运动》。

般辛勤收集甜蜜而又苦涩的真理的行径,它受到一种近乎本能的重复性强迫症的驱使,将蜂巢一个接一个地填满。那所谓的"我们认识的蜂巢"里面塞满了关于自然与历史、关于上帝的各种真理以及关于知识的知识。这一切都是某种以客体为导向的认识活动的成果。而启蒙运动最为重要的一条前提,即关于自我认识的前提,却没有得到实现。这指的并不是关于受人的主观性制约的认识的可能性的研究,这是一条最迟由康德凭借其超验哲学而开创的道路。而尼采的意图则与之不同,他研究的不是思想的前提,而是生活与体验的前提条件,这两者作为每个自我不可或缺的基础一直为人忽视。

在前言第 2 节,尼采点出了一个主题:即道德"偏见"的起源问题。偏见这一概念也与十八世纪的传统有着密切联系。1689 年,有着"德国启蒙运动之父"之称的托马修斯①在大学开设了一门课程,这门课为他日后的工作指明了方向,托马修斯在其后的著作中——例如 1691 年的《理性论》(*Vernunftslehre*)——经常会追溯到这门课程。该课程的名称是:"先入之见或论阻碍我们认识真理的偏见"(De Praejudiciis oder von den Vorurteilen, die uns an der Erkenntnis der Wahrheit hindern)。其基本思路如下:人类虽然在其生命的最初就已经是上帝的造物与宠儿,并且要比其他无理性的生物都拥有更高的使命,但是他却比其他动物都更需要帮助。很多动物在出生之后很快就可以自主活动,有一些甚至可以迅速地脱离母亲,而幼年的人类却必须长期处于父母的呵护之下,同时,父母必须对其进行照料。在幼年时期,父母主要负责他的肉体健康,同时也会对他成长中的思想与感受产生影响。而提供帮助的一方慢慢变成了统治的一方。他们将他们的道德观嫁接给了他

---

① [译注]托马修斯(Christian Thomasius):1655-1728 年,德国法学家,启蒙运动的重要代表。

们的孩子——这一点也同样适用于历史上先后相继的时代——他们让孩子熟悉他们觉得适宜的书籍,并将其送到他们感觉合适的老师与学校那里。于是,auctoritas[权威]就产生了,许多人终其一生都不能或不愿摆脱权威的束缚,而这正是偏见的一个主要来源。另外一个则是 praejudicium praecipitantiae①,即由于过于仓促、由于缺乏耐心或贪图安逸而产生的偏见,人们会因为经验或其他不同的原因而没有顾及所有必要的情况。从心理学的角度来看,这两种偏见都是畸形的爱,它们都是反理性的:缺乏耐心与贪图安逸是因为人类对于自身过于巨大的爱而引起的,也是由于人类有相关的需求,希望可以毫不费力地获得愉悦与满足;而迷信权威则是人类对于他人、对于他人的信条和机构产生的过度的爱的结果。因此,偏见阻碍了我们实现主动自觉的思想;它作为权威或难以控制的情绪冲动统治着人类。

  虽然差不多要等到一个世纪之后,康德才提出了启蒙运动的相关纲领("人类脱离自己所加之于自己的不成熟状态"②),但事实上托马修斯已经对相关核心问题预先进行了处理。康德要求人类不经别人的引导而运用自己的理智,而当托马修斯将权威揭露为一种偏见之后,康德的要求事实上已隐含在其中了。托马修斯延续了笛卡尔与斯宾诺莎的相关探讨,并且预先为康德的思考开启了道路,因为他也同样试图清理人的理智,找到正确的方法,并且为人类实现可靠的认识而给出相应的指导。而 19 世纪末的尼采也同样继承了这样的传统,虽然他曾在例如《善恶的彼岸》中对于康德和黑格尔、笛卡尔和伏尔泰大加攻讦。在《朝霞》以及随后的著作中,尼采——至少在形式上——同样遵循了启蒙运动追求独立自觉的认识的前提假设,但是与此同时,他却将其变得极端

---

① [译注]拉丁文,即由于人的任性而产生的偏见。
② [译注]参康德论文《什么是启蒙运动》的第一个句子。

化,他不再顾及启蒙运动的基本前提的内容层面,而是对这些内容展开启蒙式的批判。如果说康德在《纯粹理性批判》中询问人类认识得以可能的条件,同时将认识的意义和目的视为毫无疑问的前提条件的话,那么尼采则在《善恶的彼岸》中探寻人类认识愿望的目的性;前者只研究真理的先决条件,而后者同时也研究真理认识的后果。在寻找真理的过程中,这样一种根本性的重新定位看到的并不是一种自为的价值自体①(至少莱辛还有类似的思想),这样的价值自体因为对真理的寻找一直持续而得以正名,但是尼采却希望了解,对于这样的一种本能冲动,它的能量来源于何处,而它又会把人(诱)导向何处。他并没有将求真意志(Wille zur Wahrheit)预设为公理,而是追问该意志的合法性:因为存在着这样一种可能性,即恰恰是欺骗和谎言会被证明为更高形式的真理——这样一种思想在《道德的谱系》的末尾也得到了表述。不过,这部著作的主要目的并不在于解决认识论问题,而是在于道德批判。如果说《善恶的彼岸》相当于康德的《纯粹理性批判》的话,那么《道德的谱系》则在一定程度上可以与《实践理性批判》相类比。但是两者之间却存在一个决定性差别:尼采并不希望通过理性的规定来确保道德,反而是试图通过证明道德来源于非理性和偏见来颠覆道德。康德试图将人类的道德性要求建立在普遍性的基础之上,而尼采则意在宣布这种要求的无效性,而其做法就是揭露出,道德乃是反道德力量与努力的衍生物,尽管我们后面将看到,这样的一种分析总结也有其不利的一面。

还是让我们先回到前言!在尼采的童年时代,同时也可以理解为在人类历史的早期阶段,关于道德"偏见"的起源问题,即关于善与恶的起源问题,是通过某种经过官方认证的神智学(beglaubigte Gottesweisheit)而得到解答的。伴随着年岁的增长,以及

---

① [译注]另请参考本书前言第5节。

相应的世俗化的普遍进程,道德问题与神学问题相分离,所以就连《道德的谱系》一书也只处理此岸的事务,而不是彼岸世界;因为善与恶的起源并不在世界的背后,而就在世界之中。善与恶的父母并不是神灵,而是人类在一定的条件下,出于一定的利益考虑而创造了善与恶。由于这些创造者们既因为个性的差异,也因为历史的差别而都倾向于变化与转变,所以他们的道德价值观也并不总是保持一致。尼采的研究主旨不仅在于道德的起源,同时也在于道德的目的,不仅在于道德的谱系,而且也在于道德的功能及其合法性。而要求道德为自己辩白的主管机关就是被尼采称为"生命"的东西。善与恶也是为其服务的,而它们的价值与意义也是由其为生命所提供服务的质量决定的。事实上,在前言第 1 节,当尼采谈到"生命"与"经历"时,他就已经对这一核心术语进行了暗示。但人们不可以仅从狭隘的生物学意义去理解"生命",认为其仅仅指的是人的生理层面以及人的肉体,而是应当将其理解为一种概念隐喻,它包含了许多别的东西。面对这样一种不确定性,尼采的研究者们非常迷惘,而每一种试图进一步确定"生命"含义的尝试,都会导致一种不被允许的界定,以至于人们不得不考虑将它与"无界限化"(Entgrenzung)或"普遍化"(Universalisierung)等范畴放在一处操作。在尼采那里,"生命"的目的就在于某个无法进一步界定的原因与关联性(Grund und Zusammenhang),这原因与关联性囊括并决定了所有存在物,同时也对这些存在物给出相应的价值评判。每一种试图对于这一整体进一步细化的诠释行为都会使生命的总体性要求(Totalitätsanspruch)受到限制,同时也意味着让矛盾和对立实现了对生命的控制。任何一种概念上的界定都会导致生命普遍性的丧失。所以,下面的迂回性描述也许是行得通的:尼采所理解的"生命"就是通过对确定性不断地否定而努力希冀实现的总体性,这种总体性同时也是开放的。这样一种表述是目前暂时唯一适合于"生命"的概念性描述,它能够承受住生命的无规则性与矛盾性,而且并不是达成某种黑格尔意义上的"和解"(Versöhnung),而是对各种对立因素的包容(Duldung)。"生命"的总体性包括极端的开放性,对毁灭自我的敌对因素的肯定,以及作为总体性的补充因素而出现的虚无。在尼采眼中,虚无主义并不是对虚无的认识与承认,而是通过基督教与道德性而实现的对虚无的拒绝或者为其装载上安慰与希望的做法。无论"生命"一词作为术语是多么模糊,但它作为一种手段是十分重要的,因为尼采意在通过它克服那不仅错误而且腐坏的充满对立与矛盾的哲学,因为恰恰是"生命"应当包含并且允许对立性在其内部存在:既有日神那清晰明朗的理智活动,也有酒神那扬弃所有界限的"醉"(在《肃剧诞生于音乐精神》中,尼采还相信古典神话的这种对立);既有善也有恶,既有欺骗也有真理。甚至连自我矛盾也包含在生命之中,并且对其起到推动与鞭策的作用。甚至连那些生命出现衰退与疾病的地方,那些生命出现自我否定与自我毁灭意志的地方,这一意志也证明了某种不可遏制的力量的存在,只不过该力量在颓废状态中发挥的作用是逐渐减弱的,但它同时却能刺激上述意志,使其成为生命欲望的某种虽然危险、但同时却更为细腻更为精巧的形式,以至于最后连"生命"的否定者们也对其表示了"肯定"——这是典型的尼采式的思想,我们在"谱系"的联结网络的所有重要的节点都会遭遇到它。

在前言接下来的部分,尼采将自己同其他的思想姿态与立场(例如雷伊①)相区别,随后他又用影射他个人、他的风格、他的作品与读者的方式结束了整个导言。这也是典型的尼采方式;因为处在其道德哲学中心位置的乃是他的自我,而与之相应的是,在阐释其思想时,他的自我言说也非常令人欣喜。他的童年、情绪冲动与准则、目标与工作方法、书籍与风格、读者与被阅读均变得非常

---

① [译注]参本书前言第4节。

重要,而要读懂他的著作,不能用现代人的匆忙态度,而应当用耐心与重复,就像是奶牛天生会从容地"反刍"一样。而在这一点上,人们已经可以清楚地感受到,过往时代那安静从容的直觉与现代理智那忙乱喧嚣的激动之间的普遍对立。

围绕善与恶的斗争

书的第一章讨论的是道德的普遍性概念"善"、"恶"与"坏",它承接前言对某种所谓"英国式"思维方式展开的批评,该英国式思维方式认为道德起源于非常浅显表面的东西:即人的惰性与习惯,以及那些使人显得渺小而不是崇高的情感与状态。通过这种思维方式,道德被降低到了平庸鄙俗的程度,具有了现代主义的态度与对基督教的侮辱姿态,正是这一点刺激了尼采,让他起来反对该方式;因为他更愿意选择高傲卓越的生物作为敌人,他们在价值设定问题上应当不仅仅只是些纯粹的习惯动物。尼采指责那些"英国式的"思想先行者们,认为他们缺乏历史精神,因为他们认为善起源于那些贫苦者和受馈赠者,那些人在更富有与更有权势的人的善行中看到了善良,然后他们从自己的角度出发对此大加褒扬。

这种已经成为习惯的有用性使得人们遗忘了善的真正来源,它并非来自善行的受益者,而是来自善行本身的发出者。不是那些低贱者,而是那些高贵者与高尚者决定了善与恶,是他们设定了标准,并且创造了价值。首先是上等人与下等人之间的等级差别造成了道德标准的对立,善最初绝对不是与无私利他联系在一起的,这样的联系是在某种被尼采视为腐坏堕落的发展中逐渐形成的。只有当善真正起源于那些设定价值的强力者的事实被遗忘之后,"道德"与"无私"才成了相同的概念。而雷伊的理论则认为善起源于那些非高贵者,对这些非高贵者而言,来自上层的馈赠和关照已经随着时间的推移而演变成了一种习惯。尼采利用更有说服力的、但同样被视为错误的斯宾塞的观点来反对雷伊的理论,斯宾塞认为善应当与有用完全相等,而有用性在任何时代都是习以为常的,因此也不会被遗忘。尼采并没有进一步说明,为什么这种功利主义的解释道德的方式被他认为是错误的。也许对他而言,这种解释太肤浅、太过理性主义、而对人的本能的生命需求则关注得太少。也许他在斯宾塞身上也看到了一位给别人造成负担的先行者,他有些阻碍了尼采自己的道路,他虽然来自不同方向,但却追逐着类似的目标:因为尼采在此之后也将不仅追问道德评价的先祖,而且还追问其后代,不仅追问其历史,而且追问其目的与用途。而尼采利用语源学来证明道德价值概念起源于社会差别:"高贵"(das Edle)对应"贵族"(Adel),"卑鄙"(das Gemeine)对应"下贱的男子",而"坏"(Schlecht)对应"朴素的男子"(Schlicht),直到德国三十年战争时期,"schlecht"一词才从其社会等级含义转向了道德范畴。不过,一些尼采所使用的词源学推导手段至少是有疑问的。例如,他将"善"(Gut)与"神"(Gott)以及"哥特人"(Goten)三个词联系在一起的做法其实仅仅基于一种偶然的发音上的相似性。三者之间并不存在语义学上的关联,就是尼采自己也在其推断之后加上了一个问号。而当他从道德概念起源的社会领域转入人种与生物学领域时,我们依旧可以发现类似问题:尼采认为,那些当初被雅利安人征服的种族长期以来都是被压迫者,即低贱者和坏人。但是最近,这些人连同他们的肤色、他们的颅骨形状、他们的理智与社会本能在整个欧洲又重新占据了优势,准确来讲就是在民主与社会主义的所有可能的变种之中。尼采有一些最可能被误解的句子就与此相关(第一章第5节);因为即使他本人的意图并非如此,但将民主归结为某种生物学基础的做法很可能会助长种族主义式的诠释——而实际效果也确实如此。而同样需要我们用批判的目光加以对待的还有书中对"女人"所作的令人很难忍受的评论,虽然这些评论远远不如《善恶的彼岸》一书中那样明显。对于尼采个人而言,他在《朝霞》中的那句话可能是最适合的:"那些必须避开女人并且折磨肉体的男人,是最肉欲的。"(格言 294)

我们现在仍处在这样一种发展阶段,即原本的政治与社会标准被转化为道德标准,——这里也出现了尼采的新思想——该转化过程受到了宗教的某种强力扩展与提升。只有当那些统治者同时也是某种更高等级者所委派的代表(也就是祭司)时,价值评判上的对立才会获得更高级的尊荣,这些对立被变成了规定并且得到批准和认可,但也因此被扭曲和败坏。而通过那些与宗教联系在一起的仪式,例如通过禁欲的方式,习俗与感觉会变得越来越精致细腻,但同时也更危险,更腐坏。由于统治者与祭司联系在了一起,所以贵族的价值方式开始慢慢解体,局势向着有利于某种与其相对的祭司式的价值方式发展。无法胜任战争的祭司们由于自身的虚弱无能(Ohnmacht)而只能用他们的仇恨来对付武士们那令人瞩目的武勇与健康;他们变成了强壮者们最阴毒的敌人。尼采利用犹太人的历史来演示这一过程:犹太人几百年来一直生活在压迫之下,只能不停地承受着低贱者与坏人的桎梏,最终犹太人只能将他们的命运设计得更能令人忍受一些,他们的方式就是将困苦者、弱势群体、他们自己都颂扬为好人。尼采将这种弱势者在意识形态上的价值提升称之为"道德上的奴隶起义",而它就肇始于犹太人,然后由基督徒所承续,最后形成了道德革命的胜利。而犹太人通过最为精深高雅的方式,即通过他们的敌人耶稣而获得了胜利。他们成功地通过将一个神钉死在十字架上的方式制造了一个神,然后在两千多年的历史中通过教士的统治令其产生神奇的效果,这是何等精巧的设计啊!而在尼采看来,人的存在出现了彻底道德化的趋势,这一发展到目前为止所经历的最后阶段就是民主,民主将会把这场由犹太人开始、然后由基督徒继续的运动引向高潮。

但高潮同时也就是低潮,民主与古代的统治结构相比既意味着一种精致化,同时也是一种庸俗化,而来自拿撒勒的耶稣自己是出于仇恨而从事奴隶起义的,但他同时却创造性地成了爱的化身,这一切都要归功于尼采充满矛盾的思想,他那最为内在的辩证法使得他从一切事物中都发展出了其对立物,从同一个人身上同时推论出黑与白、爱与恨。随着文章的深入,他的辩证法越来越迫切地教谕众人,即使是如今看来最颠扑不破的反命题与二律背反也都不可信任。尽管他带着异常强烈的反感追溯着弱势者的胜利进军,但他也不得不对其间获得的宝贵财富表示赞叹:例如人类心理上的丰富与细致化,那些因为奴隶起义而得到释放的力量,那最终不可遏制的现代文明的巨大创造力,以及现代文明那既阴险又颇具破坏力的理智性(Intellektualität),尼采本人就是这种理智性最具说服力的证据。所以尼采也并不讳言,人类正是通过祭司(这里他指的是犹太人、基督徒、民主主义者)的统治才成了一种"有趣的动物"(第一章第 6 节)。

尼采认为,由于虚弱无能而产生了系统化的复仇行为,而该行为的核心概念就是"怨恨"(Ressentiment)。该词的原意是指对于从前的某种感觉,尤其是遭受的某种伤害或屈辱的"重新体验"(Nacherleben),这种情感上的伤害是人们所无法克服的,而且由此会产生持续性的妒忌(Neid)与仇恨(Hass)。顺便说一下,这两种情绪在较古老的语言中,例如在古高地德语与中古高地德语中,都是用同一个词来指称的(nîd①, nît②)。两种情绪所表达的其实都是反抗的意志(Wille zum Widerstand),该意志总是寻求贬低其敌人的价值,并用自己的价值取代之,该意志试图通过这种方式使

---

① [译注]古高地德语,约 750-1050 年。
② [译注]中古高地德语,约 1050-1350 年。

敌人的价值丧失权力。高贵者那自发且富有创造性的肯定与低贱者那纯粹的否定相对；主动行动与被动反应相对。对于强大者而言，他们没有必要去否定什么；他们只需要忽视它就够了。尼采以古希腊的贵族为例，他们对待所有卑贱的态度最多是用一种遗憾的语调捎带提一下，同时，他们将善与幸福者等同起来。而对于非幸福者而言，留给他们的只能是等待，是卑躬屈节，是变得聪明，是不能也不愿意去遗忘过往。一方面，强者只希望强者作为自己的对手，而另一方面，弱者却将强者概括为恶人，而他们自己则是善人。由于低贱者无法在正面争斗中战胜高贵者，所以他们就毒化高贵者的价值。要实现这一点，就需要很多狡诈和诡计，也就是聪明，所以这种阴险狡诈的怨恨同时再次成为刺激文化向精致化发展的兴奋剂——这就是尼采用来观察道德化这一既可怕又富有创造性的进程的双重视角。怨恨的本能虽然作为文明（Kultur）的工具发挥着作用，但是尼采却将这样的文明理解为没落与衰亡，也正是这样的文明促使他做出了那些关于现代中庸者的近乎诅咒的论断。在这里以及在别的地方，我们都可以清楚地观察到尼采在弗洛伊德之前就已经就"文明的缺憾"做过相关分析。而在弗洛伊德看来，文明就是人类成百上千年来压抑本能的产物。

尼采用强者那充满浓烈色彩的图景去对抗弱者那含混多变的形象，而在这个问题上也就出现了他那个被很多人引用过的用语："金发野兽"（blonde Bestie）。这个词汇曾被理解为日耳曼封建领主（Herrentum）的化身，但这样一种人种学的（法西斯主义者认为是"种族的"）归类方式似乎仅仅是从"金发"一词推导而来的。尼采在这里处理的乃是心怀妒忌者的奴隶道德问题，那些心怀妒忌者通过妖魔化那些优势地位者的方式来发泄他们对强大和高贵的怨恨。而这些优势地位者则站在另一边，他们拥有另一种不同的"善"的概念，他们并没有将善看作是对于朴素低贱者那充满嫉妒的概念的补充范畴，他们其实是通过他们的行动自发地设定"善"

的概念的。无论他们多么严格地遵守他们自己的习俗,无论他们在自己社区的限制内表现得多么自制,一旦他们来到了陌生的国度,他们的表现并不比野兽好多少。在摆脱了家乡社会的强制性约束之后,野性突然出现在了他们身上,以便其长期淤积的欲望得到补偿,该欲望在经过长期禁锢之后急需解脱式的爆发,正如我们从各民族的征服史中了解到的那样,这种爆发最终会导致一系列惨无人道的烧杀抢掠以及肆意暴虐。然后就是那个关键性的句子:"所有这些高贵的种族,他们的本性全都无异于野兽,无异于非凡的、贪婪地渴求战利品与胜利的金发野兽。这一隐藏的本性需要时不时地发泄出来,野兽必须挣脱束缚,必须重归荒野"——其实后面还有一个更为重要的句子,却在法西斯主义者对尼采的接受中被避而不谈了:"罗马的贵族,阿拉伯的贵族,日耳曼的贵族,日本的贵族,荷马史诗中的英雄,斯堪的纳维亚的维京人——他们这方面的需求完全一样。"(第一章第 11 节)没有任何证据表明这是某个北欧种族的特权,这里说的其实是一个在所有民族都会不时出现的渴望征服的武士阶层,他们就像阿伽门农和阿喀琉斯一样完成了伟大而又残酷的事情,他们让他们的野性自由释放,以便诗人们能够因此拥有值得吟唱的素材。这样一种对于历史上的英雄事迹的分析与其说是讴歌式的,不如说是辛辣的讽刺,但这样的分析却被法西斯们用多种方式扭曲与篡改了:首先,它被诠释成了对暴力的明确要求;其次,它被认为是雅利安人的特权,尽管尼采在闪米特人,即阿拉伯人那里证明了同样的特点的存在。野兽的金色首先不应当再被认为是日耳曼人的发色,因为例如尼采在这里也将日本人归入此列。所以很显然,"金发野兽"不应该指某个特定的种族,而是应当按照德特勒夫·布伦内克(Detlev Brennecke)①的建议,把这个被过度滥用的用语看作是一种对狮

---

① [译注]参本书第一章第 11 节的 KSA 版注金发野兽。

子的隐喻,特别是当上下文多次提到了"猛兽"、"野兽的良知"以及类似词语的时候。雄狮那黄棕色的鬃毛也许不应再是北欧民族的发色与特权的象征,而是所有民族都暴露出来的某种动物性,这种动物性在尼采身上唤起的绝不仅仅只是赞赏,同时还有异常的恐惧。关于这些二律背反与对抗的意义,已经有了一些论述,在未来还应当有更多论述。

尽管在所有现象上尼采都持有双重视角的基本立场,但面对那些华贵的野兽般的人物,尼采内心不由地滋生出一种渴望,对于某种尚未藐小化的、"完满的"(komplementär,第一章第12节)人类的渴望。"完满的"一词来源于拉丁语的 complere[填满],而这样的人类将其内心所有充满矛盾与张力的可能性融为一体,所以他并未去压抑或者是祛除其人生存在的某些特定方面。当尼采谈到这种人类的时候,他基本只是给予一些简短评论,为的是可以专注于他真正的研究领域:那些藐小与平庸的人类,他们因其更为有趣的危害性而得到了尼采更多的研究,在某种程度上也可以说,更让尼采着迷。我们只要想一想,尼采将哪些东西归咎于怨恨式道德,他又把哪些东西都算在了怨恨式道德的账上。这其中就包括那种关于主体自由支配自我的设想,这在尼采看来是错误的,这就好像是说,每个人都可以决定这样或那样的存在方式。在他看来,自由的理念就是自我欺骗;因为假如善与幸福同属一体,那么就不可能完全按照个人的意愿去对两者同时提出要求,甚至是同时拥有。所以尼采认为,现代的主体性观念是亟待修正的。除自由之外,奴隶道德还制造了其他的价值与理想,并且非常严格地使用它们,即对上帝的服从、谦恭与宽宥,天堂里的至乐与依附于当权者,耐心与正义。尼采在一个虚拟对话中(第一章第14节)大发牢骚,他说所有这一切都是在基督教那阴暗难闻的价值作坊里产生的。而该作坊加工美化的最终产品就是"天国",其目的是为了让弱者们至少也可以在一个未来的梦里面幻想自己变成了强者,所以可以说,天堂里的至乐其实起源于怨恨,为的是让这些喜乐能够有一天为这怨恨做出补偿。从此以后,殉难者取代了斗士和大力士。如果在这种人类之中还有人渴望鲜血的话,那么基督的鲜血随时可以供其使用。

对于尼采来说,善与恶的斗争已经持续了几千年。这斗争主要爆发于罗马与犹太之间,①爆发于贵族统治与怨恨之间,最终前者败给了后者;因为罗马正是因为犹太教与基督教的道德而灭亡的。尼采认为,与犹太人类似的民族还有中国人和德国人。而就在罗马精神伴随着文艺复兴有希望重新复活的时候,正是德国人通过他们的宗教改革将高贵者的重生扼杀了,法国大革命正是宗教改革运动在政治领域的一种延续。尼采认为,在那之后只出现过唯一一次强者的苏醒:拿破仑,止是这个名字促使尼采在第一章的结尾对一种更完满的人类提出了展望。但是这种憧憬只出现在疑问句中,以至于本章最后一节从内容上来讲既心怀希望却又毫无把握,与之相应的是,这最后一节从形式上来说只能是短促而又简陋的。

源自压抑本能的罪欠意识

《道德的谱系》第二章以前一章所拟定的范畴如怨恨和奴隶道德等为背景,分析了一系列贬义的道德概念。尼采首先赞扬了遗忘性,认为在面对未来与过去的事物所造成的一切忙碌时,遗忘性乃是一种重要的保护机能,因为它能增进人的健康。对尼采来说,计划、指令与承诺所带来的现代忙碌性已经是一种普遍衰败的表征。谁如果变得爱算计和估算,那么他自身同时也就变得可以被估算;谁如果利用因果律进行操作,那么他自己也是受其制约

---

① [译注]参本书第一章第 16 节。

的,最后沦落成为自动机械装置。大自然因其因果规则而陷入逼仄的境地,而人类随着历史的发展也被强塞进了同样的束缚之中,因为社会将其习俗道德化了。因此,对尼采而言,道德性(Sittlichkeit)最初其实就是对于社会惯例的内在化地顺从。而到了漫长历史发展的最后,形成的却是臆想中的独立自主的个体,他误以为自己已经摆脱了通行的习俗的制约,他相信自己只需要按照自由意志去行事就可以了,这自由意志就是他全部的骄傲,他认为他可以藉此将自己和世界牢牢把握在自己手中。而与此同时,原本发挥某种平衡补偿功能的、可以自由发布指令的责任感则演变成了他的本能,而他将其称为"良知"。

尼采认为,人类史前史所发生的最可怕的事情就是记忆术,即关于训练记忆能力的艺术。其中必然有一种令人痛苦的残酷发挥着作用,以便一切能够得以实现;因为人只能记住那些给他带来疼痛的东西。在尼采看来,这也是一切禁欲主义以及理想主义的来源,理想主义将一些理念烙印在人的记忆中,为的是将记忆像是印上花押的牧场牲畜一样收为己用,同时将它与其他陌生且危险的理念分开,使之远离这些理念。德国人尤其擅长用最可怕的手段去惩罚他的良知,具体做法就是发明并反复施用最残酷的刑罚。通过这些刑罚,德国人变得明智,变得理性了。尼采试图证明,所有道德范畴与价值设定,例如良知、责任、自由意志等,从根本上来讲,也就是根据其谱系来看,均诞生于刑罚与鲜血之中。

尼采再次反驳了道德历史学者的意见(例如雷伊、斯宾塞等),在此之前他曾经指责他们缺乏历史意识。尼采认为,这些学者对于价值概念与无价值概念的来源一窍不通;因为他们不知道,罪欠来源于欠债,而刑罚来源于回报。归根结底,罪与罚乃是基于债务人之于债权人的依附关系,而这一关系又建立在人际行为的基本形式的基础上,建立在买与卖、交换与贸易的基础上。在这一点上，尼采与马克思的政治经济学的核心范畴相当接近，只不过尼采并不认为谱系(即历史)是由阶级斗争决定的。尽管如此，人们经常指责尼采是社会达尔文主义的说法其实并不公允，因为统治者与被统治者不仅因为生物学上的差异，同时也因为经济上的差别而被区别开。占优势地位者同时也是有产者，而奴隶道德的发明者们则同时也是无产者。债务人将一切他所拥有的非物质财产都抵押给了债权人：他的身体，他的自由，还有宗教意义上的他的灵魂，在民间传说中，他可以把灵魂转让给魔鬼。在人类很多早期的法令中，甚至可以根据债务的情况割下身体的各个部位。这里需要补充的是，莎士比亚的《威尼斯商人》就是一部针对类似法令的讽刺性喜剧。在剧中，弇装成法官的鲍西娅将相关权利转给债权人，让他在其债务人靠近心脏的地方割一磅肉下来，但是有一个前提条件，债权人只可以割下完全准确的份量，但不可以流一滴血。在这里，权利与补偿也是建立在复仇和残酷的基础上的。

尼采在债务关系中看到了整个道德概念体系的起源；其中就包括罪欠，良知谴责等。假如债务人能够通过受苦来清偿债务的话，那么一定有人有兴趣看到债务人受苦。对于惩罚者来说，以正义的名义使人受苦的行为变成了一种享受。如果说对于从前的古人而言，其最深层的乐趣就存在于残酷之中的话，那么这种乐趣从此以后变得越来越精细，越来越精神化。历史上的证据表明，在从前王侯婚礼或其他大型庆典的时候，庆祝节目中很重要的一条就是行刑和处决。此外，在现当代举行节日庆祝的时候，经常会有大赦的命令宣布，这其实也是惩罚与节日欢庆之间存在最为内在联系的一种暗示。最迟也是从这里开始，有一个根本性的问题凸显出来：尼采将道德从最幽暗的深渊中推导出来，并将相关事实公之于众，即在一切正义的最初时刻，都存在有充满乐趣的报复行为。如果真是如此的话，那么近代以来的发展，至少是启蒙运动之后，则可能是带来了一个转折,一种完全针锋相对的制度设计。但是尼采却认为,这里并不存在什么人类的改过自新,而是一种精心设计的细致文雅化,例如他把康德的"范畴律令"也算作是残酷的一种细致化。表面上的高贵化事实上是一种恶化;因为虽然古人曾经带着愉悦和自信犯下了种种残忍之事,但后来它却造成了人的良知谴责,最后使得主人的乐观主义转变成了奴隶的悲观主义。人变得如此堕落,他耻于自己的动物本能,而痛苦的毫无意义,痛苦的无谓在其内心引起了对生命的厌恶。

我们已经多次看到,尼采强调罪欠感起源于买家与卖家、债权人与债务人之间的原始人际关系。相关的斟酌、衡量与估价已经从一开始就烙印在了人的感觉上。于是,就连权力也被测量,并在社会各个团体之间得到了分配。在一切报偿和正义的最初,都存在一个基本原则,即每个事物都有它的价格。权力相同者之间在就合理价格(Billigkeit)达成某种共识的基础上达成相互谅解与一致,同时他们还会监管权力较少的群体之间也照此行事,以便能够通过这种方式更好地监控与利用他们。社会的运行机制同时也负责调控那些适用于个人精神状况的东西。在社会之中,每个人都必须让自己变得有价值;一旦他损害了所谓的整体利益,那么他就会被驱逐出去,并且被排除在整体之外,这一点本身就已是很严厉的惩罚了。另外,他还会被放逐。团体的实力增强之后,它受到个人的威胁因而减少了,所以尽管只是在表面上,它还是放松了相关约束;现在,社团可以将罪犯与其行为分离开来,所以只要其行为得到赔付之后,罪犯本人会得到宽恕。一个国家的实力越强大,他在刑罚实施方面就会越大度。在实力意识达到最高程度时,它还会让理应受到惩罚者免于受罚,这也就必然造成了法的扬弃。如果说这里适用的基本原则是宽宥先于法律的话,那么这宽宥将被证明是强力者的特权。尼采曾说过,路德是不信任法律的,因为他内心最热切的祈求就是一个仁慈的上帝。

尼采再次反驳一些心理学者的观点，这一次是反对他们将怨恨作为正义的起源，这主要是那些无政府主义者与反犹主义者的观点。谁要是从受伤害者的报复中推导出正义的话，那么在面对那些真正积极主动的情绪时，例如权势欲与图强意志（Steigerungswille）等，他就是怨恨的牺牲品。杜林认为，正义乃是一种完全被动反应的情感的产物；而尼采则反驳说，其实只有当正义连被动反应式的情感也控制在手中的时候，这也意味着，即使是最为受伤的人也没有失去客观精神的时候（这是一个几乎无法实现的目标），正义才算达到了顶峰。以此为衡量标准，那些主动的、具有攻击性的人总是要比那些被动的人更接近正义，因为他们并没有事先遭受过什么（voreingenommen），所以也就不必事后再去做什么（nachtreten）。从这个意义上来讲，强者拥有更为自由的眼光，更好的良知，而那些背负怨恨的人则是良知谴责的发明者。以此论点为基础，尼采认为，历史上真正的正义并不是由那些渴望报复的被动反应者完成的，而是那些立法、并从而创造了法权的强力权势者。他们在法权被破坏之前实施正义。在尼采看来，伤害与施暴并不是什么不正当行为，因为它们属于"生命"的本质特征。相应地，法律状态则一直只是一种例外状态，生命意志利用这种状态是为了获得更多权力。如果法律状态变成了某种反对斗争的手段，那么它对于"生命"的原则来说将是致命的。

在研究了正义之后，尼采开始探讨在正义遭到破坏之后，通常会出现什么：那就是刑罚。与通行的目的决定论（刑罚是出于恐吓目的的报复）不同的是，尼采倾向于将起因与目的做一个根本性区分。人们总是将两者混为一谈，所有现存事物一直都从根本上被歪曲了，并且按照符合于某种权力意志的利益的方式被加以解释。权力意志是尼采用来对抗其同时代的那些决定论与机械论学说的，因为这些学说会导致一个结果，即所有杰出的事物都被压平了。一般说来，"生命"就是"权力意志"，这乃是尼采哲学的一个基本原则。阿尔弗雷德·博伊姆勒(Alfred Bäumler)①甚至认为这是尼采哲学的核心思想。此人认为,权力意志乃是形成演化(Werden)的根本法则的简略表述形式,这一法则在一场永不停歇的斗争中将每个人特有的部分分配给每个人,给强者以统治权,给弱者以奴隶身份。谁如果拥有最强大的意志,无论他是否拥有最深刻的真理,他都可以提出最公正合理的要求,同时推行最良好的政策。博伊姆勒认为,尼采对西欧国家的教养与文雅(Urbanität)所做的德意志式的抨击就属于最好的政策之列,通过它人们应当可以确立起一个北欧人种②的新国家。

法西斯主义者对"金发野兽"进行了改编与歪曲,而通过对文本较为细致准确的阐释就可以找到很多反驳的论据。而另一方面,关于"权力意志"如何篡权成为尼采思想的统治性法则的问题,有直接证据表明是出版者存在过错。这一过错并不是偶然发生的,而是反映出编辑者与阐释者的利益与意图。1901年,作为所谓的大八开版尼采文集(Großoktavausgabe)的第15卷,标题为《权力意志——论文与断片集》(*Der Wille zur Macht – Studien und Fragmente*)的著作第一次出版,它是由尼采的十九世纪八十年代遗稿中挑出来的大约500个格言堆砌而成。而在1906年出版的克勒讷袖珍版(Krönersche Taschenbuchausgabe)中,其篇幅则膨胀到了超过1000多个断片。该书的编者为加斯特与尼采的胞妹伊丽莎白·弗尔斯特—尼采,其妹此人乃是帝国理念与反犹主义的狂热分子,当年就曾遭到兄长极为严厉的斥责。后来有人通过研究证明,该书乃是编者将尼采遗稿故意窜改而出现的伪作,这一点

---

① [Pütz版注] 参 Alfred Bäumler 所著《尼采——哲学家与政治家》(*Nietzsche, der Philosoph und Politiker*) 第三版,1937年莱比锡出版。
② [译注] 纳粹种族主义意识形态的常用语。指代雅利安人种,尤其是北欧的人种,其典型特征是身材高挑苗条,金发蓝眼。(不过,似乎希特勒本人无一条符合此特点)

主要是卡尔·施莱西塔(Karl Schlechta[译按]尼采三卷本的编者)的功绩。因为在遗稿中,只有极少一部分是尼采为其制定的临时性计划"权力意志"所拟的草稿。而遗稿的绝大部分都与此无关,后经过意大利学者 Colli 与 Montinari 的研究与整理,发表在了他们的考订版全集中。今天我们知道,尼采虽然曾试图撰写一部名为《权力意志——重估一切价值的尝试》的著作,但是在1888年2月26日写给加斯特的信中,尼采就已经特别强调了不再考虑发表类似文字的想法,而在同年9月他也彻底放弃了整个计划。而尼采发疯前最后的1888/1889年遗稿也并没有鼓吹权力意志的内容,也并非如博伊勒姆所言,是德意志帝国对于西方发动的条顿式进攻,而是一个关于"大政治"(große Politik)的草案以及一些反对霍亨索伦家族①的宣言——这些充满挑衅性的内容中有着一种毁灭性的蔑视态度,以至于尼采之前那篇《敌基督者》与之相比都显得过于虔诚。

不仅是尼采遗稿的修订与整理,同时还有尼采哲思本身的意图都不会允许将"权力意志"提升为尼采思想的统治性原则。正如洛维特(Karl Löwith)所论证的那样②,权力意志在尼采思想中并非是大权独揽,而是最迟在《扎拉图斯特拉如是说》中就获得了一个同样等级的伙伴,或者说对手。那就是受到尼采大力鼓吹的"永恒复返"(Ewige Wiederkunft des Gleichen)的理念。在这里,尼采思想典型而且根本性的特征再次彰显,即二元对立(Antagonismus):一方面,在人身上占据统治地位的就是实现自我克服与提升的渴望,即权力意志;另外一方面,所有的"形成演化"连同其存续力量的法则均依托于万世不易的永恒复返。如果持续复返的圆圈只带来相同的东西,那么权力意志怎么可能超越存在?如果

---

① [译注]当时德意志第二帝国的统治家族。
② [Pütz 版注]参 Karl Löwith 所著《尼采的永恒复返哲学》(*Nietzsches Philosophie der ewigen Wiederkehr des Gleichen*)第二版,1956年斯图加特出版。

"永恒复返"只允许旧人类的持续长久,那么期望中的新人类从何而来?在这里,问题将不断堆积,而我们要避免任何仓促的回答。

让我们回到刑罚的概念上!在其上面,尼采区分了两种特性,即相对持久性(das Dauerhafte)与流动变化性(das Veränderliche):前者表现在某种必要的习俗中,表现在受到权力与斗争意志支配的诉讼程序上;而后者则存在于在历史中不断演变的意义之中,而这意义总是人们后来才分配给刑罚,或者是穿凿附会地加进刑罚的。流动变化性主要发生在一个文明相对较晚的时期,而在文明早期,古代一切事物的基础都是原初者(das Primäre)与相对持久者。而次生者,即目的,则屈从于某种历史的演变,并且像所有具有历史性的东西一样无法定义。尼采随意列举了一系列可能的或者历史上真实存在的、被给定的目的与意义,这些在他看来都只具有偶然的特性。尼采的列表包括通过惩罚来祛除伤害,或者刑罚的功能是产生畏惧,或者是一种节日欢庆,还有刑罚会起到宣战的作用。尼采还深入分析了刑罚的另外一种所谓的用途:即刑罚的目的在于在受罚者身上唤起良知的谴责。尼采认为,这个解释最站不住脚,因为监狱中的囚徒就是活生生的证据,他们是最少受到"内疚"这种"啮人良知"的蛀虫侵扰的群体。事实上,刑罚让罪犯们变得更加冷静、更加残酷、更加陌生、更加排斥社会,所以虽然惩罚的目的是唤醒罪欠感,但事实上,惩罚阻碍了这些感觉的发展。因为那些被告和被判刑者会有这样一种感觉,即他们所为之受罚的行为正在被那些正义的机构用类似的方式,并且毫无罪欠感地滥用,而这些机构却不会受到惩罚。受惩罚者此时想到的是那些侦缉与审讯的全部手段:从刑讯逼供到设计最为精巧的陷阱等等。而在另外一方面,法官们在犯案者身上看到的也不是一个真正的罪欠者,法官连同他们的体制其实都有可能秘密地参与到其罪行中去。法官看到的仅仅只是一个祸害而已。在这一情况下,尼采引用了斯宾诺莎的例子,斯宾诺莎为了给上帝开脱曾宣称过善与恶都是人类的幻想。与快乐相比，内疚仅仅只是一种悲伤情绪，即当所期望的东西没有出现或者——正如尼采在那些受惩罚者那里所看到的——失败了。他们并未将惩罚看作自己的罪责，而是看成了类似疾病、不幸或死亡一类的事物。所以他们不会批判自己做了什么，而是会把批判的焦点放在自己是怎么做的，尤其是那些他未能施行的方式，或者是思考自己应该如何做得更好，并且不会被逮到。所以，刑罚增进的不是良知，而是聪明，受到惩罚的人会变得更多疑、更狡猾；他会了解到自己的界限，驯服自己的欲望，但从道德上讲，他不会因此"变好"。

在探讨过斯宾诺莎以及其他人关于道德的（特别是良知谴责的）起源的观点之后，尼采开始在这个问题上发展出自己的理论。他断定，奴隶道德的怨恨乃是人类的一种重病，它源于人类历史发展中最为深刻的那次变革，即人受到社会与和平的压抑和驯化。他那动物性的过去，他那野性的对于战斗与冒险的兴趣被从他身上分离出去，旧日引导着他的那些可靠本能已经被理智所取代。那些无法镇定下来的欲望逼迫着人实现了一种内在化（Verinnerlichung），后来这种内在化获得了一个名字，那就是"灵魂"。尼采用一个野兽的隐喻（"猛烈撞击着笼子栏杆，把自己撞得遍体鳞伤"，"这个因怀念自己的荒漠家园而备受折磨的家伙"，第二章第16节）来描述人类，人类并没有通过外在征服来发泄欲望，而是必须从此以后在内心深处创造一个危机四伏的荒野。人类最大的疾病发作了，即人因为人而痛苦万分，于是良知谴责就被制造了出来。

在这里，尼采论证过程中的一个明显的转折性特点再次出现。在其他著作中，尼采曾认为颓废这种病既是一种有害的，也是一种能够对生命起刺激作用的力量。与此相似，尼采在本能的压抑问题上也看到了两面性：一方面，他将之描述得就好像是人的一种自我惩罚，也就是自我阉割，但另一方面，对尼采而言，这种情形同时也意味着出现了一些"崭新的、深邃的、前所未闻的、神秘莫测的",而且——这里出现了那个典型的尼采词汇——"充满矛盾的"(第二章第16节)东西,它有可能预示着一个全新的未来发生在人类身上。这东西刺激着人类,甚至使得人类因此为自己发明了神灵来旁观人类的继续发展,同时神灵们将为人类预言一个无限的未来。在评判良知谴责的时候,尼采也采用了同样的双重视角:良知谴责之所以产生是因为强横暴力的征服者对大众的压迫,以至于大众对自由的需求被压抑,并且从此以后在其内心中作为良知谴责而发泄出来。尽管如此,良知谴责不应该仅仅因其不甚高贵的出身而受到鄙视;因为对于尼采而言,这种与自我斗争的意志赋予了自我一种新的形式,它因此是艺术性创造活动,人们将带着极大的乐趣去从事它,而它也会产生美。这样一种对于良知谴责的评价从本质上来讲是充满矛盾和张力的,尼采的用词也体现了这一点:"这一工作既可怕又令人愉快"或者"甘愿分裂自己的灵魂"(第二章第18节)。尼采本人也在诸如"无私"、"自我否定"和"自我牺牲"等概念中认识到了这一矛盾,因为自我只有通过否定自己才能坚持自己的存在与价值。自我只有通过否定自我的方式,才能在其内在理想的荣光中将自己确立起来。

在接下来的一章中,尼采的问题对准了那些令人们在其面前感到良知谴责的机构和人物:原本每一个种族对其先祖都会有一种罪欠感,他们相信种族的存在要归功于祖先的功绩和牺牲。他们向祖先供奉祭品、节庆和神龛,同时他们会形成一种意识,即认为他们所做的一切还远远不够。后代的实力越强大,其关于祖先的重要意义的想象就会越强大,其祖先最后会被提升到神灵的地步。对于祖先的畏惧和敬畏乃是神灵的起源。尼采在此处所指的可能是古希腊和古日耳曼的神话,在那里面,人类的先祖往往与英雄、提坦巨人,神灵一起享有同样的等级。在经过几千年各个宗教的相互重叠与融合之后,伴随着世界性帝国的形成,也出现了一种世界性神灵的倾向。后期的罗马帝国产生并且传播了那个一神教;尼采认为,基督教的"最高神灵"(第二章第20节)也使尘世间的罪欠感达到了最大值。从这样一种逻辑归属关系中我们还可以推导出,近代以来,伴随着上帝形象的不断缩小,人们的罪欠感也相应减弱了。而到了信仰丧失的最后,人们也许可以在无神论当中期待有一种新的无辜无罪情况出现。

于是又一种希望诞生了:随着信仰的消失,债权人也消失了,于是意志自由的人类也可以不受罪欠的束缚了。但是尼采马上就看到了这一希望的破灭。谁如果抱着这样的期待,那么他就真的失算了,他不可能在没有店老板(也就是道德)在场的情况自己炮制账单。因为罪欠感、义务和良知谴责的内在化,所以人们所希冀的自由解放与其说得到了促进,不如说因此而停滞了;因为新的阻力出现了:即自然的妖魔化,对于存在的种种需求的否定与压抑,以及现代悲观主义与虚无主义的所有表现形式。尼采认为,在这个问题上,基督教至少在很长一段时间内给人们带来了宽慰,因为它为人类提供了一个神,这个神不仅愿意宽恕人类的罪,而且作为债权人的神甚至出于对人类的爱而为他的债务人牺牲了他自己。关于这个被尼采称为"基督教的天才之作"(第二章第21节),人们可以从两个方面来加以理解:一方面是基督的牺牲,而另一方面则是尼采在考察现代信仰史时得出的结论,正如他在《扎拉图斯特拉如是说》以及其他著作中所表达和解释的那样:"上帝死了。"这一次是基督的第二次死亡,但是却已没有了救赎的预言。如此看来,尼采的批判针对的其实并非基督教,而是后基督教时代中罪欠感的内在化。在这里,我们首先想到的应该是19世纪出现的那些否定世界的厌世倾向,比如叔本华的著作。因为尼采在这里提到了"佛教与其他类似的情况",所以叔本华的名字是必然出现的。在这个意义上来讲,受良知谴责的人篡夺了道德的宗教基础。

他拒不承认对上帝的罪欠,反而起身反对上帝①,同时也唾弃他本身的自我。在这里,彻底的自卑自贬与无法得到救赎的永恒痛苦被联系在了一起,而尼采则因此看到了最为危险的中毒现象。所以他在这里使用了大量的疾病隐喻("污染"、"毒化"、"发作"、"让人神经疲惫"、"疯人院"),还有关于人间地狱的各种可怕表述,在这个地狱里,甚至因为纯粹热切的无私精神而响起了最令人陶醉的爱的呼喊。(章节同上②)

尼采教诲我们说,一个神灵不必堕落到将自我钉死在十字架上的地步,他举了希腊诸神的例子,认为他们是那些更为高贵的人类的反映。在这些人的身上,动物性的与本能式的成分还尚未被消除,而是被高贵化了,这些人的高贵也正在于此。与基督徒不同的是,古希腊人利用他们的神灵,是为了在没有良知谴责的情况下也能应付度日。他们并不感觉自己有罪,而当他们犯下罪行时,在诸神的眼中,他们最多只是因为愚蠢,或者是因为头脑不够清楚。而就连这一点,希腊人也不承认是他们自己犯过错,而是把责任推到了诸神的头上:一定是诸神迷惑了他,而且相应的,诸神也承认这一点。

尼采最后用了三个问题来结束第二章,其核心就是理想是否不仅应当被破坏,也应当被确立。这两者之间存在着最为紧密的联系;因为在新的刻着十诫的石碑被从山上取回之前,人们必须首先将旧的毁弃。那些理想所提出的要求太过激进,所以它们也无法像税法那样允许修改与补充。因此,在新神出生之前,旧神必须死去。尼采说:"我们现代人",这时他也将自己算在了怨恨与奴隶道德的继承者之中。谁或者什么能够为我们指明一条出路,摆脱本能压抑与良知谴责所造成的不幸纠缠。为此需要一种新人,

---

① [译注]此处似乎有误,从原文来看,应该是他肯定人欠着上帝的债,他要确立"神圣上帝"的理念。

② [译注]此处似乎有误,从上下文看,应该是第二章第22节。

他们对于征服与痛苦有着百折不挠的需求,他们处在认识与体验的极端张力之中,他们还有"伟大的健康"(第二章第 24 节)。在尼采那里,"伟大"一词出现在无数短语中(例如"伟大的人"、"伟大的狩猎"、"伟大的风格"、"伟大的正午"等等),这个词不仅仅指一种量上的扩张,而且也指一种提升,一种能够将冷僻的东西、矛盾对立的东西包容在内的提升。伟大包括邪恶与狡诈,但也包括那些强者与生命充实者的天真与镇静,包括精神与肉欲,包括健康,甚至也包括健康的反面:因颓废而造成的健康的精致化。一个具备了如此多优点的伟大人物应当可以将现代人从厌世与虚无主义中拯救出来,并且给他们带来新的目标与希望。尼采怀疑,这希望是否能持久,但同时与其怀疑连在一起的还有对这种新人的设定性恳求与召唤:那个反基督主义者和反虚无主义者,"他总有一天会来到"(第二章第 24 节)。这个新人不仅能够克服基督教,也能够克服现代性,现代性因为摧毁了宗教而洋洋得意。尼采虽然批判现代这个时代,但他同时也无法否认自己归属于现代,所以他并不相信自己,而是相信他的"扎拉图斯特拉"能够看到某种后现代的应许之地,甚至有可能踏上那片土地。

探问真理的价值

第三章探讨的是理想,不过并不是上述新人的理想。在第一节,尼采简要勾勒出几种禁欲主义理想在艺术家、哲人、祭司与圣徒那里所呈现出来的形象,他将按照上述顺序对所有目标群体进行研究。而现在,他在他们那里已经观察到人类意志的同一种意图与倾向,即用一个目标去克服人对空无(Leere)的恐惧,甚至连虚无主义也是如此;因为人宁愿愿望虚无,也不愿空无愿望。按照计划,尼采首先从艺术家开始,而通常这种情况下他都会谈到瓦格纳。他指责瓦格纳并没有像其早年计划的那样去撰写一部关于路德的婚礼的歌剧,以便同样公平正确地对待贞洁与性欲,而是在其晚年作品(即《帕西法尔》)中尊崇起禁欲来;尼采认为,贞洁与性欲之间并不存在必然对立,更没有到达悲剧的地步。路德最大的功绩就在于他敢于承认他的性欲,只有很少数像哈菲兹和歌德那样的人能够和路德一样,不仅可以忍受人类身处天使与动物之间的张力,而且可以从中获得一种利于精致化存在的刺激。而那些只承认贞洁的人,那些处于禁欲之中的人,永远只是"不幸的猪"(第三章第2节)。

尼采问自己,是否要严肃对待《帕西法尔》,还是应当将其理解为一种羊人剧,而瓦格纳似乎希望通过这样的羊人剧与他的悲剧,即悲剧性做个告别;因为在尼采看来,艺术的最高形式就是自我戏仿,即艺术家懂得去嘲笑自己与自己的作品。但尼采不得不承认,这样一种解释仅仅是源于他不那么虔诚的愿望;因为他不能忽视瓦格纳对于否定生命与基督教的渴望,瓦格纳也渴望抛弃他早年对费尔巴哈的"健康的性欲"的追随。尼采在《道德的谱系》的第三章花了很多篇幅在瓦格纳身上,所以可以看作是对尼采的下一部著作《瓦格纳事件》的预先阐释。他以瓦格纳为例来说明一个普遍性的问题,即艺术与艺术家之间的必要分离。例如歌德必须与浮士德,荷马必须与阿喀琉斯保持距离,这样才能在作品中将该形象再现出来。尼采认为,另外还有一种分离也是必需的,那就是艺术家要同一切现实相分离,其结果是艺术家会因为意识到自己艺术的虚假性而饱受痛苦。由此可得出结论,老迈的瓦格纳,其意志已经变得衰弱无力,薄弱的意志已经无法制止瓦格纳在作品中暴露他的自我与他的渴望,也无法阻挡他自身的虚无主义倾向,而只能任其在艺术创作中发泄出来。瓦格纳也因此失去了他最有价值的朋友,尼采这里指的首先是自己。

此后他又回到了本章的纲领性问题,即禁欲主义理想的意义。尼采得出结论,艺术家身上的禁欲主义理想不需要太过认真地对待,因为艺术家缺乏独立性,所以他本身也不值得太过认真对待;因为他总是某种道德、某种哲学和某种宗教、某些观众和某个权威的仆从。而另一种独立精神则与之全然不同——这时就需要更严肃的对待了——那就是与叔本华一样遭遇禁欲主义理想的哲学家。叔本华利用了康德对美学问题的阐述,但却用在了另外的方向上,不过他并没有完全摆脱康德关于美的无利害性范畴。叔本华对其进行了重新解释,认为它是艺术中否定生命的力量;因为在他看来,美对意志(准确来讲:性欲)起镇静的作用。他试图在艺术之中,并且通过艺术惩罚其本能性的利害心,他尊崇禁欲主义理想是为了摆脱某种折磨(Tortur)。

在这里,我们再次见证了尼采在论证中的转折性特点。到此为止,他描述的都是禁欲与折磨的消极性,而紧接着,他将探讨两者的另外一些方面:叔本华需要敌人,为了同他们作斗争,为的是能够保全与巩固自己;他的怒火就是他的养分。尼采对所有的哲学家进行了考察,从印度的苦行者到英国的唯感觉论者,他在他们那里都发现了对于性欲的深刻的保留态度。叔本华乃是这种人类的完美代表,他对禁欲主义理想有着一种特别的好感。就像一个动物能够觉察到对其最有利的生活与狩猎条件一样,哲人也能感觉到其事业的最佳前提。驱动他的并非追求幸福的意志,而是这样一种意志,它寻求的乃是让其精神与事业得到最强劲的发展。而哲人不结婚也是出于同样的目的。类似苏格拉底的已婚哲人则是个喜剧人物。禁欲主义理想带给哲人的乃是独立;它不会导致对生命的否定,反而会最大程度上加强生命,即哲学家自身的存在。哲人在意的并非理想自身自为的价值,而是理想之于哲人的价值。贞洁、贫穷与谦卑为其提供了最佳的创作条件:摆脱家庭、职业与野心的束缚。所以禁欲主义理想并非美德,而是更为强大的本能造成的结果,这些更强大的本能在与其他本能斗争中取得了胜利,其目的是获得最大的收获与成果。通过这种方式,性欲被叔本华改变了形态，升华成了某种审美的状态。

在尼采看来，哲人们唯有借助于禁欲主义理想才使自己得到了全面发展；没有该理想的时候，哲人们是缺乏勇气的，心中充满了自我怀疑，而且在追寻真理的道路上面对着成千上万的阻碍。他们试图通过唤起畏惧的方式去对抗内心的疑虑和来自外部的质疑，为的是同时赢得别人对自己的敬畏。对于最初的哲人们而言，设定新的思想、形象与理念来反对已有的传统与信仰以及风俗和神灵，一定是无比艰难的！在这样的困境中，他们只能穿上禁欲主义祭司的服装登场，以便能够得到别人的尊重与倾听。

尼采认为，禁欲主义祭司的形象的出现意味着，他已经来到了问题的核心；因为没有别人能够像祭司那样，不把该理想当作其尊崇的首要对象，而是作为一种权力的手段，帮助他护卫自己的存在，但他同时也鄙视、否认、折磨他的存在，并且同其作斗争。深刻的矛盾性就在于，他恰恰是通过他对生命的敌视而变成了生命的主人；他对意志的否定性恰恰体现出其权力意志的突出特点。当这样的人开始进行哲学思考，他们将追求一种对真理的重新评价。他不会在那些非常明显的地方寻找真理，例如自我和他的肉体现象；因为这两者在他看来都是错误和幻觉，他们甚至也怀疑理性（Vernunft）认识真理的作用，而这一点在康德哲学中还有一定的体现。但正如我们经常看到的那样，在这个问题上，尼采看到的不仅是衰败，而且还有推动和促进。因为理性通过这种方式控制了自己，并且认识到，它并不是带着无利害心的愉悦去看待真理的，而是受到所有一切可能的奋斗意图的陪伴，甚至是推动。在这里（第三章第12节），尼采表达了自己的视角主义的认识论方法，该方法认为情绪冲动（Affekte）在人的认知能力的形成过程中起到了非常显著的作用。而他所表达的相关思想在目前解释学的讨论中也发挥了一定的作用；关键词："认识与利害心"。

对于尼采而言，禁欲主义理想在心理学层面上的存在理由在于,它是一种使哲人生命得到提升的力量,而在生理学层面,尼采则将其单纯看作是某种退化存在的保护性与平衡性的本能。尼采将禁欲主义祭司视为渴求别样的存在、渴望在别处存在的这一愿望的肉体化表现。这种渴望又转化为统治在社团之上的集聚性与聚合性的强力,整个社团生活在否定生命的彼此联系中,他们追求着与祭司一样的东西。这种"病态的动物"(第三章第13节)的危险性来自于他们那种以未来为导向的存在方式:他们勇敢,他们敢于试验而且总是对改变持开放的态度,他们既体弱多病又富有创造力,这也使得他们对生命的否定最终导向了一种伟大的肯定。当他们伤害自己之后,那伤口却迫使他们生存下去,甚至生命也因此得到了提升。祭司是禁欲者羊群的牧羊人,祭司和羊群一样都是病态的,但他在他的权力意志中却必须是健康的,这样他才能领导那些纯粹的病人。他是那种"难对付的动物"(第三章第15节)的最早形式,他身上融合了北极熊、山猫和狐狸的特性,他用这些特性去对抗健康者。他将怨恨疏导入了新的渠道,他要为自身的自卑寻找原因,无论他遇到谁,他都会把谁变成替罪羊,到了最后甚至是他自己。他所在意的并不是病人的痊愈,而是他们的注意力,其目的是为了更好地控制病人。这种组织形式有个名字叫做"教会"。教会的神职人员乃是救世主,而不是医生;他不会治病救人,他只是宽慰与敷衍。这个任务首先是基督教完成的。

尼采越来越频繁、也越来越深入地试图通过生理学来解释道德与心理学上的结论。在他看来,关于"罪孽"的情感幻觉乃是一种医学上可以诊断出来的不适状态:例如腹部的消化不良、胆汁分泌障碍或神经障碍等。从大众心理学的角度来看,禁欲主义乃是基于一种障碍感觉,该感觉的起因不明,所以人们用了错误的手段加以治疗,即宗教。而尼采认为相关的原因应当是:彼此过于陌生的种族与阶层融合的结果、不成功的移民、种族衰老和疲惫的结果、饮食不当,或者是被疟疾和梅毒等毒化的血液。而禁欲主义者开出的药方无一例外都是些压低生命感觉的药剂；从调控饮食和睡眠到麻醉与催眠。而无论是印度的婆罗门，还是现代经过训练的"运动家"（第三章第17节），他们都拥有类似的毒品。而减少生命需求的另外一些手段则是有规律的劳作、微小的快乐、爱邻人、群体组织、唤起团体的权力感觉。

尼采一直担忧自己也成为被道德毒害的现代性的牺牲品。而他在上述降低生命感觉的手段之外，还看到了其他帮助人类禁欲的手段，这些手段会使人进入极端的情感状态。通过畏惧与恐吓、希望与愤怒、悔恨与迷醉，病人的沮丧与抑郁虽然没有得到治愈，但却很可能得到了缓解。而禁欲主义祭司则利用他们的良知谴责，其具体方式是宣称病人痛苦的责任就在于其自身，而他开出的药方则是令人迷醉的疼痛，无论是肉体折磨还是地狱均可。而与灵魂健康的恶化相对应的就是文学品味的败坏，尼采将之描述为由《旧约》到《新约》的没落。他指责《新约》毫无节制，言辞失当，而且喋喋不休，很是多余。他在伟大中看到了渺小，在笔直坦率中看到了弯弯曲曲。

禁欲主义理想的影响是巨大和多方面的，在第三章将近结束的时候，尼采也结束了他在这方面的探问，反而转向了下一个问题，即该理想的各种表现形式的基础是什么。尼采认为，禁欲主义理想的本质包括它那顽强不屈的自我意识，即没有任何东西可以胜过它，而世界上所有的一切都只有通过该理想才能获得自己的意义和价值。它一个可以和它相匹敌的反对者都没有，科学是最不可能的；因为科学不是理想的对手，而是理想最高贵的表现。科学为那些因为良知谴责而郁郁寡欢的人提供了庇护所，这些人无休止地勤奋于认识并以此来进行自我麻醉。甚至那些自称自由意志的人，那些怀疑论者与无神论者，他们虽然宣称自己是禁欲主义理想的敌人，但事实上他们却是其最忠实的仆人；因为只要他们还相信真理，那么他们就不是自由的，尤其是在精神上。他们依然尊崇某种世界上根本不存在的"不设前提"的科学,这是一种早就过时的错误信仰。与之相反,对于科学而言,信仰必须一直存在,只有这样,科学才能从中获得意义、方向和界限。尼采认为,到目前为止的全部哲学都存在缺陷,即科学与真理需要正名;因为如果在尼采称之为"生命"的法庭上,如果谎言,而不是真理,被证明是某种新的"真理"的更高形式的话,那么谎言也就是真理。只要追寻真理行为还在为禁欲主义理想服务,那么为前者提供合法性的也就是后者。由于尼采相信自己已经认识到,该理想乃是何种精神的产物,所以他对真理的价值提出了极端的质疑。在这个意义上,《道德的谱系》就将其对实践理性的批判扩展到了理论理性的批判,也就是说,他通过对认识的批判加深了对道德的批判,同时与《善恶的彼岸》一书保持了思想脉络上的联系。

对尼采来说,科学并不是一种依靠自身力量设定价值的活动,而是作为禁欲主义理想的盟友,通过两者孜孜不倦地信仰真理的方式来证明自己。所以,我们不如说艺术连同其谎言意志才算得上理想的反对者——但这是一个怎样可疑的反对者啊!甚至在生理学层面上,尼采也认为理想与科学系出同源。两者都是生命衰退化的表征:情绪冲动被冷却,精神被减慢、辩证法取代了本能。而科学之所以在衰老与疲惫的时代表现得特别强大,这并非偶然。自从哥白尼之后,人的自我贬低与蔑视越来越加剧,越来越多的现代人从中心位置走向了虚无。虽然科学以为自己已经摆脱了神与神学的束缚,但其实禁欲主义理想恰恰是在科学身上庆祝了自己的胜利。当"自为"的问号本身被神圣化之后,禁欲主义理想也决定了康德哲学。同时该理想也在近代的历史书写中继续发挥作用,近代历史书写方式已经放弃了任何目的论,而仅仅局限于描述单纯的事实,这在很大程度上是禁欲主义与虚无主义的。在类似意义上,尼采也辛辣地讽刺了理想主义、民族主义和反犹主义。尼采时代的德意志精神出现萎缩,究其原因,就在于报纸提供的过度养分,在于民族狭隘的政策,同时还在于瓦格纳与啤酒。

尼采认为,该理想迄今为止唯一的敌人就是表演这些理想的戏子们,他们怀疑一切要求实现绝对存在的东西。而所有的严肃者则与之相反,他们与无神论者一样禁止了一个谎言,即上帝,但他们仍然遵循了禁欲主义理想的前提假定。上帝与其他所有伟大事物一样,都是被自己战胜的,其方式就是基督教升华为、同时也是堕落为毫无偏见的科学。尼采言道,没有禁欲主义理想的人就是没有目标的动物。只有该理想才能填补这个空白,赠给他一个目的。它为人的痛苦提供了一个解释,这样人就可以通过该解释获得一个意义,并且摆脱无意义的状态。在这里,基督教完成了具有世界历史意义的功能。由于基督教作为一种教条是被它自己的道德观所摧毁的,所以尼采认为现在也已经到了该克服与超越道德的时候了。此外,对于道德价值设定的合法性的追问也不可以在面对真理价值的问题上心慈手软。尼采认为未来的任务就在于,不能再将求真意志搁置在高处,而是要对其展开反思与批判,揭示它或者为其正名。从前《神义论》为上帝所争取的东西,今天的真理也应当享受相同的待遇。

Peter Pütz

Pütz 版编者附注:

谱系学(Genealogie)一词在希腊语中指的是有关家庭谱系的研究,是关于家世关系以及由此产生的各种法律的、历史的、社会的和自然法上的关系的学说。根据其内容与研究方法,谱系学被认为是从属于历史学的辅助性学科。

在欧洲中世纪的封建采邑制度当中,谱系学发挥了非常重要的作用,因为可靠的谱系能够为某人的贵族出身提供证明。而从16世纪开始,谱系学采用了近代科学的研究方法。其中19世纪上半叶在历史学内部开始的涉及广泛的原始资料考察,家庭社会学的诞生,科学研究方法论上的实证主义主流思潮以及遗传学的发现分别对于家庭谱系研究具有较大的推动作用。

从尼采这本书的题目选择、研究对象及其分析道德发生史的方式来看,尼采是有意识地在走谱系研究的传统路线。他选择了历史学方法,并且将道德的产生归结于"好"与"坏","高贵"与"普通"或"低贱"之间所反映的社会阶层的差异。通过他的做法,一种以封建制度为导向的方法与谱系的历史产生之间的相似性与联系也就不言而喻了。

如果说尼采此书的方法论是以自上而下的视角俯瞰中世纪的起源,俯瞰封建与贵族社会结构的话,那么尼采通过副标题"一篇论战檄文"(eine Streitschrift)则表明了此书与欧洲科学院悬赏征求问题答案的启蒙传统之间的联系。例如,莱布尼茨在他的著作《神义论》(Theodicée)中,试图通过颇有争议的论据,即"我们生存的世界乃是所有可能世界中最好的一个",来回答"恶"的起源的问题。著名的论文还有卢梭参与有奖征文论战的作品《论科学与艺术》(1750年)与《论人类不平等的起源与基础》(1755年)。在论战文章与有奖征文传统中,还有一篇文章占据重要位置,而且对于理解尼采的道德哲学立场非常重要,那就是叔本华的论文《论道德的基础》(Über die Grundlage der Moral),该论文于1840年1月30日参加丹麦皇家科学院(哥本哈根)的有奖征文,可惜未能获奖。在本书前言第5节,尼采特别提到了叔本华的这篇论文,表示反对叔本华的道德谱系,并与之划清界限。而在本书第一章的结尾部分,尼采也提出了一个有奖征集答案的建议,希望有人回答下面的问题:"语言学,尤其是语源学的研究,将会为道德概念的发展史给出怎样的提示?"在这里我们还要提到尼采那篇教育诗,即《扎拉图斯特拉如是说》,虽然该书在形式上似乎与启蒙运动的传统保持一致,但在内容上却是反道德的,是反对18世纪那种历史与教育的乐观主义的。

　　由于尼采的认知兴趣集中在了谱系学和诞生史上,所以对他而言,"形成"(das Werden)比"已是"(das Sein)更为重要。同时也请参考尼采关于日神精神与酒神精神的区分(《肃剧诞生于音乐精神》,1872 年),以及《瞧这个人》一书的扉页警句"人如何成为人自己"(Wie man wird, was man ist。此处套用了品达①的诗句"成为你自己"[Werde, was du bist.])。在本书的扉页背面上,尼采指出这篇论战檄文乃是对他 1883 年开始撰写并于 1885 年完成的《善恶的彼岸》一书所作的的补充和解释。1885 年的夏天,他也完成了《扎拉图斯特拉如是说》的第四卷,即最后一卷,那是关于超人的神话。《道德的谱系》出版于 1887 年。在第一版的扉页上有一句格言:"Tout comprendre c'est tout — mépriser?"[法文:明白一切就意味着蔑视一切?]在这里,尼采模仿的是斯太尔夫人②的名言:"Tout comprendre c'est tout pardonner"[明白一切就意味着原谅一切]。尼采在句末加了一个问号,将"原谅"改成了"蔑视",其目的是要强调其文章的斗争特点,该文章的起点直接就在"善恶的彼岸",就在基督教与平等主义式的道德和宽恕的彼岸。

---

① ［译按］Pindar,古希腊抒情诗人,公元前 522 或 518-约 446 年。
② （［译按］Frau von Staël,1766-1817 年,法国女作家。

前　　言

1

[247]我们并无自知之明。我们是认识者,但我们并不认识自己。原因很明显:我们从未寻找过自己,①——因此又怎么可能发生我们突然有一天发现自己的事呢?有人曾言:"须知你的珍宝在那里,你的心也在那里",②此言甚是,我们的财宝就在我们认识的蜂巢那里。我们天生就是精神世界里的蜜蜂,振翅撷蜜,营营嗡嗡,忙忙碌碌,我们的心里真正关心的只有一件事——一定要带东西"回家"。至于生命,即所谓的"体验"(Erlebnisse),我们当中曾有谁于此认真对待?抑或曾有谁于此耗费光阴?我担心,我们在这些事情上从来都是心不在焉:我们的心没有放在那里,甚至我们的耳朵也不在那里!我们更像是一个心不在焉的教徒,完全陷

---

① [Pütz 版注]我们从未寻找过自己;此处是对《圣经·马太福音》第 7 章第 7 节的颠转:"凡祈求的,必有所得;寻找的,必有发现;叩门的,必给他开门。"
② [KSA 版注]"须知你的珍宝在那里,你的心也在那里":《马太福音》第 6 章第 21 节。

入自我的沉思当中,教堂正午的十二下响亮钟声①传至耳际,突然将他惊醒,他自问道:"究竟是什么在敲响?"而我们有时也会在某事之后摸摸自己的耳朵,非常惊慌而且非常尴尬地问道:"我们究竟体验到什么?"甚至还会问:"我们究竟是谁?"在此之后,我们会开始重新点数我们的体验中,我们的生活中,我们的存在中出现的全部的所谓的"十二下令人战栗的敲击"——很遗憾,我们数错了……我们注定对自己感到陌生,我们不了解自己,我们必定要把自己看错。[248]有一个句子对于我们是永恒真理:"离每个人最远的人就是他自己②"。——我们对于自身而言并不是"认识者"……

2

我对于我们道德偏见的起源的思考——这篇战斗檄文所探讨也正是这个问题——最初曾简要地、暂时性地表述在一本格言集中,即《人性的、太人性的——一本献给自由精神的书》③。该书最

---

① [Pütz版注]教堂正午的十二下响亮钟声:此处暗指尼采的《扎拉图斯特拉如是说》中最后一卷(第四卷)的最后一句关键句:"这是我的早晨,我的日子开始了,现在上升吧,上升吧,你伟大的正午!"这一时辰的象征喻示着新的开始;伟大的正午是作为动物与超人之中间状态的人所达到的顶点。卡尔·施莱西塔,认为,这与古希腊罗马时代关于正午的设想相关联,当时的人们认为正午是某些神怪活动的时间(例如放牧与狩猎之神"潘"等),而万物生灵则是灼热的阳光下陷入一种假死的睡眠状态。这一时刻被看作是寂静的时刻,但也是在超人这一事件到来之前最后的紧张与危机时刻。

② [Pütz版注]"离每个人最远的人就是他自己":此句是对泰伦提乌斯(Terenz,古罗马喜剧诗人,公元前200-159年)的喜剧《安德罗斯女子》(Andria)中的句子Proximus sum egomet mihi(我是离我自己最近的人,参见第四幕第一节第12行,而KSA版注中则写作Optimus sum egomet mihi)的颠转处理。

③ [Pütz版注]《人性的、太人性的——一本献给自由精神的书》:该书发表于1878-1880年间,尼采重点在该书上卷的第2章探讨了"道德感的历史"等问题。

初撰写于意大利的索伦特(Sorrent),时值冬季,冬天让我停住脚步①,就像一个漫游者那样驻足,俯瞰我的精神业已穿越的那个广阔而又危险的国度。那是 1876 至 1877 年的冬天,而这些思考本身还要更早。现在的这本论著基本上重新吸收了同样的思想——我们希望,两本论著之间漫长的间隔能让这些思想更成熟、更明晰、更坚定、更完善。我迄今仍在坚持的这些思想,在此期间已经更加相互依赖、相互交织、相互融合,这也增加了我内心的乐观信念。我的这些思想从一开始就不是个别、随意、偶然产生的,而是来自一个共同的根源,来自一个认识的基本意志②(Grundwillen der Erkenntnis),这一基本意志在深处发号施令,表达越来越明确,要求也越来越明确。因为仅此一点就已经与一位哲人的身份相吻合了。我们在任何地方都没有孤立地存在的权利,我们既不能孤立地犯错误,也不能孤立地说中真理。准确地说,正如一棵树必然结出果实一样,我们的思想、我们的价值、我们的肯定与否定、我们的假设与疑惑也是因为这种必然性而产生。[249]它们休戚相关,彼此联系,又都是同一个意志、同一份健康、同一片地产,同一颗太阳的证明。——我们结出的这些果实是否合乎你们的胃口?——但是这又和那些树有什么相干③!这又和我们哲人有什

---

① [Pütz 版注]停住脚步:这里指的是尼采在思想和创作上的重大转折。在他的早期著作中,特别是《肃剧诞生于音乐精神》(1872 年)和《不合时宜的沉思》(1873-1876 年),尼采还是理查德·瓦格纳的追随者,他用一种近乎自我否定的方式来颂扬瓦格纳,而这种关系被他在这里形容为"危险的国度"。尼采通过撰写《人性的,太人性的》结束了这一关系。从那时开始,他就成了瓦格纳及其音乐的反对者,尽管他到沉寂之前都无法否认瓦格纳音乐的魅力。

② [Pütz 版注]认识的基本意志:面对着格言孤立化和视野破碎化的持续威胁,尼采以自己关于求真意志(参见本书第 3 章第 27 节)的理解为基础,提出了认识的整合意志与之抗衡。

③ [Pütz 版注]但是这又和那些树有什么相干!:按照 KSA 版的看法,这句话也许是对海涅(1797-1856 年)游记《卢卡浴场》(*Die Bäder von Lucca*)第 4 章中的句子"母亲,这些绿树跟您有什么相干?"的变形处理。树,同时也是谱系的　　(转下页)

么关系!

3

虽然我不愿意承认,但是在我心中总有一个自在的疑虑——它牵涉到道德,牵涉到迄今所有土地上一切被当作道德来颂扬的东西——这个疑虑在我的生命中出现得如此之早,如此之自发,如此之不可遏止,如此之有悖于我的环境、年龄、榜样、出身,以至于我几乎有权把它称为我的 A priori①——也正因为这一疑虑,我的好奇与质疑都不得不渐渐停留在这样一个问题上:究竟什么才是我们的善与恶的起源。事实上,在我还是一个十三岁的孩子时②,关于恶的起源问题就已经在困扰我了:在那个"心里半是儿嬉,半是上帝"③的年纪,我把我的第一篇文字游戏和第一篇哲学习作献

(接上页注③)象征,尼采将在后面的文章中(本书第2章第2节)再次从树入手探讨道德起源的问题。

① [Pütz 版注]即先验:先于一切经验的,主要是康德哲学的中心概念。
② [Pütz 版注]在我还是一个十三岁的孩子时:尼采在《回忆录》(*Memorabilia*,即其写于1878年春夏之际的自传笔记)当中写道,"在孩提时见到了上帝的光芒。——写了第一篇关于魔鬼诞生的哲学文字(上帝只有通过设想出他的对立面的方法来设想自己)。"参见 KSA 版,第8卷,第505页。有关这一问题情结的其他说明参 KSA 版,第11卷,第150和253页。最具信息价值的则是1885年六、七月间的一段笔记:"当我回顾自己的生活,我所能够回忆起的关于哲学思考的第一次痕迹来自我13岁写成的一段短文,里面也包含了关于恶之起源的一个想法。我的前提是,对于上帝而言,设想一个东西与创造一个东西是同一件事情。然后我得出结论:上帝自己设想出了自己,但是当他创造第二个神性人物的时候,为了达到这个目的,他必须首先设想出他的对立面。在我看来,魔鬼应当与神子同龄,而且比神子有着更为明确的起源——两者拥有同一个来源。关于上帝能否设想出自己的对立面的问题,我是这样考虑的:上帝是无所不能的。其次,如果上帝的存在确是事实的话,那么他设想出对立面这件事情也是事实,而且这在他而言也是可能的,——"(参见 KSA 版,第11卷,第616页。)歌德在自传《诗与真》第八章的结尾处也表达了类似看法。
③ [Pütz 版注]"心里半是儿嬉,半是上帝":这是魔鬼在教堂一幕中对甘泪卿说的话(歌德《浮士德》第一部,第3781-3872行)。

给了这个问题——至于我那时对于这一问题的"解答",我很合理地将荣耀给了上帝,将他作为恶之父。这难道就是我的"A priori"想要我做的事情?那个新生的、不道德的(unmoralisch),至少是非道德的(immoralistisch)①"A priori"!还有那根源于它的无比清晰的"范畴律令"(der kategorische Imperativ),这"范畴律令"是那么地反康德、那么地神秘②,而在此期间,我却一再倾听于它,并且不仅仅是倾听……幸运的是,我逐渐学会了将神学偏见与道德偏见加以区分,而不是在世界的背后③寻找恶的起源。一点史学和哲学上的训练,包括天生对于心理学问题的挑剔意识,这些很快就把我的问题转变成了另外一个:人类是在什么条件下[250]为自身发明了善与恶的价值判断?④ 而这些价值判断本身又有什么价值?迄今为止,它们是阻碍还是促进了人类的发展?它们是否乃是生活困顿、贫乏与蜕化的标志?还是恰恰相反,在它们身上反映出的乃是生活的充盈、强力与意志,抑或是生活的勇气、信心和未来?——对于这些问题,我已经找到并且勇于找到某些答案,我对各个时代、民族和个人的等级进行了区分,对我的问题分门别类,从答案中又推引出新的问题、新的研究、新的猜测与新的可能性:

---

① [Pütz版注]不道德的,至少是非道德的:"不道德的"(unmoralisch)指的是与道德相悖的,而"非道德的"(immoralistisch)指的是对道德麻木、无动于衷。
② [Pütz版注]这"范畴律令"是那么地反康德、那么地神秘:关于"范畴律令"虽然有多处类似的表述,但是以《实践理性批判》(第一部第一卷第1章第7节)当中的说法最为著名:"不论做什么,总应该做到使你的意志所遵循的准则永远同时能够成为一条普遍的立法原理。"尼采的新道德是反对康德的范畴律令的,因为人不应该再遵从于某一普遍法则,而应该成为自己价值的主人。参见斯特恩(J.P.Stern):《尼采:道德心的最极端尝试》(*Nietzsche. Die Moralität der äußersten Anstrengung*),科隆,1982年,第145页。
③ [Pütz版注]在世界的背后,指的是超越经验领域的形而上的和神学意义上的价值规定者。
④ [Pütz版注]人类是在什么条件下为自身发明了善与恶的价值判断?:道德的价值判断也是从属于权力意志的。评判价值本身的价值标准就在于设定价值的生命的提升——这也是尼采作品中一再出现的核心概念与思想。

直到我终于拥有了一片属于自己的国度,一块属于自己的土地,一个完整的、沉默的、却又不断成长的、生机勃勃的世界,就像是无人能够预知的神秘花园……啊,我们这些人是多么幸福,假如我们懂得长时间沉默的话!……

4

最初激发我公布自己关于道德之起源的假设的,是一本清楚、洁净、聪明而且极具天才的小册子。在这本小册子里,我第一次明确地遭遇到一种逆向且反常的处理各种谱系假说的方式,真正的英国方式①,它吸引着我——那吸引力里面包含了一切相对及相反的因素。这本小册子的题目是《道德感觉的起源》②,作者是保罗·雷伊博士,1877 年出版。我或许从未读到过这样一本书,里面的每一个句子、每一个结论,我都无法苟同,也包括这整本书;但是我读书时的心情却毫无烦恼与急躁。在之前提到的那本我当时正在撰写的集子③里面,我偶然,但也并非偶然地引用了这个小册子里面的句子,并非是为了反驳它——我能用反驳来创建什么呢!——[251]而是出于一种积极的精神,用可能性来代替非可能性,也可能是用一种错误来代替另一种错误。正如前文所述,当时是我第一次将关于道德起源的假设公之于众,书里面那些文章

---

① [Pütz 版注]英国方式:下文所提到的保罗·雷伊(Paul Rée,德国哲学家,1849-1901 年)并不是英国人,但是因为他在道德哲学上的进化论与心理学倾向,因此被尼采拿来与英国式的思维方式相比较。雷伊被认为是英国道德感觉学派(Moral Sense School)的代表。

② [Pütz 版注]《道德感觉的起源》(*Der Ursprung der moralischen Empfindungen*):根据卡尔·施莱西塔的说法(《尼采作品集》,慕尼黑,1969 年,第 3 卷,第 1369 页),这本书保留在尼采遗留的图书当中,书里面有作者雷伊写的献词:"谨献给书的父亲,心怀感激的书的母亲"。

③ [译注]指的是《人性的、太人性的》一书。

都是探讨这些假设的。那时的我笨拙得就好像在最后还要对自己掩饰某些东西一样,我还无法自如地表达自己,也没有为这些特定的东西找到一种特定的语言,我还会摇摆不定,甚至重复以前的错误。在细节方面,读者可以比较我在《人性的,太人性的》一书第51页关于善与恶的双重来源的阐述(即分别来源于贵族阶层与奴隶阶层的善与恶);第119页及随后几页中关于禁欲主义道德的价值与起源;第78页,第82页,第二卷第35页上关于"习俗的道德性"(Sittlichkeit der Sitte),那是更为古老且原始的道德形式,它与利他主义的价值评判方式有着天壤之别(而雷伊博士以及所有英国道德谱系学家都把后者视作基本的道德评价方式);该书第74页,《漫游者和他的影子》第29页,《朝霞》第99页中关于正义的起源乃是由于各个平等力量之间的一种平衡(力量均衡乃是一切契约、因此也是一切权利的前提);《漫游者和他的影子》第25和34页关于刑罚的起源,即恐怖对于刑罚而言既非本质性也非本原性的目的(正如雷伊博士所言,恐怖的目的只在特定的情况下才用于刑罚,但始终是次要的和附加的)①。

---

① [Pütz版注]《人性的、太人性的》上卷第2章"道德感的历史":格言45(善恶的双重前历史),格言92(公正的起源),格言96(习俗与合乎道德——[译按]此处Pütz版注误写作"Sitte und Unsittlichkeit"),格言100(羞涩);第3章"宗教生活":格言136(基督教的禁欲与圣洁);《人性的、太人性的》一书的下卷第一篇《杂乱无章的观点与格言》:格言89(习俗和它的祭品)。在这里,尼采将"道德性"定义为对于全体习俗的感觉,"人们在那些习俗的影响下生活和接受教育,——而且不是作为个人,而是作为整体的一个成员,作为一个大多数中的一份子来接受教育,于是不断出现这样的情况:个人凭借自己的道德性使自己成为多数。"对于尼采而言,"习俗的道德性"乃是更为古老和原始的道德形式,随后才是基督教的、平等主义的、同情式的道德。

《人性的、太人性的》下卷第二篇《漫游者和他的影子》:格言22(平衡的原则),格言26(以公正状态为手段),格言33(报复原理)。

《朝霞》卷二:格言112(论义务与权利的自然史)。

《漫游者和他的影子》:格言16(无所谓的状态在何处有必要),格言28(定罪量刑的随意性)。

5

其实，无论是来自于我本人还是其他人的关于道德起源的假说（或者，更为确切地说：关于道德起源的假设只是达到某一目的的诸多手段之一），对于那时的我而言，都远远没有另外一些事情来得重要。对我来说，道德的价值才是我真正关心的东西，——在这个问题上，我不得不几乎完全依靠自己一个人的力量来同我那伟大的老师叔本华①[252]论战，那本书②，以及那本书的热情与暗中的异议，都如同当面向叔本华求教一样（——因为那本书也是一篇"论战檄文"）。③ 那本书特别探讨了"无私"的价值④和同

---

① [译注]阿图尔·叔本华（Arthur Schopenhauer）：1788-1860，德国哲学家，主要著作有《作为意志和表象的世界》等，对瓦格纳与尼采产生了极大的影响；尼采重点在本书的第三章对其理论进行批判。尼采对叔本华的接受请参考 KSA 版编者说明与 Pütz 版编者说明。
② [译注]即《人性的、太人性的》一书。
③ [Pütz 版注]叔本华……"论战檄文"：参见 Pütz 版编者说明的附注。
④ [Pütz 版注]"无私"的价值：尼采指的是叔本华那篇参与有奖征文的"论战之作"《论道德的基础》（1840 年）当中的基本立场。其基本观点是，同情乃是道德的基础。在这里，叔本华坚持的乃是主要以卢梭与莱辛为代表的感伤主义—启蒙主义的同情理论，叔本华在文中曾特别引用了后两者的话。除了"无限制地""为自己谋求幸福的利己主义"之外——参见卢梭的概念 amour propre，即自爱与自利，是它们使人类历史、人类和文明的进步变得罪恶堕落（Discours sur l'inégalité[《论人类的不平等》]，1755 年）——以及除了"希望他人遭遇不幸可以残忍到无以复加地步的恶毒心理"之外，同情构成了第三种道德意义上的"人类行为的原动力"。同情，在卢梭看来能够削弱自爱心理（amour de soi），并有益于种族的延续，它乃是人类一种自然的、本能的且先于理性的能力。在自然状态下，它代表了"法律、习俗和美德"。卢梭、莱辛与叔本华确认它是人类道德性的来源，后者的目标就是利他主义、平等主义和消除任何的统治形式。这一关于自然状态的设想，即人类曾生活在平等与和平之中，针对的就是霍布斯关于人类天性自私与好战的学说，针对霍布斯所谓的"一切人对一切人的战争"（bellum omnium contra omnes）。对于尼采而言，正是同情式道德的平等主义特征掩盖了人类真正的本能，即他的生命意志与权力意志，以至于正是这种道德性导致了"人类可能永远无法　　（转下页）

情本能、自我否定本能与自我牺牲本能的价值,恰恰是叔本华美化了、神化了这些东西,并使之超验化,直到最终他把它们视为"价值自体"(Werte an sich)①,并且在此基础上否定生活和自我。但是,我的内心深处恰恰是针对这些本能产生了越来越根本性的质疑,一种越来越深刻的怀疑!在这里,我看到了人类的巨大危险,它带给人类最崇高的引诱与诱惑——人类将被引向何处呢?走向虚无?——正是在这里,我看到了末日的来临,看到了停滞,看到了回顾往事②的倦怠,看到了反对生命的意志,看到了关于临终疾病的征兆,它温柔而又忧伤:这种同情式的道德传播得越来越广,甚至连哲人们也被波及,并因此染病。我们欧洲文化业已变得非常可怕,而据我理解,这种道德就是它最为可怕的症状,是我们文化走向新佛教的弯路?这弯路将通向欧洲人佛教③?通向——虚

(接上页注④)企及那原本可以达到的强大与卓越的顶点",同情式的道德乃是"危险中的危险"。叔本华与尼采在关于道德谱系的学说上的对峙,也是"善恶的双重来源"的一种反映,即更为古老和原始的道德形式与相对较新的、利他主义的道德形式之间的对立。尼采描述了史前的"主人道德"如何经过价值转变成为"基督教爱邻人"的道德,后者世俗化的形式就是自然状态下的同情式道德。尼采的目的是为了发展出自己的"未来哲学"(这也是《善恶的彼岸》一书的副标题),使其超越基督教的和世俗化的启蒙主义的道德学说。无论是《善恶的彼岸》的标题,还是尼采对同情式道德的极端否定,指向的都是"超人"的一个原动力,他的"权力意志",他那回归真实的、自然的、史前的本能的意志。尼采历史哲学的中心不是要消除统治,而是对权力与统治的肯定。

① [Pütz版注]"价值自体":是对康德理论与哲学的代表作《纯粹理性批判》中的术语"物自体"(Ding an sich)的变形处理。尼采试图通过这一否定式的思想姿态中断那个使价值神圣化的思想链条,在他看来,这一链条是灾难性的。
② [KSA版注]回顾往事的(zurückblickende):虚无主义的(nihilistische)(供初版用的手写付印稿)。
③ [Pütz版注]佛教:创立者为乔达摩·悉达多,又称佛陀(公元前560-480年于尼泊尔)。在佛教看来,世界形而上的痛苦皆源自所有真实的个体存在以及他们的生命意志。而要求得解脱,只能通过一种多层次的伦理的—禁欲主义的戒律并专注于达到一种对于自身前世轮回、永恒的因果法则(业)以及正确的真理(例如关于世间的痛苦烦恼与如何消除的真理)的灵觉认识。凭借着这种灵觉认识,"圣者"的意志将会在涅槃(虚无)的状态中达到寂灭,而残余之肉体则继续存　（转下页）

无主义①?② ……现代哲人偏爱同情并对其评价过高乃是一件新鲜事,以往的哲人们都一致同意,同情毫无价值。我只举柏拉图③、斯宾诺莎④、拉罗什福科⑤与康德⑥四人为例,四人的思想可

(接上页注③)在直至死亡。而在叔本华以及其他同时代人那里,尼采找到了很多与这种禁欲主义的—冥思式的僧侣文化的相似之处,所以才会出现这个概念:"欧洲人佛教"。

① [Pütz版注]虚无主义:来自于拉丁文 nihil [虚无]。对于基督教神学家奥古斯丁(354-430年)而言,那些否定宗教信条的人就是 nihilisti [虚无主义者]。而其他人则把对于真理认识的怀疑、对于伦理准则的怀疑以及对于社会秩序的政治权威的怀疑(例如俄国作家屠格涅夫在长篇小说《父与子》中的观点)都认为是虚无主义的表现形式。让·保尔([译按] Jean Paul,德国小说家,原名弗里德里希·里希特 [Friedrich Richter],1763-1825)在他的《美学入门》(1804)中甚至探讨了"诗意虚无主义"。而尼采则与之相反,他把如基督教、道德,现代科学性等那些采取"积极"立场的态度称为虚无主义。

② [KSA版注]我们欧洲文化……虚无主义:一种业已变得非常可怕的欧洲文化,它的弯路——将通向虚无主义? ……将通向一种新佛教,通向一种未来佛教(供初版用的手写付印稿)。

③ [Pütz版注]柏拉图(Plato):公元前427-347年,古希腊哲人,苏格拉底的学生与亚里士多德的老师。他在其政治哲学著作《王制》(第十卷,606b)认为,同情他人将会削弱人自身的痛苦感受。

④ [Pütz版注]斯宾诺莎:巴鲁赫(本笃)·德·斯宾诺莎(Baruch [Benedictus] de Spinoza),1632-1677,葡萄牙裔荷兰哲学家。在他的主要著作《伦理学》(全称 Ethica more geometrico demonstrata,即《用数学方式证明的伦理学》,该书撰写开始于1662年([译按]Pütz版注误作1622年),出版于1677年)中,他宣称,同情(或怜悯)与其他任何形式的痛苦一样都是多余的,因为当同情努力加强邻人之爱时,这种爱已经由理性加以命令并推动,事实上并不需要同情的参与和帮助,因此同情并未真正认识到那自然的神性律令(参见该书第四部分,命题五十)。

⑤ [Pütz版注]拉罗什福科(1613-1680):弗朗索瓦公爵·德·拉罗什福科(François Herzog von La Rochefoucauld),1613-1680,法国作家与法国式格言的创始人;直到1653年之前都是法国贵族反抗专制王权的投石党运动成员。在他的主要著作《道德箴言录》(全称 Réflexions ou sentences et maximes morales,即《沉思集或道德箴言与准则录》,成书于1665-1678),他宣称,自爱自私乃是人类一切行动的起源。同情(或怜悯)乃是对我们自己也可能陷入类似不幸的聪明预见,我们对他人的援助,是为了在紧急情况下,他人也给我们以援助(格言264)。

⑥ [Pütz版注]康德:伊曼努尔·康德(Immanuel Kant),1724-1804,德国哲学家。按照康德的要求,人只应当出于义务和为了道德法则的目的而采取道德的行动,所以,同情——与其他所有的爱好一样——都是"累赘"(《实践理性批   (转下页)

谓截然不同,但在一个问题上他们是一致的,那就是:藐视同情。

6

同情及同情式道德(Mitleid und Mitleids-Moral)的价值问题(——我是这一可耻的现代情感脆弱化倾向①的反对者——),乍看之下只是个孤立的问题,[253]是一个自在的问号;但是,如果有谁在这一问题上坚持下去,并且学会提出问题,那么他就会得到与我相同的经验:——一个广阔的新远景会呈现在他眼前,一种新的可能性会将他紧紧抓住,让他头晕目眩,各种各样的猜疑、质疑、恐惧向他袭来,对道德、对于一切道德的信仰就会开始动摇——最终他就会毫不掩饰地提出一个新的要求。现在让我们大声把它说出来,这个新要求:我们必须批判道德的价值,必须首先对这些道德价值本身的价值提出疑问——此外,还必须对这些价值得以产生、发展及其重心得以发生偏移(道德被视作结果、症状、面具、伪善②、疾病、误解;但道德也会被视作原因、解药、兴奋剂、阻碍和毒药)的条件与情况加以认识。到目前为止,这样的一种认识既不存在,甚至也没有得到人们的渴求。人们把这些道德价值本身的价值看作是现成的、事实存在的和超越一切质疑的;人们迄今为止丝毫没有怀疑过和动摇过"善"比"恶"价值更高的观念,而所谓

(接上页注③)判》,1787年,第213页。)在他的《道德形而上学》(1797)中,他宣称只有"主动的参与"才是出于理性命令的,而被动的"同情"则只会助长"恶"的发展("德性论",第34-35页)。

① [KSA版注]我是这一可耻的现代情感脆弱化倾向的反对者:这一倾向在我所有的著作中,特别是《朝霞》和《快乐的科学》中被重点提出(供初版用的手写付印稿)。

② [Pütz版注]伪善(Tartüfferie):假正经,伪虔诚;该词来源于法国剧作家莫里哀的喜剧《伪君子》(Le Tartuffe,1664年);剧中名叫答尔丢夫([译]Le Tartuffe,这部喜剧的法文原名其实取的就是这个主人公的名字,后来"答尔丢夫"一词就成了西方语言中表示"伪善"的固定词汇,但为照顾汉语读者习惯,还是译为《伪君子》)的反面角色把自己的虚伪隐藏在虔诚的面具之后。

"价值更高"完全是从对于人类(包括人类未来)有促进、助益与效用的意义上来说的。但是假如真相恰恰与此相反,情况会怎样呢?假如在"善"中也包含着衰落的征兆,包含着某种危险、诱惑和毒药,还包含着以牺牲未来为代价换取现在满足的麻醉剂的话,情况会怎样呢?也许会变得更舒适,更安全,但也更卑微、更低级?……假如人类永远无法企及那原本可以达到的强大与卓越的顶点的话,那么,是否恰恰就是因为道德的罪过呢?那么,是否恰恰说明道德才是危险中的危险呢?……

7

[254]自从这一远景呈现在我眼前之后,就足以使我自己有充足的理由去寻找博学的、勇敢的和勤奋的同志(我今天仍在寻找)。现在需要做的就是用全新的问题和崭新的眼光去探索那广阔的、遥远的并且如此隐蔽的道德王国——那是真正存在过的,真正生活过的道德——这难道不就是几乎意味着发现这个王国吗?……如果在这个方面,我除了其他人之外,还想到了之前提到过的雷伊博士,那是因为我丝毫没有怀疑过,为了找到答案,他的问题从本质上就会迫使他采用一种更为正确的方法论。在这个问题上,我是否骗了自己?不管怎样,我那时的愿望就是,为这样一位敏锐且公正的观察者指出一个更好的方向,一个可以真正书写道德历史的方向,并且及时地警告他当心那种英国式的、毫无方向可言的蓝色①假说。显而易见,对于道德谱系学家而言,那种颜色必然要比蓝色重要百倍:那就是灰色②,也就是说,那些有证据记

---

① [译注]此处原文为 ins Blaue,即"漫无目的、毫无目标"之意。在德文口语中,"蓝色"有"不确定的远方"之意。
② [译注]在德文中,"灰色"有"年代久远,远古的"意思。这里指人类的道德历史因为漫长的时间跨度而变得晦暗不清。

载的、可以真实确定的、真实存在过的东西,简言之,那是有关人类整个漫长道德历史的难以辨认的象形文字①!——雷伊博士对此一无所知,但他读过达尔文②的书:——所以在他的假设当中,达尔文式的野兽与最时髦的、谦逊得"已经不会撕咬"的"被道德娇惯者"(Moral-Zärtling)③,用一种至少颇具趣味性的方式彬彬有礼地握手言欢。后者的脸上显现出某种善良的和敏感的麻木与冷漠,其中还夹杂着一丝悲观与倦怠:好像根本不值得如此认真对待所有这些东西——这些道德问题。而与之相反,在我看来,似乎根本不存在比这些道德问题更值得认真对待的事情了;也许有朝一日人们获得许可,[255]可以轻松愉快地对待这些道德问题,那时的人们将会获得何等的报偿呀。轻松愉快本身——或者用我自己

---

① [Pütz版注]象形文字:即古代埃及人、克里特人与海地特人使用的图形文字。
② [Pütz版注]达尔文:查尔斯·达尔文(Charles Darwin),1809-1882,英国博物学家。根据他的学说,在所谓的自然选择状态下,不同物种之间的生存斗争会选择出那些存活能力更强的物种,并且通过与合适的伴侣结合实现繁衍。不管尼采对达尔文多么具有批判性,达尔文的进化论都是尼采道德谱系学说在生物学上的对应学说。
③ [KSA版注]谦逊得"已经不会撕咬"的"被道德娇惯者":小市民式的被娇惯者与受过教育的市侩(kleinbürgerliche Zärtling und Bildungsphilister)(供初版用的手写付印稿)。之后被人改为:"小市民式的享乐主义者与宅男"(kleinbürgerliche Genüßling und Stubenhocker)。该改动有可能是尼采给出版商的指令。在1887年10月5日,尼采从威尼斯写信给他的出版商C.G.Naumann:"随信附上前言的第8节,而原来的最后一节则变为第9节。第8节的文字如下:最后,我至少还要用一句话指出一个不容忽视的、但从未被发现的事实,这也是我慢慢查明的真相:人类迄今为止的探讨中,还没有出现过比道德问题更具根本性的问题,当我观察目前出现过的所有价值,我发现,在它们的王国里所有伟大的设想都源于道德问题的推动力(——所以也包括所有一般被称为"哲学"的东西;其范围可以一直扩展到最近出现的那些认识论前提)。但事实上,确实存在比道德问题更具根本性的问题;这些问题只有当人们将道德偏见抛之脑后才能看到,并且当人们懂得作为个非道德主义者去观看世界、生活与自我时……"但是在同一天,即1887年10月5日,尼采又写明信片给出版商,收回了这一指令:"尊敬的出版商先生,今天早上寄出的那份(作为前言的补充)手稿是无效的;所以我们还是按照最开始的决定,前言还是8节。"

的话说,就是快乐的科学①——就是一种报偿:它是对一种长期的、勇敢的、勤奋的、隐秘的严肃工作的报偿,当然并非每个人都可以胜任这项工作。如果有一天,我们由衷地说:"继续前进!我们的旧道德将会进入喜剧之列!",这就说明,那时的我们已经为这部关于"灵魂的命运"的酒神戏剧②找到了新的复杂情节与可能性——:而酒神也一定会利用这些情节与可能性,关于这一点,人们完全可以打赌。酒神,他是描写我们存在的伟大的、古老的、永恒的喜剧诗人!……

8

如果有人读不懂本文,而且觉得这些言论听起来很刺耳,那么在我看来,这不一定要归咎于我③。这篇文章已经足够清楚,当然有一个前提,我所设定的前提是,人们首先读过我以前的论著④,并且在阅读时肯下功夫:事实上,那些论著并不易懂。例如我的

---

① [Pütz 版注]快乐的科学:暗指尼采 1882 年出版的同名作品。
② [Pütz 版注]喜剧之列……酒神戏剧:古希腊戏剧起源于葡萄采摘时,人们为了敬奉酒神(狄俄尼索斯)而举行的放纵狂欢式的庆祝活动。悲剧与喜剧的要素皆源于这一祭礼。尼采在这里故意影射酒神那悲喜剧的双重性格。值得注意的是,在其早年著作《肃剧诞生于音乐精神》中,尼采在酒神的"沉醉"(Rausch)之外还同时安排了日神(阿波罗)理智的形象,而且在一定程度上将两者对立起来。但是到了后来,其重心发生了偏移,例如当他在下文中提到"伟大的、古老的、永恒的喜剧诗人!"时,他指的完全是酒神,而日神已经不再被谈及了。
③ [Pütz 版注]如果有人读不懂本文……这不一定要归咎于我:参见利希滕贝格(Georg Christoph Lichtenberg[译按] 1742—1799,德国作家兼物理学家):"如果一本书与一个头脑相撞在一起,听起来是空心的,那么就一定是书里面很空洞吗?"(《格信集》(Sudelbücher,[译按]利希滕贝格写的格言体笔记),卷 D,第 399 页,编者为 Wolfgang Promies。)
④ [KSA 版注]人们首先读过我以前的论著:此处有删节,供初版用的手写付印稿上写作"人们首先一行一行地读过我以前的论著"。

《扎拉图斯特拉》①，如果有人读了这本书，却未曾被里面的每一句话所深深伤害，同时也未曾为之深深着迷，那么这样的人我绝不会承认他读懂了。只有上述情况真的发生了，那样的读者才有特权分享那本书得以产生的那欢乐祥和的居所，并且怀着敬畏的心情分享它的光明、辽远、博大与精确。此外，格言的形式②也会造成困难：原因是人们如今不够重视这种形式。一个经过精心打造与淬炼的格言，不可能仅凭简单诵读而被"解密"；它还需要某种解释的艺术才能开始被解读。我在本书第三章提供了一个我在这种情况下[256]可以将之称为"解读"的范例：——那一章以一个格言开头，而整章的内容都是对这段格言的诠释。当然，为了能够以类似的方式把阅读作为艺术来加以练习，首先还必须做一件事，这件事恰恰在如今已经被人们所荒疏——所以"读懂"我的书还需要时间——那就是人们绝不能像"现代人"那样，而是必须像奶牛一样：学会反刍……

1887 年 7 月于上恩加丁河谷的希尔斯—马里亚村③

---

① [Pütz 版注]我的《扎拉图斯特拉》：即尼采最具影响力的著作《扎拉图斯特拉如是说》，1883-1885 年间出版，共 4 卷。
② [Pütz 版注]格言的形式：与逻辑的定义以及无特定作者的谚语不同，格言（Aphorismus，来源于希腊语 aphorízein，分割、划定界限之意）的特点主要是反映某一特定作者的主观思考，这些思考一般与普遍通行的意见、观点或原理相悖，但作者本人不负责给出一个最终的结论。格言里面包含着各种不同的、乃至相互矛盾的观点与意图，所以其影响更多的是启发思考，而不是形成完整的意见。本书《道德的谱系》的章节形式偏离了格言的传统形式。
③ [译注]上恩加丁河谷的希尔斯-马里亚村（Sils-Maria, Oberengadin），位于瑞士东部靠近意大利的格劳宾登州，是传统的疗养与滑雪胜地，1881 年尼采第一次来到这里度假，后来从 1883 年至 1888 年每年夏天尼采均来此逗留，该地现有一座尼采博物馆。

第一章 "善与恶"、"好与坏"①

1

[257]——人们理应感谢英国心理学家们②所做的迄今惟一的探索道德发生史的尝试。——他们连同其自身给我们留下了不小的疑团;我要承认,他们自身就是活生生的疑团,他们甚至因此比他们的论著更为本质——他们本身就很有意思!这些英国心理学家——他们究竟要干什么?人们发现他们总是自觉或不自觉地从事同样的工作,即把我们内心世界的 partie honteuse③ 暴露出来,并且在当中寻找真正有效用的、引领性的、对于发展具有关键

---

① [Pütz 版注]"善与恶","好与坏":第一章的标题将道德的不同谱系以近似于口号的形式对立起来。"好与坏"(Gut und Schlecht)是由贵族统治的价值设定发展而来,该价值设定将高贵者与统治者视为"好人",而将被压迫者视为"坏人"。而"善与恶"(Gut und Böse)则产生于基督教道德及其世俗化的形式——同情式伦理。在这里,尼采以《善恶的彼岸》一书的思想为出发点,尤其是第九章"什么是高贵?"
② [Pütz 版注]英国心理学家们:参见前言第 4 节中的相关脚注。尼采指的不仅是已经被认为是代表英国思维方式的德国哲学家保罗·雷伊,同时也指的是其他英国学者例如赫伯特·斯宾塞,尼采将在本章第 3 节提到他。
③ [Pütz 版注]法文,可耻的部分。

意义的东西,而这正是人的理智自尊所最不希望发现的部分(譬如,习惯的 vis inertiae①,健忘,一种盲目和偶然的观念网络和观念机制②,或者是某种纯粹的被动性,机械性,生物反射性,物理分子以及彻底的愚钝)——究竟是什么驱使这些心理学家径直走向这条道路的?难道是一种人类所具有的秘密的、恶毒的、卑鄙的、或许人自己都不愿意承认的自我贬低本能?或者是一种悲观的猜疑,是对失望的、黯然失色的,业已变得愤愤不平和简单幼稚的理想主义者的怀疑?抑或是对基督教(和柏拉图)③一种渺小的、隐秘的、[258]或许从未跨过意识门槛的敌视和憎恨?也许是对陌生的事物、对令人头疼的悖论、对存在本身的可疑与荒诞的一种贪婪的嗜好?或者,最后——这是一种综合的东西,其中既有一些卑鄙恶劣,也有一些阴郁灰暗,既有一些反基督教的倾向,也有一些对异域调味品的渴望和需求?……但有人对我说,这些人简直就像一群衰老的、冷血的、乏味的青蛙,它们在人的身旁爬行跳跃,并且爬进、跳进了人体内部,就好像在它们自己的天地里——在一个沼泽里——那样得心应手。我并不愿意听到,而且更不会相信这种论调;如果允许人在不可能知情的情况下表达愿望,那么,我衷心希望他们的情况恰恰与此相反,——希望这些灵魂的研

---

① [Pütz 版注]拉丁文,惯性,惰性;这是牛顿力学除作用力与反作用力定律之外的另一个基本定律。艾萨克·牛顿(1645-1727),英国物理学家与数学家;主要著作为《自然哲学的数学原理》(*Philosophiae naturalis principia mathematica*,1687 年)。
② [Pütz 版注]一种盲目和偶然的观念网络和观念机制:联想主义心理学的另一种表达,特别是指英国的经验主义,即意识的经验表象是通过简单的感官感知相联结而形成的,其联结所依据的原则主要是相似、相反、空间及时间上的接近以及建立在重复基础上的习惯性。
③ [Pütz 版注]基督教(和柏拉图):柏拉图哲学、特别是新柏拉图主义(如普罗提诺:Plotin,205-270)的相关理念通过早期基督教的思想家如奥占斯丁(Augustinus,354-430),波埃修(Boethius,480-525)和伪狄奥尼修斯(Dionysius Areopagita,活跃于约公元 500 年左右)对中世纪神学产生了重大影响。在《善恶的彼岸》一书的前言中,尼采宣称,柏拉图的纯粹理念与自在自为的"善"乃是世界上最为危险的错误;而基督教最终就是一种普罗大众式的柏拉图哲学。

究者与用显微镜观察灵魂的人从根本上是勇敢、大度、骄傲的动物,他们懂得抑制自己的感情和痛楚,并且业已把自己培养成了能够为真理而牺牲一切心愿的人——为了任何真理,甚至是为了朴素的、苦涩的、丑陋的、令人厌恶的、非基督教的、不道德的真理……因为确实存在着这样的真理。

2①

在这些研究道德的历史学者那里,支配他们精神的可能是一些善良的精灵。向这些精灵们致以崇高敬意!然而,遗憾的是,这些精灵自身却缺乏历史精神②,而他们恰恰遭到了所有支配历史的善良精灵们的遗弃!从本质上而言,这些精灵们的思维与陈旧的哲人习俗一样,都是非历史的。这一点毋庸置疑。当他们试图确定"善"这一概念兼判断的起源时,其道德谱系之拙劣从一开始就暴露无遗。他们晓谕众人说:"人们最初是从无私行为的服务对象方面,也就是该行为对服务对象有用的角度来赞许这一无私行为的,并称其为'好'③;后来人们[259]忘记了这种赞许的起

---

① [KSA版注]参KSA版第12卷《尼采1885-1887年遗稿》中"1885年秋至1886年春"1[7]与1[10]。

  1[7]:"——在人(首先是阶层)的问题上,首先发展出来的乃是道德感,这种感觉之后被转移到行为与品格上。保持等级差别的激情就存在于该感觉最内在的本质之中。"

  1[10]:"——最狭义的'刑罚'乃是强力者与一家之主的一种反映,是他们的命令或禁令遭到蔑视时,他们表达愤怒的方式。——统治者的道德性(他的规则要求,'只有下命令的人应该得到敬重')要优先于习俗的道德性(习俗的规则要求,'所有传统的东西都应该得到敬重')。保持等级差别的激情,即等级差别的感觉乃是一切道德最本质的东西。"

② [KSA版注]精神(Geist):供初版用的手写付印稿上本写作"意识"(Sinn)。

③ [译注]也就是"善"。本章的标题因为是两个成对的概念,所以翻译成了符合中文习惯的"善与恶","好与坏",但其实德文中"善"与"好"用的都是gut一词。

源,同时由于无私的行为在习惯上①总是被赞扬为好,因此它也就直接被认为是好的——就好像这种行为本身就是好的一样。"人们立刻看到:第一段引言就已经包含了那些过于敏感的英国心理学家们全部的典型特征,——我们发现了"有用"、"忘记"、"习惯"和结尾处的"谬误"等词语,所有这一切统统都被用来支撑某种声望,而迄今为止,上等人一直都自豪于拥有此种声望,就好像拥有某种人类的特权一般。此种自豪理应被羞辱,此种声望理应被贬值:但这一点是否已经实现了呢?……首先,目前在我看来,这种理论很显然是在错误的地方寻找和设定"好"这一概念的原初发生地:对"好"的判断并非起源于那些受益于"善行"的人!事实上,那些"好人"自己才是这一判断的起源,也就是说那些高贵的、有权势的、上层的和高尚的人们认为并判定,他们自身以及他们的行为是好的,即属于第一等级的,与他们相对的则是低下的、下贱的、卑劣的群氓。他们从这种保持等级差别的激情②中为自己获取了创造价值并彰显这些价值的权利:行为的有用性跟他们有什么关系!最高级别的价值判断就是要确定等级并突出等级,而对于这样一种迸发的激情而言,有利性的观点恰恰是极其陌生且不合时宜的:这种激情正是在这里遭遇到了那种以工于心计、锱铢必较为前提的低级热情的对立——不是一次,不是例外,而是永久。高贵的激情和保持等级差别的激情,正如所言,这就是某个上等的统治阶层在与低贱阶层、"下等人"发生关系时所具有的持续

---

① [Pütz版注]获利…忘记…习惯上:保罗·雷伊认为,道德判断之所以产生,是因为人们将对社会有利或有害行为的社会评判与其最普遍的动机(一种被认为是最原初的无私本能)进行了习惯性的观念联结。通过社会评判,较弱的无私本能在较强的自私本能面前得到强化。在历史的发展中,行为的有利性逐渐被遗忘,而无私行为则直接被当成了"善"。

② [Pütz版注]保持等级差别的激情(Pathos der Distanz):尼采所持的贵族立场的核心概念。与此相对的则是被他否定的平等主义伦理。他希望用激情代替同情,在《善恶的彼岸》一书中,他特意将高贵的程度与激情的广度相提并论。

的、主导性的总体感觉与基本感觉——这就是"好"与"坏"相对立的起源。[260]（主人拥有赐名的权利，而这一权利后来逐渐发展到，人们允许自己将语言的起源本身理解为统治者的权力表达：他们说："这叫什么，那叫什么"，他们用声音给每一物、每一事打上烙印，并通过这种方式似乎要将它们占为己有。）正是因为这样的起源，所以"好"这个词从一开始就与"无私的"行为完全没有必然的联系；那只是那些道德谱系学家的迷信而已。只有到了贵族的价值判断走向衰亡的时期，"自私"与"无私"的尖锐对立才逐渐被强加给人的良知，——用我的话说，这是一种群体本能，这种本能伴随着上述对立而最终获得了表达自己（也可以是不断表达自己）的机会。然后又经过了很长时间，这种本能才在一定程度上变成了主宰，道德的声望才与上述对立紧密结合在一起（例如，如今的欧洲正是这样：现在占主导地位的就是这样一种偏见，它把"道德的"、"无私的"、"公正的"视为同等价值的概念，而它在人们头脑中的影响力已经可以与某种"固定观念"和脑部疾病相媲美）。

3

其次，那种关于"好"的价值判断起源的假设是没有历史依据的，即使对此完全抛开不谈，该假设本身也包含了心理学上的荒谬。据说，无私行为的有用性是其得到赞扬的本源，而该本源却又被人忘记了：——怎么可能会发生忘记的情况呢？难道是这种行为的有用性曾在某一时期中断过？情况恰恰相反：这种有用性在任何时代都是习以为常的，并且总是不断地被人重新强调；[261]因此，它不是从意识中消失了，不是被忘记了，而是肯定越来越清晰地烙印在意识中。而另外一种与之相反的理论则比它不知道要理性多少倍（但是也不会更为真实——），例如，其代表人物赫伯特·斯宾塞①认为:"好"的概念与"有用"、"实用"等概念在本质上是相通的,于是人类在"好"与"坏"的判断中,恰恰就是对人类那些关于有利—实用与有害—不实用的经验进行了总结和确认,这些经验是未被遗忘和无法遗忘的。按照这种理论,"好"就是自古以来被证明为有用的东西;因此,可以断言其具有"最高级别"的和"自在自为"的价值效用。如上所述,这种解释的思路是错误的,但是至少这种解释本身是理性的,并且在心理学上是站得住脚的。

4②

有一个问题的提出为我指明了正确的道路,那就是,用各种不同语言表达出来的"好"这个指称在语源学③方面究竟具有什么样的意义:在这里我发现,这些指称统统都可以回溯到同一个概念的转化上,——普遍来看,无论哪里,"高贵"、"高尚"都是社会等级意义上的根本概念,由此就必然转化出具有"心灵高贵"和"高尚"等含义的"好",具有"心灵崇高"和"心灵拥有特权"等含义的"好":而这种演化总是与另一种演化并行发展的,即"卑贱"、"粗

---

① [Pütz版注]赫伯特·斯宾塞(Herbert Spencer):1820-1903,英国哲学家与社会学家。早在达尔文之前,他就认为,进化论法则决定了整个宇宙的物理、伦理、社会和宗教等诸多方面。所以,道德只是生存斗争中的一种适应现象。人类的意志就是要实现自我与种族延续——前者具有优先权(快感原则先于整体性原则)。那些在社会和谐中,能够从利己及利他意义上对生命有所促进的东西,都是善的。斯宾塞将进化论与功利主义结合了起来(有用性原则)。
  [KSA版注]参见斯宾塞的《伦理学概况》(德文 *Die Thatsachen der Ethik*,英文 *the Data of Ethics*),德文版由 B. Vetter 翻译,1879 年出版于斯图加特。(尼采生前藏书);另参 KSA 版第 9 卷《尼采 1880-1882 年遗稿》中"1880 年初"1[11]:"魔鬼般的暗示,斯宾塞的著作的第 31 页。"
② [KSA版注]参见《朝霞》格言 231。
③ [Pütz版注]语源学:探讨一个单词的起源及其意义的发展历史。对于尼采而言,语源学方面的论据是他研究道德谱系的一个工具。

俗"、"低等"等词汇最终被转化成"坏"这一概念。对于后一种情况而言,最有说服力的例子就是德文单词"坏"(schlecht)本身:它与"朴素"(schlicht)曾是通用的概念——试比较"schlechtweg"[直截了当地,直译:朴素的道路]和"schlechterdings"[实在地,直译:朴素的东西]两个单词——它最初指称的就是朴素的男子,[262]当时的人们还不会用怀疑的眼神斜睨这样的粗鄙男子,而只是用来指称高贵者的对立面。直到很久以后,大约是在三十年战争①时期,这个词的含义才转移到了今天通用的含义。——对我来说,这一点似乎是对道德谱系的一个本质性的洞见;而这一洞见之所以这么晚才被发现,就在于现代世界内部的民主性偏见对所有起源问题都施加了阻碍性的影响。这里还需要稍加指出的是,这种影响甚至还渗透到表面上看来最客观的自然科学和生理学领域。臭名昭著的巴克尔案例②表明,这种偏见一旦失控到了仇恨的地步,它尤其会对道德与历史造成多么大的危害。来自英国的现代精神中的平民主义③再次在它的故土上爆发,激烈得如同一座岩

---

① [译注]三十年战争:1618-1648年间爆发的一场涉及整个欧洲的宗教与国家冲突,起因为神圣罗马帝国内部德意志各诸侯因为天主教和新教而产生的信仰对立,以及哈布斯堡王朝与其他欧洲列强之间的矛盾,主要战场在德国境内。其直接后果是德意志经济遭到了极大破坏,内部分裂,但同时也推动了欧洲近代民族国家的形成,尤其是结束战争的《威斯特伐利亚和约》的签订更是标志着近代欧洲社会宗教平等原则的确立以及近代国际法的形成。
② [Pütz版注]巴克尔案例:亨利·托马斯·巴克尔(Henry Thomas Buckle, 1821-1862),英国文化史学者。他试图通过实证主义的方式为历史的发展总结出自然科学一般精确的法则。尼采在写给加斯特的信(1887年5月20日)中说:"库尔(Chur[译按]瑞士格劳宾登州首府)的图书馆里大约有20000册藏书,这些书给了我很多教益。我第一次看到了巴克尔那本大名鼎鼎的书《英国文明史》(Geschichte der Civilisation in England)——非常特别!很明显,巴克尔是我最为强劲的一个对手。"
③ [Pütz版注]平民主义(Plebejismus):在古罗马,平民阶层构成了人口的广泛多数,他们是罗马贵族的对立面,并曾在公元前约500-287年为其阶层的平等权利而斗争过。而尼采在巴克尔的实证主义做法上看到了一种精神平民化(或庸俗化)的现代形式。

浆迸发的火山,并且伴随着迄今为止所有火山都曾发出过的那种令人扫兴的、音量过大的、庸俗粗鄙的鼓噪。——

5

至于我们的问题,人们则完全有理由称之为一个安静的问题,并且有选择性地只针对少数听众。在我们的问题上,人们可以怀着很大的兴趣确定,在那些指称"好"的言语和词根中已经多次透露出一种主要差别,而高贵者正是据此感觉自己是上等人。虽然,在大多数情况下,他们或许只是简单地按照自己在权力上的优势称呼自己(如"强有力者","主人","主宰"),或者用这一优势最为明显的表征来称呼自己,例如"富人"、"占有者"(这就是"arya"①一词的意思,而在伊朗语和斯拉夫语中也有与之相应的含义)。但是,他们也按照一种典型的特性称呼自己:这也正是我们在本文所涉及的情况。例如,他们称谓自己是[263]"真诚的人";开此先河的人是古希腊贵族,其代言人就是来自迈加拉的诗人忒奥格尼斯②③。表达这个意思的单词ἐσθλός④,从其词根来看表示一个人,这个人存在着,他有实在性,他是真的,他是真实的;

---

① [Pütz 版注]arya:梵文,雅利安人之意。
② [Pütz 版注]忒奥格尼斯(Theognis):来自希腊中部城市迈拉加(Megara)的古希腊诗人(公元前 500 左右)。归到他名下的诗歌带有较强的贵族观念。——早在尼采的中学和大学时代,他就已经对忒奥格尼斯的诗歌有过研究,而且还因此获得了他的古典语文老师里彻尔(Ritschl)的关注,他的研究成果也因此以《论忒奥格尼斯格言诗选集的历史.〈忒奥格尼斯诗集〉的最后一次编辑》(Zur Geschichte der Theognideischen Spruchsammlung. Die letzte Redaktion der Theognidea)为题发表在了《莱茵古典语文博物馆》(*Rheinisches Museum für Philologie*),新版,第 XXII 卷(1867年),第 2 期,第 161–200 页。
③ [KSA 版注]参见《忒奥格尼斯诗集》,Ernst Diehl 编,卷 1,诗行 57、71、95、189、429、441。另参《善恶的彼岸》格言 260。
④ [Pütz 版注]ἐσθλός:古希腊文。意为真正的,真实的,忠实的,真的,能干的;后来也表示勇敢的,高贵的,有价值的,幸福的。

而后伴随着一次主观的转折,真实的人就被称为了真诚的人;在这个概念发生转变的阶段,这个词变为了贵族的流行词和标志语,而且完完全全过渡为"贵族的"这一含义,以便与忒奥格尼斯①所认为和描述的那些喜欢说谎的粗鄙之人相区别,——直到贵族阶层衰落之后,这个词最终只剩下了指称"心灵高贵"的含义,同时该词也变得成熟和受人欢迎了。在 κακός②以及在 δειλός③这两个词(两者都与ἀγαθός④一词相对,即平民之意)当中,都强调了胆怯:这或许算是一个暗示,人们可以沿着这个方向来寻找那个具有多重含义的单词ἀγαθός的语源学来源。而拉丁文中的 malus⑤(我把它与μέλας⑥一词相提并论)可以表示粗鄙的人,同样也可以表示深肤色的人,尤其是黑头发的人("hic niger est——"⑦),即在雅利安人之前生活在意大利的居民,他们与后来成为统治者的金黄头发的雅利安征服者种族最明显的区别就是颜色;而凯尔特语则至少为我提供了正好与之相吻合的情况——fin⑧(比如 Fin-Gal 这个名字),这是用来表示贵族的单词,最后被用来表示善者、高贵者、纯洁者,而它最初的含义则是金色头发,也就是与那些深肤色、黑头发的土著有明显的区别。顺便说一句,凯尔特人是纯粹的金发人种;有人错误地把细致的德国人种分布图上那些明显属于深色

---

① [KSA 版注]参见《忒奥格尼斯诗集》,Ernst Diehl 编,卷 1,行 66-68,607-610。
② [Pütz 版注]κακός:古希腊文。意为有害的,败坏的,不幸的,不像样的,胆怯懦弱的,丑陋的,差劲的,不高尚的,无耻的。
③ [Pütz 版注]δειλός:古希腊文。意为胆怯懦弱的,无耻的,贫乏的,无力的,不幸的。
④ [Pütz 版注]ἀγαθός:古希腊文。意为预示幸福的,肥沃多产的,有用的,好的;也表示正直的人,贵族。
⑤ [Pütz 版注]malus:邪恶的,坏的,无用的。
⑥ [Pütz 版注]μέλας:古希腊文。意为黑色的,也表示邪恶的,阴险的。
⑦ [Pütz 版注]„hic niger est":拉丁文,"这真是一个黑色的灵魂"(贺拉斯,《讽刺诗集》,卷 I,第 4 首,第 85 行)。
⑧ [Pütz 版注]fin ... Fin-Gal:Fingal[芬戈尔]乃公元前 3 世纪爱尔兰传说中的英雄,他和他的儿子 Ossian[莪相]是南爱尔兰及苏格兰地区神话传说的中心人物。他是费安骑士团(Fian,一个跨部落的武士团体)的领袖。

头发的居民区域同凯尔特人的后裔或混血联系在一起,就连菲尔绍夫①也还在这样做:在这些地方居住的应当是雅利安人之前的德国居民。(同样的情况差不多适用于整个欧洲:从根本上说,被征服的种族最终还是在那里[264]占了上风,在颜色上,在颅骨偏短上,或许还在智识和社会的本能上:有谁赞同我们如下的观点:现代民主制度,更为现代的无政府主义②,尤其是欧洲所有的社会主义者③现在都一致偏好的那种最原始的社会形式"公社"④,这些难道不都基本上意味着一个无比震颤的尾音吗?——征服者和主人种族——雅利安人甚至在生理上也处于劣势?……)我相信拉丁文单词 bonus⑤ 可以解释为武士:前提是,我可以拥有充足的理由把 bonus 追溯到更古老的单词 duonus(试比较 bellum⑥ = duellum = duen-lum,在我看来,duonus 这个词在

---

① [Pütz 版注]菲尔绍夫:鲁道夫·菲尔绍夫(Rudolf Virchow,1821-1902),德国细胞病理学家及近代人类学的创始人;在德国首先采用了量化方法对人种进行分类。
② [Pütz 版注]无政府主义:一种试图废除任何形式的(国家)统治与权力形式的学说。19 世纪个人无政府主义的代表人物为 M.施蒂纳(Stirner,[译按] 1806-1856,德国哲学家])和 P.J.蒲鲁东(Proudhon,[译按] 1809-1865,法国社会主义者,作家),而 M.巴枯宁(Bakunin,[译按] 1814-1876,俄国革命者,无政府主义者,马克思的对手)则主张集体主义—共产主义的无政府主义,并且缔造了无政府主义者的第一个联合会,其宗旨是利用恐怖手段推动欧洲国家的颠覆。
③ [Pütz 版注]欧洲所有的社会主义者:社会主义政治运动的支持者,该运动的起因是 19 世纪工人的工业化与无产阶级化,与自由主义—资本主义的理论相对,他们主张建立一个消灭阶级的社会,并通过公有制与公有制经济对社会进行有效组织。除了法国早期空想社会主义者(如圣西门、傅里叶等),以及无政府主义者(见前注)之外,真正共产主义的创始人恩格斯与马克思也属于此列。(马克思的《共产党宣言》发表于 1847 年([译按] 此处似乎有误,宣言应当是写于 1847 年,而发表于 1848 年),《资本论》发表于 1867 年。)
④ [Pütz 版注]公社(Commune):建立于巴黎的社会主义的城市代表大会;在 1871 年起义之后,法国军队在德国占领军的支持下将其镇压。
⑤ [Pütz 版注]bonus:好的,有用的,勇敢的,富有的;早期拉丁语中写作:duonus。
⑥ [Pütz 版注]bellum:战争。由早期拉丁语 duellum 及更古老的形式 duen-elon[反对,敌对]发展而来。尼采在此处所做的关于"bonus"与"bellum"之间的语源学联系十分牵强。

这几个词中似乎得到了保留)。所以,bonus 就可以解释为挑拨离间、制造纷争(duo)的人,也就是武士:现在人们看到了,在古罗马是什么形成了一个人的"好"。而我们德意志自己的"好"(Gut)呢:它的含义难道不就是"像神一样的人"(den Göttlichen),或来自"神圣种族"的人(den Mann „göttlichen Geschlechts")吗?抑或是应当与哥特人(Gothen)①的民族名称(最初也是贵族的名称)相吻合?此种猜测的理由在此不再赘述。

6

政治优越的观念总是引起一种精神优越的观念,这一规则暂时还没有例外(虽然存在着出现例外的动因)。所以当祭司阶层是社会最高等级时,他们就会喜欢一种能够提醒别人其祭司职能的称号来作为他们共同的名称。例如,在这种情况下,"纯洁"(rein)与"不纯洁"(unrein)作为等级的标志而第一次被对立起来;同样在此基础上后来发展出了不再具有等级意义的的"好"与"坏"的观念。应当提醒人们的是,不要一开始就过于严肃、过于广义、甚至过于象征性地理解"纯洁"与"不纯洁"之类的概念:从最初来看,古人的一切概念[265]都具有我们几乎无法想象的粗糙、笨拙、浅薄、狭隘、直接,尤其需要注意的是,它们是非象征性的。"纯洁的人"最初只是指这样的人,他洗脸洗澡,拒绝食用某些会导致皮肤疾病的食品,不和低等民族的肮脏妇女睡觉,厌恶流血——仅此而已,也仅此而已!而另一方面,就高度祭司化的贵族阶层的整体本质而言,当然可以解释清楚,为什么恰恰是在人类的早期,价值对立能够以一种危险的方式被内在化

---

① [Pütz 版注]"好"……"像神一样的"……"哥特人":此处的联系也比较牵强。"好"(Gut)一词在古日耳曼语中表示"合适的"(passend),应当与"丈夫"(Gatte)一词同源。

第一章 "善与恶"、"好与坏"

和尖锐化;事实上,正是这种价值对立最终在人与人之间制造了鸿沟,就连具有自由精神的阿喀琉斯①也不能毫无畏惧地逾越这些鸿沟。某些不健康的东西从一开始就存在于这些祭司贵族之中,存在于该阶层普遍的习惯中,这些习惯使得他们远离行动,部分人会冥思苦想,部分人则会表现为情感爆发,其结果就是所有时代的祭司们几乎都不可避免地患上了传染性的肠道疾病和神经衰弱症;然而,他们自己又发明了什么东西来医治自身的疾病呢?——人们不得不说,他们的医治方法,其最终效果要比它理应治疗的疾病还要危险百倍。至今整个人类都还在忍受这些祭司的愚蠢疗法的后果!试想一下那些饮食疗法(禁荤食),斋戒,性生活节制,逃亡"进入荒漠"②(维尔·米切尔式的与世隔离③,当然这里没有相关的致肥疗法和过度营养,虽然后者包含了最有效的方法,能够医治禁欲理想中产生的一切癔病④)。此外,还有祭司们全部的形而上学,它们仇视感官,使人变得懒惰和狡诈;他们按照苦行僧⑤和

---

① [Pütz版注]具有自由精神的阿喀琉斯(Achill der Freigeisterei):阿喀琉斯,国王珀琉斯与海洋女神忒提斯之子,乃是特洛伊战争中希腊人方面最伟大的英雄。在这里,他被拔高到一种自由精神的化身,即通过自身理性的英雄举动试图摆脱权威与教条的束缚。但是只要他还相信真理是颠扑不破的价值的话,尼采就不会把他真正看做是自由的精神。

② [Pütz版注]"进入荒漠":尼采此前曾在《扎拉图斯特拉如是说》("论三种变形")中使用过该比喻:驮载着传统的"骆驼"精神在荒漠中变形为狂野的狮子,它否定迄今为止的一切价值,同时为进入创造新价值的孩子阶段做准备。在这里,禁欲的阶段不应与狮子的阶段相等同,因为禁欲阶段并不是要否定传统的道德与形而上学,而是要进一步完善后者。

③ [Pütz版注]维尔·米切尔式的与世隔离:一种根据S.维尔·米切尔(Silas Weir Mitchell[译按] 1829-1914,美国医生)命名的致肥疗法(参其1884年在伦敦出版的《脂肪与血》(Fat und Blood)),要求病人长期卧床,并在严格的监控下,大剂量地进食某些食物。

④ [Pütz版注]禁欲理想中产生的一切癔病:参见本书第三章。

⑤ [Pütz版注]苦行僧(Fakir,又译为法吉尔):原本指伊斯兰教的乞讨者与苦行僧(Derwisch);同时也指印度教中无家无业的禁欲苦行者。

婆罗门①的方式进行自我催眠——在这个意义上,梵与催眠时使用的玻璃纽扣和固定念头所起到的作用是一样的——[266],他们最终还会具有过于明显的普遍的厌倦情绪,厌倦他们的猛药疗法,即虚无(或者说上帝:——那种与上帝结成一种 unio mystica②的需求也就是佛教徒所渴求的进入虚无状态,即涅槃③——仅此而已!④)在祭司们那里,一切都变得更危险了,不仅是医疗方法和治疗技巧,而且还有高傲、复仇、机敏、放荡、爱情、统治欲、美德、疾病;——这里还有必要加以补充的是:人的,或祭司们的这种存在方式本质上是非常危险的,但正是在这一危险的存在方式的基础上,人才真正成为一种有趣的动物,而人的灵魂也正是在这里获得了更高意义上的深度,并且变得邪恶——这正是迄今为止人优越于其他动物的两个基本表现形式!……

7

——人们或许已然猜出,祭司的价值方式是多么轻易地脱离了骑士—贵族的价值方式,然后继续向其对立面发展;尤其是每当

---

① [Pütz 版注]婆罗门(Brahmanen):雅利安人征服了印度河流域文明(或称哈拉巴文化,约公元前 1500 年)后,为维护统治而建立的种姓制度中的贵族后裔与社会上层。除了政治家、诗人和学者之外,该阶层还有一部分人发挥祭司的职能。但是所有婆罗门理想的成长过程要经历不同的层次,例如经典学习者、林中隐士,直到禁欲苦行者与托钵僧,到此层次,他们将专注于一种对于"婆罗贺摩"(Brahman,即梵,一种所有世界赖以形成的终极原则)的神秘主义式的观照。
② [Pütz 版注]unio mystica:拉丁文,即神秘主义式的融合为一。
③ [Pütz 版注]涅槃:梵文,按照佛教的学说,个体及其自私的生命意志都将在其潜在的生命根本中得到解脱,由于我们的认识能力不足,我们只能将此生命根本消极地称为与所有尘世存在相对立的"虚无"。
④ [KSA 版注]过于明显的普遍的厌倦情绪……仅此而已!:供初版用的手写付印稿上原本写作:"普遍的厌倦情绪与对某种 unio mystica 的需求——不管是对上帝,还是对虚无——这是一种需求。"

祭司阶层与武士阶层互相嫉妒、不愿妥协的时候,都是引起这种趋向的动因。骑士—贵族的价值判断有其前提,这就是强壮有力的体魄,勃发的、富余的、满溢而出的健康,以及以保持体魄健康为条件的战争、冒险、狩猎、舞蹈、竞赛,还有所有包含强壮、自由与乐观的行为。而正如我们业已看到的那样,祭司—高贵者的价值方式有着与此不同的前提:有关战争的一切东西对他们来说都糟糕透了!众所周知,祭司们是最邪恶的敌人——为什么这样说?因为他们是最虚弱无能的。由于虚弱无能,[267]他们所滋生的仇恨既暴烈又可怕,而且最富有才智,也最为阴险歹毒。世界史上所有伟大的仇恨者都是祭司,而且是最具聪明机智的仇恨者:——与祭司的复仇智慧相比,所有其他的聪明才智都不值一哂。假如没有这些无能者提供的智慧进入历史,那整个人类历史就是一个蠢物:——我们马上就会举出最大的例子。尘世中所有反对"高贵者"、"强权者"、"主人"、"掌权者"的行动都无法与犹太人在这方面的所作所为相提并论:犹太人,那个祭司化的民族①,善于仅仅通过彻底改变他们的敌人和专制者的价值观,也就是通过一个最精神性的复仇行动,而使他们向自己赔礼道歉。仅此一点,就与一个祭司化的民族相吻合,与一个将祭司化的复仇欲望潜藏最深的民族相符合。犹太人曾是这样的一个民族,他们以一种令人恐惧的逻辑性,勇敢地改变了贵族的价值方程式(善=高贵的=强有力的=美丽的=幸福的=受神宠爱的),并且怀着最深的仇恨(虚弱无能的仇恨),用牙齿将这一改变紧紧咬住:"惟有困苦者才是善人;惟有穷人、虚弱无能的人、下等人才是善人;惟有忍受折磨的人、遭受贫困的人、病人、丑陋的人,才是惟一虔诚的人,惟一笃信上帝的人,惟有他们才配享受天堂里的至乐。——你们却相反,你

---

① [Pütz版注]犹太人,那个祭司化的民族:尼采的意思也许是说,作为最受压迫者,同时也是掌权者们的反对者,犹太人只能成为祭司。

们这些高贵者和强力者,你们永远都是恶人、残忍的人、淫荡的人、贪婪的人、不信上帝的人,你们将永远遭受不幸,受到诅咒,并将罚入地狱!"……人们都知道,是谁继承了犹太人这种颠覆的价值观①……这是犹太人提出的最具根本意义的战争宣言,其中所包含的巨大的,也特别具有灾难性后果的主动精神会让我回忆起我在另外一个场合所讲过的话［268］(《善恶的彼岸》第118页)②——即犹太人是道德上的奴隶起义的始作俑者:那场两千年前的起义今天之所以淡出了我们的视线,仅仅因为它——成功了……

8

——然而你们没有听懂吗?你们没有注意到某个需要两千年的岁月才能取得成功的东西?……这是不足为怪的:一切长期的事物都很难受人注意,也很难被观察与纵览。但是,这件事却是个大事件:从复仇和仇恨的树干中,从这株犹太式仇恨的树干中——这是一种最深刻和最精细的仇恨,因为它能创造理想,改变价值,地球上从未有过与之类似的东西——生长出一种同样不可比拟的东西,那就是一种新型的爱,它是所有爱的方式中最深刻和最精细的:——难道从其他哪种树干中能够生长出这样的爱吗?……但是,人们切不要错误地以为,这种爱的勃发是对报仇的渴望的真正否定,是犹太式仇恨的反面!不,真相恰恰与之相反!这种爱生发于仇恨的树干,是这棵树的树冠,是胜利的、在最纯净的明媚与阳光下逐渐展开的树冠,而在阳光和高度的王国中,树冠以迫切的欲望追逐着上述仇恨的目标、胜利、战

---

① ［Pütz 版注］人们都知道,是谁继承了犹太人这种颠覆的价值观:指耶稣与基督教;参见本章第8节。
② ［KSA 版注］参见《善恶的彼岸》格言195。

利品和其他诱惑,而仇恨的树根也以同样的迫切欲望在一切具有深度并且邪恶的事物中越陷越深,越来越贪婪。拿撒勒的耶稣,人格化的爱之福音,这位为穷人、病人、罪人带来极乐和胜利的"救世主"——他难道不正是最为神秘可怕且最难抗拒的一种诱惑形式吗?这条诱惑而曲折的道路通往的不正是犹太人的价值[269],以及理想的革新吗?以色列不正是通过这位"救世主",这个以色列表面上的敌人和终结者,所指引的曲折道路才达到了他们那精细的复仇欲望的最终目标的吗?以色列不得不亲自在全世界面前把他复仇的真正工具像死敌一样予以否认,并且将其钉在十字架上,以便"全世界",即以色列的所有敌人,能够不加考虑地吞下这个诱饵,这难道不算是真正伟大的复仇政治中隐秘阴险的策略吗,这难道不是一神具有远见、秘密隐蔽、缓慢进行、提前谋划的复仇吗?就算用尽其才智中所有的阴险诡诈,人们难道还能设想出比这更为危险的诱饵吗?难道有什么东西能够在使人上当、入迷、麻醉和堕落的力量上可以与那个"神圣的十字架"的象征相抗衡,可以与"十字架上的神"这个令人恐怖的悖论相仿佛,可以与上帝为了拯救人类而选择将自己钉在十字架上那种极端的、超乎想象的残忍所代表的神秘性相提并论?……至少有一点是肯定的,以色列"sub hoc signo"①用它的复仇和改变所有价值的方式一再战胜了迄今为止的其他一切理想,一切更高贵的理想。——

---

① [Pütz版注]sub hoc signo:拉丁文,即在这个标记之下。这是对传说中君士坦丁大帝在米尔维安大桥战役前看到的十字架标志旁边的铭文 In hoc signo vinces[在这个标记之内,你将大获全胜]的贬义性处理。在这里,尼采故意将拉丁文的介词"in"(在……之内)替换成另外一个介词 sub[在……之下],这样十字架就不再仅仅是战胜别人的武器,同时也成了自我压迫的象征。

9

——"您还在奢谈什么更高贵的理想！让我们顺应这个事实吧：这个民族取得了胜利——或者叫'奴隶'，或者叫'群氓'，或者叫'民众'，或者随您怎么称呼他们——反正犹太人做到了这一步，那就这样吧！从未有哪个民族拥有比这个更具世界历史意义的使命。'主人'被打败了；卑贱者的道德取得了胜利。有人或许会把这一胜利看作一种血液中毒（该胜利将各个种族混合在了一起）——对此，我并不反对；毫无疑问，人类业已中毒了。'拯救'人类［270］（即拯救'主人'）的目的正在顺利进行；一切都明显地被犹太化，或者基督化，或者群氓化了（用什么词语称呼又有什么关系呢！）。这种毒害人类全身肌体的过程似乎不可遏制，从现在起，其速度和步骤甚至可以越来越缓慢、越来越精致、越来越不易察觉和越来越审慎周到——反正有的是时间……从这个意图来看，今天的教会是否还有什么必要的任务，或者说还有什么存在下去的权利吗？或者人们是否可以舍弃教会？这是必然会有的疑问。教会似乎是在阻止和遏制这个毒害的过程，而不是加速它的蔓延？现在看来，这也许就是教会的可用之处……可以肯定的是，教会实在是有点粗俗和土气，这与一种更为文雅的智慧和真正现代的口味是格格不入的。难道教会至少不应该稍微精细一点吗？……教会今天疏远的人多于它所诱惑的人……假如没有教会，我们当中有谁能成为自由的精神①？是教会使我们反感，而不是它的毒素……除了教会以外，我们也是很热爱这种毒素的……"——这是一个具有"自由精神"的人针对我的讲话所做的结束语，正如里面所充分显露的那

---

① ［Pütz版注］自由的精神：参见之前的脚注"具有自由精神的阿喀琉斯"。

样,他是一个诚实的动物,而且是一个民主主义者;他一直在倾听我的演讲,并且不能忍受我的沉默。对我而言,在这个问题上有很多需要保持沉默的东西。——

10

　　道德上的奴隶起义开始于①怨恨②本身变得富有创造性,并且产生价值的时候:这种怨恨来自于这样的人物,他们无法用行动做出真正的反应,而只会通过幻想中的复仇获得补偿。一切高尚的道德均来自于一种胜利般的自我肯定,而奴隶道德从一开始就对"外在"、"他者"、"非我"加以否认:这种[271]否定就是奴隶道德的创造性行动。这种颠倒的价值目标的设定——其方向必然是向外,而不是反过来指向自己——恰恰属于这种怨恨;奴隶道德的形成首先总是需要一个对立的外部世界,从生理学上讲,它需要外部的刺激才能有所行动,——他的行动从根本上讲就是一种反应。而高贵的价值方式正好与此相反:它的行动和成长都是自发的,它寻求其对立面,仅仅是为了用更加感激与更加赞颂的方式来对自我加以肯定,——它的否定概念,如"下等的"、"卑贱的"、"坏的"等,与它本身肯定性的基本概念相比较而言,只是后来形成的、苍白的对照图像,它那肯定性的基本概念里完完全全充满了生命和激情:"我们是高贵者,我们是好人,我们是俊美的,我们是幸福的!"假如高贵的价值方式有过错,强暴现实,那么,上述情况应

---

① [Pütz 版注]道德上的奴隶起义开始于……:柏拉图曾在其对话《高尔吉亚》中就自然与法律或传统习俗之间的关系问题对古希腊社会的发展做了一个非常有趣的反思。在对话中,卡利克勒斯(Kallikles)试图用财富与力量来解释贵族特权,而苏格拉底则试图通过准民主式的理念来代替贵族特权:希望通过民众的强大用理智替代贵族,用自控替代勇猛,用审慎替代本能冲动(488b-493d)。
② [Pütz 版注]怨恨(Ressentiment):参见 Pütz 版编者说明第 2 部分"围绕善与恶的斗争"。

当是发生在它尚未充分了解的领域,甚至可以说,它出于矜持与自我保护而拒绝对该领域进行真正的认识:在它所轻视的领域,也就是卑贱者和下等民族的领域,它也许会做出错误的判断;而另外一方面,人们应当仔细权衡,不管怎样,这种蔑视的、骄傲的、优越的情绪——虽然我们设定它伪造了蔑视的图景——也远远无法与虚弱无能者带着压抑的仇恨向其对手(当然是 in effigie①)进行报复的那种虚伪相比。事实上,在这种蔑视中存在着太多疏忽和轻率,并且夹杂着太多罔顾和急躁,甚至还有太多与生俱来的乐观情绪,以至于他们无法将其对象变成真正的讽刺画和丑陋危险的怪物。例如,人们总是可以听到希腊贵族在所有言语中所加进的那些近乎善意友好的口吻和语气,他们藉此拉开与下等民族的距离;类似怜悯、关怀、宽容之类的情绪始终搅和在一起,而且还包裹上了糖衣,以至于到了最后,几乎所有[272]适用于卑贱者的词汇最终只剩下"不幸的"、"可怜的"一类的表达(试比较 $\delta\varepsilon\iota\lambda\acute{o}\varsigma$ ②, $\delta\varepsilon\acute{\iota}\lambda\alpha\iota o\varsigma$ ③, $\pi o\nu\eta\rho\acute{o}\varsigma$ ④, $\mu o\chi\vartheta\eta\rho\acute{o}\varsigma$ ⑤,后面两个词的本意是把卑贱者表达为劳动奴隶和驮载牲畜)——另一方面,"坏的"、"下等的"、"不幸的"等词汇也从未停止过,用一种以"不幸的"为主导的音色,最后在希腊人的耳朵里汇成统一的调门:这是古老的、更加高尚的贵族价值方式的遗产,即使在蔑视对方时也不会否认这一点。(古典语文学家们可以注意一下, $\dot{o}\ddot{\iota}\zeta\nu\rho\acute{o}\varsigma$ ⑥, $\ddot{\alpha}\nu o\lambda\beta o\varsigma$ ⑦,

---

① [Pütz 版注]in effigie:拉丁文,某人的模拟像之意。此处指的是,无法毁灭对手,而只能毁灭其模拟像来加以代替,这就是弱者的复仇。
② [Pütz 版注]$\delta\varepsilon\iota\lambda\acute{o}\varsigma$:参见本章第5节相关脚注。
③ [Pütz 版注]$\delta\varepsilon\acute{\iota}\lambda\alpha\iota o\varsigma$:古希腊文。困苦的,不幸的,可怜的。
④ [Pütz 版注]$\pi o\nu\eta\rho\acute{o}\varsigma$:古希腊文。劳作与疲累的;无用的,体格差的,道德坏的。
⑤ [Pütz 版注]$\mu o\chi\vartheta\eta\rho\acute{o}\varsigma$:古希腊文。费力的,无用的,困苦的,不幸的。
⑥ [Pütz 版注]$\dot{o}\ddot{\iota}\zeta\nu\rho\acute{o}\varsigma$:古希腊文。因劳累、贫乏和不幸而痛苦的。
⑦ [Pütz 版注]$\ddot{\alpha}\nu o\lambda\beta o\varsigma$:古希腊文。无天赋的,不幸的。

τλήμων①, δυςτυχεῖν②, ξυμφορά③ 等词是在什么含义的情况下被使用。)而"出身高贵者"对自己的感觉就是"幸福的人",他们不会先去观察自己的敌人,而后人为地构造自己的幸福,或者在某些情况下说服,甚至骗取别人相信自己幸福(所有怀有怨恨的人都习惯于这样做);他们同样知道,他们作为充满过多力量的人就必然是积极的人,他们不会把行动与幸福相分离——在他们那里,行动必定会带来幸福(εὖ πράττειν④一词的起源正是出于此)——至于那些虚弱无能的人、压抑的人以及感染了有毒情感和仇视情感的人,所有这些都与他们那个层次的"幸福"截然相反,在后者那里,幸福在本质上只能被动地出现,即表现为麻醉、沉迷、安宁、和睦、"犹太教安息日"⑤、颐养性情和舒展四肢。高贵的人生活得真诚而且坦然(γενναῖος⑥,即"贵族出身"一词,侧重于"真诚正直"的细微含义,而且也很有可能同时侧重于"天真"的含义);而怀有怨恨的人既不真诚也不天真,甚至对自己也不诚实和直率。他的灵魂喜欢偷窥;他的精神喜欢暗角、幽径和后门,所有晦暗的事情都引起他的兴趣,让他认为那是属于他自己的世界,他很安全,让他提神醒脑;他擅长沉默、记恨和等待,善于暂时地卑躬屈膝、忍辱负重。这样怀有怨恨的种族 [273] 最终必然比其他高贵的种族更聪明,而且它还以完全不同的程度尊崇聪明:即把聪明看作首要的生存条件;而对高贵的人来说,聪明不过是他们在品尝奢侈和高雅

---

① [Pütz 版注]τλήμων:古希腊文。坚忍的,有忍耐力的,坚定的,有活力的,粗鲁的;善于忍耐的,困苦的。
② [Pütz 版注]δυςτυχεῖν:古希腊文。倒霉的(失败,失恋),不幸的。
③ [Pütz 版注]ξυμφορά:古希腊文。事件,偶然,幸运,不幸。
④ [Pütz 版注]εὖ πράττειν:古希腊文。行为和善端正,身心感觉良好。
⑤ [译注]犹太教安息日(Sabbat):犹太教徒恪守的休息日,时间为周五晚上至周六晚上,会进行一定的仪式。
⑥ [Pütz 版注]γενναῖος:古希腊文。贵族的,真的,高贵的,勇敢的,强力的,猛烈的,正派的,好样的,能干的,真实的,正直的。

时本身就轻易获得的一种比较细腻的怪味而已:——聪明在这里早已不那么至关重要了,它既不像那种调节性的无意识本能能够提供完美的功能性保护,甚至也不如某种非聪明,也就是无论面对危险,还是面对敌人时都勇猛直前,而且比不上那些愤怒、爱情、敬畏、感激、报复等狂热的情感爆发,所有时代那些高贵的灵魂都曾在情感爆发问题上重新认识了自己。如果高贵的人心理也出现了怨恨,那么这怨恨也会立刻通过某个反应而得到发泄并且耗尽,所以他不会中怨恨的毒;而在另一方面,如果说在不计其数的情况下,怨恨对于所有弱者和无能者来说是不可避免的话,那么在高贵的人身上却压根不会出现。高贵的人甚至不会长时间地对敌人、对不幸、对不当行为耿耿于怀——这是天性强大和充实的标志,这种天性里包含着丰富的塑造力、复制力、治愈力,还有让人忘却的力量(这方面的一个很好的例子,就是现代世界的米拉博①,他记不住别人对他的侮辱和诽谤,所以也不存在原谅别人的问题,因为他——已经忘记了)。这样的人身躯一震就可以抖掉身上无数的蛆虫,而在别人那里,这些蛆虫却会钻进他们的身体。可以断定的是,只有这里,在地球上只有这里,才可能存在真正的所谓"爱仇敌"②。一个高贵的人会对他的敌人抱有如此多的敬畏呀!——这样的敬畏就是通往爱的一座桥梁……他是为了自己的缘故而需要敌人,他把这种需求当做是对他的奖赏;他只能容忍这样的敌人,即身上没有任何需要蔑视的地方,而且值得备受尊敬的敌

---

① [Pütz版注]米拉博:加布里埃尔·米拉博伯爵(Gabriel Graf von Mirabeau),1749-1791,法国政治家和作家。1791年法国国民议会主席,主张保持君主制度条件下的自由改革。

② [Pütz版注]真正的"爱仇敌";这是贵族或同样强大的人之间的"爱",不同于对弱者的"爱"(即同情),也不同于弱者对强者的"爱"。这是尼采对《马太福音》第5章第43-44节"要爱你们的仇敌"一语的新解释。

人!① 但与之相反,人们还是像怀有怨恨的人一样构想出来了自己的敌人——[274] 这就是他们的行为,他们的创造:他设想出了"邪恶的敌人",即"恶人",并且把这当作基本概念,还以此为出发点,他又设想出了该概念的心理遗存(Nachbild)兼对立面,即"善人"——那个人就是他自己!

11

高贵者的情况与此正好相反,他预先自发地从自身出发构想出"好"这一基本概念,然后才由此引申出一个关于"坏"的想象!这个起源于高贵的"坏"和那种来自于专门炮制无限仇恨的大锅的"恶":前者只是一种模仿,是附带产生的东西,是一种补充色调,而后者却与此相反,它是本源,是起点,是奴隶道德构想中真正的行动——"坏"与"恶"这两个表面上都是同一个概念"好"的反义词,但它们是多么不同啊!然而,事实上并不存在同一个"好"的概念:人们更多地需要扪心自问,谁才是"邪恶"的,这里说的是怨恨道德意义上的"恶"。最严格的回答是:就是另外一种道德意义上的那些"好人",高贵的人,有权势的人,统治者,只不过他们被怨恨的有毒眼睛改变了颜色、改变了含义、改变了外形。我们在这里至少要否认一点:谁把那些"好人"只看作敌人,谁也就只会结识邪恶的敌人。同样是这些人:他们一方面受到风俗、信仰、习惯、感激情绪的限制,同时也更多地受到彼此之间的互相监视与嫉妒的严格限制;另一方面,他们在相互关系方面又表现出极大的相互体谅、自我克制、体贴、忠诚、自豪和友情,——而一旦他们来到外面的世界,开始接触陌生的事物与陌生的环境时,他们不比脱笼

---

① [KSA 版注]他是为了自己的缘故……备受尊敬的敌人!参见《扎拉图斯特拉如是说》第一卷中的章节"论战争和战士"。

的野兽好多少。他们在那里享受摆脱了一切社会禁锢的自由,在野蛮状态中缓解自己 [275] 因长期生活在和睦团体的封闭与禁锢中而形成的紧张心理,他们恢复了野兽的无辜心态,变成了幸灾乐祸的怪物,在犯下了一系列骇人听闻的凶杀、纵火、强奸、暴力之后,他们或许还会得意洋洋、心安理得地扬长而去,仿佛只是完成了一场大学生式的恶作剧而已,甚至还相信,在很长时间之内,诗人们也会因为他们的作为而又有了值得吟唱和赞颂的素材。所有这些高贵的种族,他们的本性全都无异于野兽,无异于非凡的、贪婪地渴求战利品与胜利的金发野兽①②。这一隐藏的本性需要时不时地发泄出来,野兽必须挣脱束缚,必须重归荒野:——罗马的贵族,阿拉伯的贵族,日耳曼的贵族,日本的贵族,《荷马史诗》中的英雄,斯堪的纳维亚的维京人③——他们这方面的需求完全一样。高贵的种族在所有他们去过的地方都留下了"野蛮人"④的概念;而从他们最高等的文化中还显露出他们对此具有明确的意识,甚至是自豪(譬如,伯利克勒斯⑤在那篇著名的葬礼演说中对他的雅典人民说:"我们的冒险精神冲进了每个海洋和每个陆地,我们

---

① [KSA 版注] 金发野兽:供初版用的手写付印稿中没有"无异于"的字样,而是"就是";同时参见德特勒夫·布伦内克的论文《金发野兽。论对一个关键词的误解》(Die blonde Bestie. Vom Mißverständnis eines Schlagwortes),发表于《尼采研究》(Nietzsche Studien)1976 年第 5 期,第 113-145 页。
② [Pütz 版注] 金发野兽(blonde Bestie):一个具有启发性的情况是,尼采在"野兽"问题上的思路与柏拉图的《王制》(Politeia)颇为相近,尼采在本书第 3 章第 18 节还会提到这本书。那些出色的护卫者受过战争、自然淘汰与教育的洗礼,他们被用来与好的警犬相比较(《王制》,375 b/c)。——另请参考 Pütz 版编者说明第 2 部分"围绕善与恶的斗争"。
③ [Pütz 版注] 维京人:属于北日耳曼的诺曼人,在 8-11 世纪主要从丹麦向欧洲其他海岸挺进的航海者、征服者与国家建立者。
④ [Pütz 版注] 野蛮人(Barbar):在古希腊以及后来的古罗马文化中,用来指称那些说外语的人以及来自陌生文化的人;一般也指未受过教育和粗野的人。
⑤ [Pütz 版注] 伯利克勒斯(Perikles):雅典政治家(约公元前 500-429 年)。按照修昔底德的说法,其统治名义上是民主制,而实际上是第一执政。此处所引的葬礼演讲也同样出自修昔底德(《伯罗奔半岛战争志》第 2 卷第 4 章)。

在各地都以好的和坏的方式建立起了不朽的丰碑"）。高贵种族的"冒险精神"表现得疯狂、荒谬、突然，他们的行动甚至不可捉摸、令人难以置信——伯利克勒斯①尤其赞扬雅典人的 έαϑυμία②——他们对安全、肉体、生命和舒适表现得淡然和轻蔑，对一切破坏行为、对胜利和残忍带来的所有快感都表现出令人吃惊的兴致和发自内心的喜好——所有这一切都使其受害人将他们勾画为"野蛮人"、"邪恶的敌人"的形象，类似于"哥特人"③加"汪达尔人"④。德国人上台伊始就引起了别人深刻且冷酷的猜忌，现在又重新出现了⑤——［276］几百年来，欧洲人都怀着恐惧旁观着金发的日耳曼野兽⑥的大肆破坏，这恐惧一直未曾消散，而他们的猜忌一直还是这恐惧的余声与回响。（尽管在古老的日耳曼人和我们德国人之间，几乎不存在概念上的联系，更遑论他们之间血缘上的联系了。）我之前曾指出过赫西俄德⑦的窘境⑧，他思考了文化时代的序列问题，并试图将这些时代冠以黄金、白银、黑铁

---

① ［KSA版注］参见修昔底德《伯罗奔半岛战争志》第2卷第4章。
② ［Pütz版注］έαϑυμία：古希腊文。草率，漫不经心。
③ ［Pütz版注］哥特人：日耳曼部落。公元前后定居于维斯瓦河口（［译按］今波兰境内）。匈奴人入侵之后被迫向东南迁移。后分裂为东哥特与西哥特人两部分，均先后占领过罗马帝国。
④ ［Pütz版注］汪达尔人：来自西里西亚和西波兰的东日耳曼部落。从公元400年开始，向安达卢西亚地区（［译按］今西班牙境内）迁移，428年被西哥特人赶到了北非，他们在那里建立了一个国家，后于533-534年被拜占庭帝国摧毁。455年，汪达尔人曾将罗马洗劫一空。
⑤ ［Pütz版注］现在又重新出现了：指的是1870-1871年普法战争中德国的胜利以及德意志第二帝国的建立。
⑥ ［KSA版注］金发的日耳曼野兽：供初版用的手写付印稿中后面没有"大肆破坏"一词。
⑦ ［Pütz版注］赫西俄德：约公元前700年左右的古希腊诗人；著有《神谱》，描写了诸神的谱系与世界的诞生，被认为是除荷马之外的古希腊神话世界的另一个创造者。
⑧ ［KSA版注］我之前……窘境：参见尼采的《朝霞》格言189"大政治"。另请参考赫西俄德《劳作与时日》诗行143-173。

等名称:荷马笔下的世界带给他很大的矛盾,一方面是光辉灿烂,另一方面却是阴森恐怖、暴行肆虐,而他解决这矛盾的手段无非是把同一个时代一分为二,而后按照先后次序加以排列——是攻打特洛伊和忒拜的英雄与半神的时代①,它埋藏在贵族们的记忆之中,他们的祖先就生活在那个时代;然后就是黑铁时代,同样的世界对于那些被践踏者、被掠夺者、被虐待者、被奴役者和被贩卖者的后代而言则是另外一番景象:那是一个黑铁时代,如前所述,艰难、冷酷、残忍、感情与良知泯灭,一切都被摧毁且沾满血污。假设现在那些始终被当作"真理"而被相信的东西果如其然,假设所有文明的意义就在于,把"人"这个野兽驯化成温顺的、有教养的动物,即一种家畜的话,那么,人们就必须毫不迟疑地把所有这些反应本能和怨恨本能看作文明真正的工具,正是在它们的帮助下,贵族及其理念才最终遭受耻辱并被征服;当然,这并不意味着,这种工具的拥有者同时也体现了文明本身。更确切地说,事实可能恰恰相反——不!相反的事实如今已经显而易见!这些具有压迫和报复本能的人,这些欧洲和非欧洲的奴隶的后代,尤其是所有在雅利安人之前的居民的后代——他们都体现了人类的倒退!这种[277]"文明的工具"是人类的耻辱,更是针对"文明"的一种怀疑和反驳!如果人们惧怕所有高贵种族内心深处的金发野兽②,并且加以防备,那是完全有理由的;但是,如果人们同时也能看到,不惧怕则意味着再也无法避免看到一片失败者、卑躬屈膝者、萎靡颓废者、中毒者那令人恶心的景象的话,那么,谁不愿意千方百计地

---

① [Pütz 版注]攻打特洛伊和忒拜的英雄与半神:这里指的是特洛伊战争中的那些著名的战士,例如阿喀琉斯,奥德修斯,赫克托耳等。而忒拜(Theben)则是俄狄浦斯神话中的一座城市,古希腊戏剧家如埃斯库罗斯和索福克勒斯等均曾以此为题材进行创作。

② [KSA 版注]金发野兽:供初版用的手写付印稿中前面没有"所有高贵种族内心深处"一语。

选择惧怕呢？难道这不正是我们的厄运吗？今天,是什么造成了我们对"人"的反感？——因为我们以人为患,而这是毋庸置疑的。——并不是恐惧让我们反感;而是因为:我们在人那里丝毫没有可以感到惧怕的东西;蛆虫一样的"人"获得了显著的地位,并且蜂拥而来;"温驯的人"、不可救药的中庸者和令人讨厌的家伙,他们已经学会了把自己当成目的和首脑,当作历史的意义,当作"上等人";——他们这种感觉也有一定的道理,只要他们感到自己与那一大群失败者、病人、疲倦者、苟活者(现在的欧洲已经开始散发他们的臭气)存在着差别,所以他们感觉自己至少还是比较可取的,至少是具有生活能力的,至少是肯定生活的……

12

——在这里,我并不准备压抑我的叹息和最后的信心。究竟是什么东西让我根本无法忍受？那个我无法独自应付的、令我窒息和煎熬的东西？是污浊的空气,正是污浊的空气！某种失败的东西正在接近我;我不得不去闻嗅一个失败的灵魂那腐败的内脏！……除此以外,人们还有什么不能忍受的呢？苦难,贫困,恶劣的天气,久病不愈,艰辛,孤寂？一般而言,人是能够对付其余一切困难的,人生来就是[278]一种黑暗的、充满争斗的存在;人总是不断地接触到光亮,不断地经历那胜利的金色时光,——然后就停留在那儿,仿佛生来就坚不可摧,期待着,随时准备迎接新的、更困难的、很遥远的战斗,就像一张弓,任何困苦都只会让它绷得更紧。——假设在善与恶的彼岸①,真的有上天的赐福者存在,那就让我不时得到些恩惠,让我可以看上一眼,看到一些完美的、圆满的、幸福的、强大的、胜利的,却又能引起恐惧和敬畏的东西！让

---

① [Pütz版注]在善与恶的彼岸:参见本章第一个Pütz版注。

我可以看到为人类辩护的人，看到可以让人类得到完满和救赎的机遇，正是因为这个机遇的存在，人们还可以坚持对人类的信心①！……因为现实的情况却是：欧洲人的渺小化和中庸化正掩盖着我们最大的危机，因为终日看着这样的欧洲人真的使人厌倦。……我们现在看不到任何试图变得伟大的东西；我们有预感，这种情况还会下滑，不断下滑，人们将变得更瘦削、更和善、更聪明、更愉快、更中庸、更麻木、更中国化、更基督教化。——毋庸置疑，人们会越来越"好"……这正是欧洲的劫难——在我们结束了对人的恐惧的同时，我们也失去了对人的爱，对人的敬畏，对人的期待，我们对人不再抱有任何意图。从此之后，看到人只会厌倦。——如果这还不是今天的虚无主义，那还有什么是呢？……我们对人感到厌倦……

13

——我们还是言归正传："善"的另外一个起源的问题，即怀有怨恨的人如何设想出"善"的起源问题，该问题需要有一个结论。——羔羊怨恨大的猛禽，这并不奇怪：只不过，[279]怪罪大的猛禽不该捕食小的羔羊，却是没有道理的②。如果羔羊们私下说："这些猛禽是邪恶的；如果有人尽可能不去充当猛禽，而是更多地成为与其对立的羔羊，——这样的人难道不是更好吗？"那么，对这一理想的建立确实没有任何可以指摘之处，尽管猛禽会对此投来讥讽的眼光，或许还会自言自语道："我们一点儿也不怨恨

---

① ［KSA版注］信心：供初版用的手写付印稿上其后被删去一句话："对未来的意志"。

② ［KSA版注］羔羊怨恨大的猛禽……却是没有道理的：参《扎拉图斯特拉如是说》第4卷"忧郁之歌"第3节；另请参考尼采《狄俄尼索斯颂歌》中的"只是个疯子！只是个诗人！"。

这些善良的羔羊,我们甚至爱他们:没有什么能比一只细嫩的羔羊更可口了。"——要求强者不要表现为强者,要求他们没有征服欲望、战胜欲望、统治欲望,不渴求敌人、反抗和胜利,这就如同要求弱者表现为强者一样的荒谬。一定量的力就意味着同等量的欲求、意志和作为——更确切地说,力无非就是这些欲求、意志和作为本身而已;只是在语言(以及蕴藏于语言之中的、僵化的、根本性的理性错误)的错误诱导下,即语言把所有作为都理解和误解为受到一个有所作为的事物、一个 Subjekt① 的制约时,力才会具有其他表现形式。这恰恰就像民众把闪电和闪电的光亮分开,并把后者当作某个名叫闪电的 Subjekt 的行动和作为一样,民众道德也把强大同其表现形式分离开来,就好像在强者后面还有一个中立的基础,而强大是否表现出来完全由这个基础来决定。然而,并不存在这样的基础;在行动、作为、过程的背后并没有任何"存在";给行动附加一个"行动者"纯粹是臆造出来的——行动就是一切。民众让闪电闪光,这从根本上而言是重复的行动,是一个行动—行动;这是把同一个事件先设定为原因,而后再把它设定为结果。自然研究者也不比一般民众好多少,他们说"力在运动中,力是原因"及类似的话——我们全部的科学,虽然非常[280]冷静,没有情绪的干扰,却仍然受到语言的误导,没有摆脱掉强加在它们身上的那个怪胎,即 Subjekte(例如,原子②就是这样的一个怪胎,

---

① [Pütz 版注]Subjekt:德语,语法上指的是由谓语进行补充的句子成分,即主语;认识论上指的是认识的根本或基础,即认识主体;在实践意义上指的是一个行为的发出者。

② [Pütz 版注]原子:所有物质赖以构成的最小的不可分割的单位.在古希腊时期,最初发展出来的是一种唯物主义原子说,其主要代表为德谟克利特与伊壁鸠鲁。近代自然科学则沿用了这一模式,而莱布尼茨将它应用在描写主体结构方面(单子说)。

类似的还有康德的"物自体"①）：不足为怪，那些被压抑的、阴暗中闪烁着报复和仇恨火花的情绪充分利用了这一信念，甚至在心底里异常热烈地坚持这个信念，即让强者自由选择变为弱者，让猛禽自由选择成为羔羊：——这样，他们就赢得了把自己算作猛禽、让自己成为猛禽的权利……被压迫者、被践踏者、被强奸者出于无能者的复仇阴谋的考虑而私下说："让我们不同于恶人，让我们成为善人！善人就是所有不施暴强奸的人，不伤害他人的人，不攻击别人、不报复别人、而把复仇的事交给上帝决定的人，他们就像我们隐藏自己，避开一切邪恶，不贪图享受，像我们一样忍耐、谦恭和正直。"——如果冷静而不带先入之见地仔细倾听这样的话语，这段话实际上无非是说："我们弱者确实是软弱；只要我们不做任何能够暴露出我们在这个方面还不够强大的事，这就是善。"——但是，这一糟糕的事实，这种就连昆虫都有的低级智慧（昆虫在遇到大的危险时就可能会装死，以免行动"过多"），却通过无能的作伪和自欺，给自己披上了道德的华丽外衣，忍让着、平静着、静候着，就好像弱者的软弱本身——这就是他的本质，他的作为，他的全部的、唯一的、必然的、不可代替的真实性——就是一种自发的功能，是某种自我要求的、自我选择的东西，是一种行动，一种功绩。这种人从一种自我保持、自我肯定的本能出发，习惯于将一切谎言神圣化，他们就必然相信那个中立的、供自由选择的 Subjekt 的存在。而这个 Subjekt（或者我们通俗地 [281] 称它为灵魂）或许因此是地球上迄今为止最好的信条，因为它是绝大多数终有一死的人、所有类型的弱者和被压迫者都能够相信的那种精心编造的自我欺骗，即把软弱解释为自由，把软弱的种种表现解释为功绩。

---

① [Pütz 版注] 康德的"物自体"：来自于康德哲学理论的主要著作《纯粹理性批判》的术语，康德将物体设定为完全独立于主体的认识条件（即作为人的直观形式的空间与时间以及知性的范畴），所以是不可认识的。与之相反的是那些面对我们的认识开放的物体。

14

——有谁愿意①探幽寻秘,看看地球上的理想是怎样制造出来的?谁有勇气做这件事?……那就开始吧!从这里可以窥见这个阴暗的作坊内部。请您稍候片刻,我的冒失大胆先生:您的眼睛首先必须习惯于这里变幻无常的虚假光线……好了!已经看够了!现在请您告诉我!那下面到底发生了什么事?您这个拥有最危险的好奇心的男子,请您说出您看到的东西——现在轮到我仔细听了。

——"我没有看见任何东西,我听到的却很多。从每个角落都传来小心翼翼的、阴险奸诈的窃窃私语。在我看来,这些人似乎在说谎;而每个声音却像蜜糖一般的温柔。他们说,软弱应当被解释为功绩,这一点毫无疑问——您之前说的对,情况就是这样。"

——请继续说!

——"还应当把不求报复的软弱无能解释为'善良';把怯懦的低贱解释为'谦卑';把向仇恨对象屈服解释为'顺从'(也就是服从于他们所说的那唯一的一个,他命令他们屈服,——他们称他为上帝)。弱者的非侵略性,也就是他从不缺乏的胆怯,他倚门而立的态度,他无可奈何的等待,在这里获得了'忍耐'的好名声,它还很有可能被称为美德;没有报仇的能力变成了没有报仇的意愿,

---

① [Pütz 版注]有谁愿意……:这是对柏拉图"洞穴"比喻(参见《王制》第 7 卷)尖锐的逆向处理。按照柏拉图的观点,人的认识就好像人类的一种错误,他们终生被禁锢在一个洞穴里,只能看到某个人造的火光投射到他们对面洞壁的阴影,而他们把这阴影当成了真实的世界。——整个第 14 节采用的是一种虚拟的对话形式,其中充满了大量的隐喻和影射,特别是与《圣经》关联很深。这些关联性将在本章第 15 节中得到明确表达。

或许甚至还可以被称为宽恕('因为他们不知道自己所做的是什么——只有[282]我们知道他们所做的是什么!'①),人们还说'要爱他的仇敌'②,——边说还边流汗③。"

——请继续说!

——"毋庸置疑,所有这些窃窃私语者和躲在角落的谎言制造者,他们是困苦的,尽量他们蹲在一起互相温暖——但他们却对我说,他们的苦难乃是上帝的一种选择和嘉奖,这就像主人喜欢打自己最爱的狗一样;苦难或许还是一种准备、一种考验、一种训练,也许还意味着更多的东西——那将是一种补偿,并且用黄金,不!是用幸福作为巨额利息来支付的东西。他们称之为'极乐世界里的幸福'。"

——请继续说!

——"他们试图让我明白,他们不仅仅优于那些权势者,即那些尘世的主人,他们不得不舔舐这些主人的唾液(不是因为恐惧,绝对不是因为恐惧!而是因为这是上帝的旨意,尊敬所有在上有权柄的④)——他们不仅仅比这些人好,而且'还有更好的命运',不管怎样都将会拥有更好的境遇。但是,够了!够了!我已经不能再忍受下去了。污浊的空气!污浊的空气!这些制造理想的作坊——我觉得,它完全散布着谎言的臭气。"

——不!稍等一下!您还没有说到这些黑暗魔术师的杰作,他们能从任何一种黑色中制造出白色、牛奶和无辜:——您难道没

---

① [Pütz 版注]因为他们不知道……所做的是什么!:前一句话乃是耶稣临终前的宽恕请求(参见《路加福音》第 23 章第 34 节),这是基督教最基本的一个美德,或者说"善行"。而尼采则用近乎极端和滑稽的方式将其重新解释为软弱无能和怯懦的低贱。
② [Pütz 版注]'要爱他的仇敌':参见本章第 11 节的 Pütz 版注:真正的"爱仇敌"。
③ [KSA 版注]边说还边流汗:参见《扎拉图斯特拉如是说》第 2 卷"论学者"。
④ [Pütz 版注]尊敬所有在上有权柄的:参见《圣经·新约·罗马书》第 13 章第 1 节:"在上有权柄的,人人当顺服他"。

第一章　"善与恶"、"好与坏"

有注意到,他们所完成的精巧无缺的把戏到底是什么?他们那些最大胆、最细致、最富创造力、也充斥了最多的谎言的魔术手法到底是什么?请您注意!这些满怀报复欲望与仇恨的地下生物——他们出于报复和仇恨心理究竟会干什么?您听到他们的话语了吗?假如您只是听他们的谈话,您能料到你完全是在一群充满怨恨的人当中吗?

——"我明白,我再一次竖起耳朵仔细听(对了!对了!对了!我还应当屏住呼吸)。现在我终于听到了他们经常唠叨的一句话:'我们是好人——我们是正义的'。——他们不把自己所欲求的东西叫做报仇,而 [283] 叫做'正义的胜利';他们所仇恨的对象不是他们的敌人,不!他们仇恨的是'不义'和'不信上帝';他们所信仰的和期望的,不是复仇和复仇所带来的甜蜜的陶醉(荷马就曾说复仇"比蜜还甜"①),而是上帝的胜利,是正义的上帝对不信上帝的人的胜利;他们在这个地球上还值得热爱的人,不是他们那些满怀仇恨的兄弟,而是他们所说的'满怀爱心的兄弟'②,是地球上一切的善人和正义的人。"

——他们如何称呼那个给他们慰藉以对抗一切生活苦难的东

---

① [Pütz版注]"比蜜还甜":荷马《伊利亚特》第 1 卷行 249,形容涅斯托尔(Nestor,[译按]希腊神话中的英雄,长寿的智者形象)说"他的演说从他舌上流出来时比蜜还要甜"([译按]但此处荷马说的并不是复仇的问题)。而 KSA 版注则认为,此处指的应该是《伊利亚特》第 18 卷行 109,即阿喀琉斯听闻朋友死讯后说道:"那种如蜜糖一般阴险的愤怒"([译按]但此处原文用的不是形容词比较级)。
② [译注]"满怀爱心的兄弟"(Brüder in der Liebe):尼采对圣经的活用使得研究者有时很难做到按图索骥。此处两个不同版本的编者给出了不同的注解:KSA 版注认为,这里指的是《圣经·新约·帖撒罗尼迦前书》的第 3 章第 12 节:"又愿主叫你们彼此相爱的心,并爱众人的心,都能增长、充足,如同我们爱你们一样。"而 Pütz 版注则认为,这里指的是《圣经·新约·帖撒罗尼迦前书》的第 1 章第 3 节:"因爱心所受的劳苦"。从上下文意义上来看,KSA 版注似乎更有道理,但是此处的圣经德文原文却没有 in der Liebe 的字样,而 Pütz 版注所引的引文却可以找到 in der Liebe 一语,这样看来,Pütz 版注似乎更有道理。这种解释的多样性也许就是尼采的魅力所在吧。

西——也就是那个他们预先认定的关于"极乐世界里的幸福"的幻象(Phantasmagorie)呢?

——"什么?我没听错吧?他们竟然称之为'末日的审判'①,他们的王国,即"天国"②将降临——但是,在那一天到来之前,他们将暂时生活在'信','爱'和'望'之中③。"

——够了!我受够了!

15

信仰什么?爱什么?盼望什么?——毋庸置疑,这些弱者——也想有朝一日成为强者,有朝一日迎来他们的"天国"——对他们来说,"天国"就是所谓的:人在所有情况下都保持谦卑!为了去迎接这样的天国,人就必须活得很长,超越死亡,——是的,人必须获得永生,以便能永久地在"上帝的天国"里使自己那种"在信、爱、望中"的尘世生活得到补偿。补偿什么?怎么补偿?……但我觉得,但丁④犯了一个很糟糕的错误,他以一种令人恐惧的坦率,在通往他的地狱大门上放上了一句铭文:"还有永恒的爱也将我造就"⑤:——那么,在通往基督教天国以及"天国里的

---

① [Pütz 版注]"末日的审判":参见《马可福音》第 3 章第 29 节;《约翰福音》第 5 章第 24 节与 29 节;《彼得后书》第 2 章第 9 节;《约翰一书》第 4 章第 17 节;《希伯来书》第 9 章第 27 节与第 10 章第 27 节。
② [Pütz 版注]"天国"(das Reich Gottes):参见《马太福音》第 4 章第 17 节和第 6 章第 10 节。
③ [Pütz 版注]在"信"、"爱"和"望"之中:参见《哥林多前书》第 13 章第 13 节;《帖撒罗尼迦前书》第 1 章第 3 节与第 5 章第 8 节。
④ [Pütz 版注]但丁:但丁·阿利盖利(Dante Alighieri, 1265–1321),意大利诗人。他的《神曲》(即《神圣的喜剧》,意大利语为 *Divina Commedia*,德语为 *Göttliche Komödie*)大约创作于 1307–1321 年间;首次印刷为 1472 年。
⑤ [Pütz 版注]"还有永恒的爱也将我造就":参见但丁《神曲·地狱篇》第 3 歌行 5–6。

永恒 [284] 幸福"的大门上,无论如何都更有理由刻上这句铭文:
"还有永恒的恨也将我造就"——假如在通往谎言的大门上也允
许有真理存在的话!因为,那天国里的永恒幸福到底是什么
呢?……我们或许已经猜出答案了;但是更好的做法是,让一位在
这种事情上无人可以低估的权威来明确地为我们证明这个答案,
这人就是托马斯·阿奎那①,伟大的导师和圣人。他像羔羊一般
温柔地说:"Beati in regno coelesti videbunt poenas damnatorum, **ut
beatitudo illis magis complaceat**。"②幸福总比受罚更能给人以更
大的快乐,在天国里人们同样会因为亲眼看见恶人受罚而感到快
乐。"人们或许还愿意听到一个强硬的声音对此的回答,它应该出
自一位成功的早期基督教教父③之口,他劝他的教民们弃绝公演
戏剧的纵欲放荡。为什么呢?他在《论戏剧》第 29 章及 30 章中
说:"信仰能够给我们更多、更强大的东西,远超我们所需;上帝的
拯救使得我们拥有了完全不同的愉悦;想看角斗士,我们有殉教者
作为替代;还要看流血的事吗?这里有基督的事迹。……!然而
胜利凯旋的主再次来临,又将是何等场面!"——这位令人着迷的
幻想家继续说道:"At enim supersunt alia spectacula, tille ultimus et
perpetuus judicii dies, ille nationibus insperatus, ille derisus, cum
tanta saeculi vetustas et tot ejus nativitates uno igne haurientur. Quae
tunc spectaculi latitudo! **Quid admirer! Quid rideam! Ubi gaudeam! Ubi exultem**, spectans tot et tantos **reges**, qui in coelum
recepti nuntiabantur, cum ipso Jove et ipsis suis testibus in imis tene-

---

① [Pütz 版注]托马斯·阿奎那(Thomas von Aquino):1225/26-1274 年,中世纪重要的哲学家和神学家。
② [Pütz 版注]Beati ... complaceat:拉丁文:"天国里的永享幸福者将会亲眼看到恶人受罚,这也会让他更加欢喜自己的幸福。"(托马斯·阿奎那,《箴言书注》[*Comment. sentent*],IV,L,2,4,4)。
③ [Pütz 版注]一位成功的早期基督教教父:指的是基督教拉丁派教父德尔图良(Tertullian,公元 150-约 225 年)。

bris congemescentes! Item praesides (die Provinzialstatthalter) persecutores dominici nominis saevioribus quam ipsi flammis saevierunt insultantibus contra Christianos liquescentes! Quos praeterea sapientes illos philosophos coram discipulis suis una conflagrantibus erubescentes, quibus nihil ad deum pertinere suadebant, quibus animas aut nullas aut non in pristina corpora redituras affirmabant! Etiam poëtàs non ad Rhadamanti nec ad Minois, sed ad inopinati Christi tribunal palpitantes! Tunc magis tragoedi audiendi, magis scilicet [285] vocales (besser bei Stimme, noch ärgere Schreier) in sua propria calamitate; tunc histriones cognoscendi, solutiores multo per ignem; tunc spectandus auriga in flammea rota totus rubens, tunc xystici contemplandi non in gymnasiis, sed in igne jaculati, nisi quod ne tunc quidem illos velim vivos①, ut qui malim ad eos potius conspectum **insatiabilem** conferre, qui in dominum desaevierunt. "Hic est ille, dicam, fabri aut quaestuariae filius (wie alles Folgende und insbesondere auch diese aus dem Talmud bekannte Bezeichnung der Mutter Jesu zeigt, meint Tertullian von hier ab die Juden), sabbati destructor, Samarites et daemonium habens. Hic est, quem a Juda redemistis, hic est ille arundine et colaphis diverberatus, sputamentis dedecoratus, felle et aceto potatus. Hic est, quem clam discentes subripuerunt, ut resurrexisse dicatur vel hortulanus detraxit, ne lactucae suae frequentia com-

---

① [KSA 版注] vivos[鲜活的]: 应当是 visos[仔细看]一词的讹误。法国学者 Maurice de Gandillac 在他所做的注解中就已提到了这一点: 参见《尼采哲学全集》中的《善恶的彼岸·道德的谱系》(Nietzsche, Œuvres philosophiques complètes, Par-delà bien et mal. La généalogie de la morale)该法文版根据的德文乃是 KSA 版编者主编的另外一套尼采全集 KGW([译按] 即 Kritische Gesamtausgabe Werke), 巴黎, 1971 年, 第 392-393 页。欧维贝克([译按] Franz Camille Overbeck, 1837-1905, 新教神学家, 1870-1897 年于巴塞尔担任教授期间与尼采交好) 1887 年 7 月为他抄写的这段德尔图良的引文寄给了在希尔斯—马里亚村度假的尼采, 该稿件未能保存下来。

meantium laederentur." **Ut** talia spectes, **ut talibus exultes**, quis tibi praetor aut consul aut quaestor aut sacerdos de sua liberalitate praestabit? Et tamen haec jam habemus quodammodo **per fidem** spiritu imaginante repraesentata. Ceterum qualia illa sunt, quae nec oculus vidit nec auris audivit nec in cor hominis ascenderunt? (I. Cor. 2, 9.) Credo circo et utraque cavea (erster und vierter Rang oder, nach Anderen, komische und tragische Bühne) et omni stadio gratiora.①"——

---

① [Pütz 版注] At enim ... stadio gratiora:尼采在这里指出他所引用的是德尔图良《论戏剧》的第 29 及以下章节。而这段引文却出自第 30 章([译按] 其实原文中尼采提到章节时用的是 ca. 29 ss [德文为 29 ff] 这样的字样,也就是 29 章以及以后的意思,所以也不能说尼采错了,因为此前的非拉丁文引文,其内容主要来自 29 章,而后面的大段拉丁文则来自 30 章)。

其翻译如下([译按] 此处引文全部为拉丁文,而括号中则为德文,系尼采自己所加的注解,译者对其进行了加粗):"再看看其他场面:那决定永久命运的最后审判之日,教外人认定决不会来之日,他们所嘲笑之日,而这腐朽的旧世界及其一切产物,却都将于此日在一场大火中化为灰烬。那时展现在人们眼前的,是何等宏伟壮丽的场面! 那时是什么在使我惊叹,使我发笑,使我欢乐,使我雀跃呢? 而我去看那许多曾被公然宣称,将被迎进天庭的显赫君王,他们却与伟大的朱庇特 [Juppiter,古罗马神话中的天神和主神,雷电的主人,为土地赐福,是法律的保护神;相当于希腊神话中的宙斯——Pütz 版注],以及为其荣耀作证者一道,在那黑暗的底层中呻吟。而曾迫害基督之名的各位大员(地方长官),在比他们当权之日用以烧基督追随者更猛的烈火中受煎熬。至于那些曾向其弟子宣称上帝绝不关心人世,并断言人根本没有灵魂,或者死人的灵魂再不会回到其所离开的肉体里去的智者哲人,在曾受其愚弄的弟子面前满面羞惭,与他们一道在烈火中受煎熬。诗人们不是在冥界判官拉达曼迪斯或米诺斯 [Rhadamanthys/Minos,在希腊神话中,这对兄弟是克里特的国王。在他们死后,一起成为了冥界的判官——Pütz 版注] 的审判座前,而是在他们意料之外的基督台前战战兢兢! 这时更要听听悲剧演员,他们在自身悲痛中的声音必更响亮(声音会更好,他们的喊叫更高亢);看那喜剧演员的手脚在熔化一切的大火中必更为柔和;再看那在火轮上烤得通红的马车夫;还有那些角斗士,他们不在竞技场里,而是在烈火中乱窜。除非那时我无心注意这些罪恶的侍役们,否则我真想定睛细看这些曾对上主大施暴虐之辈。我会对他们说:"这就是那木匠和妓女的儿子(正如后面的内容以及这个犹太法典《塔木德》[Talmud,在后圣经时代的犹太教中乃是最为重要的教义、律法条例和传统习俗的合集汇编——Pütz 版注] 中对耶稣母亲的著名称呼所揭示的　　(转下页)

Per fidem①:原文就是这样写的。

16

现在我们进行总结。"好与坏"、"善与恶"这两个对立的价值观千余年来已经在地球上进行了非常可怕的斗争;尽管第二种价值观长期以来占据上风,但这场斗争在很多方面仍未分出胜负,仍在继续斗争。人们甚至可以说,这场斗争在此期间不断升级,同时也因此越来越深入,越来越具有精神的内容:[286]以至于在"更高的本质",即更具精神内涵的本质方面,现在或许最具决定性的特征反而是,双方在其含义上各执一词,使得这种对立又多了一个真正的战场。这场斗争的象征贯穿了全部人类历史,至今仍然清晰可辨,那就是"罗马反对犹太,犹太反对罗马"②:——迄今为止,还没有出现过比这场斗争、这个问题、这种不共戴天的敌对矛盾更大的事件。罗马方面觉得犹太人本身就是违反天性的化身,是反

(接上页注①)那样,德尔图良在这里说的是犹太人),不守安息日的人,撒马利亚人和附魔者!这就是你们从犹太人手中买到的人!这就是你们用芦杆和拳头敲打,向他吐唾沫,迫使其喝酸醋苦胆的人!这就是被他的门徒偷偷弄走,以便说他复活了的人,或者是园丁将他搬走,以免自己的莴苣被前来的观众践踏坏了!"是哪位会计官或祭司慷慨施恩,使你们能有幸得见这般奇事,并对这等事欢欣鼓舞呢?而现在,在一定程度上,我们通过信仰也可以想象到这些事。可是这些眼所未见、耳所未闻,甚至人心从未领会到的,又是些什么事呢?(《圣经·新约·哥林多前书》第2章第9节)我想,无论如何,总要比马戏场、剧场(头等的和四等的,或者按照其他人的解释:喜剧和悲剧的舞台)和各种竞技场中的活动更为高尚。"

① [Pütz版注]Per fidem:拉丁文,字面意义为"真正地、确实地"(wahrlich);同时也是文字游戏,影射"perfid"[不忠实的,无信义的]一词。([译按]其实还有一点,该短语出自上面德尔图良的引文,即"通过信仰"之意。)
② [译注]"罗马反对犹太,犹太反对罗马"(Rom gegen Judäa, Judäa gegen Rom):两者都是地名,罗马不用赘述,而犹太即Judäa则在古代巴勒斯坦地区南部,乃是当时犹太人最主要的居住区,国内也译作"犹地亚地区"、"朱迪亚地区"或是"犹大山地"等。

常的怪物;在罗马,犹太人"被定罪是由于他们对人类的憎恨"①:因此,就此而言,人们有权利把人类的福祉和未来与贵族的价值观、罗马价值观的绝对统治联系在一起。相反,犹太人是如何看待罗马的呢? 人们可以从上千种迹象中总结出结论;但是如果人们能够饶有兴趣地再读一遍圣经中的《约翰启示录》就已经足够了,那是文字史上报复欲对良知的最偏执狂热的发泄。(顺便说一下,人们不要小看了基督教本能上的深刻逻辑性,正是这一本能让人们用基督所钟爱的门徒的名字既为这篇仇恨之书命名,同时也为那篇充满爱心与狂热的福音书命名②——:不管为了报复的目的而使用了多少文学上的矫饰与虚构,这其中都隐藏了一部分的真相。)罗马人是强壮和高贵的,迄今为止在地球上还从未有过比罗马人更强壮和更高贵的民族,其他民族甚至都没有过这样的梦想;罗马人的每一处遗迹、每一个铭文都是迷人的,如果人们能猜出其中含义的话。反之,犹太人完全就是那种充满怨恨的祭司民族,他们具有一种无与伦比的民俗的—道德的天赋:人们只需将中国人③或德国人这些具有相似天赋的民族与犹太人相比较,就可以感受到什么是第一流的,什么是第五流的。[287]罗马和犹太,它们之中谁取得了暂时的胜利? 这是毫无疑问的:人们可以仔细思考一下,在今天的罗马,人们把谁当作所有最高价值的化身,向其鞠躬礼拜——不仅在罗马,而且在几乎半个地球上,在所有人已被驯化,或者愿意被驯化的地方,——众所周知,人们要向三个犹太男人和一个犹太女人鞠躬(拿撒勒的耶稣、渔夫彼得、帐篷制作

---

① [Putz版注]"被定罪是由于他们对人类的憎恨":参见塔西佗《编年纪事》第十五卷(44)。
② [译注]指的是基督最钟爱的门徒约翰,他既是《约翰福音》,也是《启示录》的作者。
③ [KSA版注]"中国人":供初版用的手写付印稿上写作"印度人"。

工保罗①和最初被称为耶稣的那个人母亲,玛丽亚)。非常引人注意的是,罗马无疑被打败了。不过,在文艺复兴时期②,古典主义的理想和衡量一切的高贵的价值方式都经历了一次光辉灿烂、影响巨大的复苏:甚至罗马也像一个从假死状态中苏醒过来的人一样,在那座在古罗马基础上新建的、犹太式的罗马城下面蠢动起来,那座新罗马俨然是一座世界性的犹太教堂,它被称为"教会":但是很快,犹太又一次高奏凯歌了,这要归功于那场彻头彻尾的群氓的怨恨运动,人们称其为(德国人和英国人)的宗教改革③。该运动的必然结果是,教会得到重建,——而古罗马再次被送进宁静的古墓之中。而伴随着法国大革命④,犹太人再次从一个更具决定性的、更深刻的意义上获得了对古典理想的胜利:欧洲史上最后的政治高贵性,盛行于十七和十八世纪的法国政治精神,终于在民众的怨恨本能下土崩瓦解,——人们听见了地球上从未有过的无比热烈的喝彩、无比喧嚣的欢呼!虽然在这个时期也出现了最为

---

① [Pütz版注]帐篷制作工保罗(Paulus):圣保罗([译按]基督教最重要的领导者,《新约》中多篇书信的作者)在哥林多地区作拉比学徒时期,为了谋生,曾学习帐篷布编织工艺。他在《加拉太书》(第6章第11节)暗示,自己的手因为这份工作而写起字来很不灵活。
② [Pütz版注]文艺复兴时期(Renaissance):近代早期的文化史运动,从14世纪开始,首先在意大利,以罗马和佛罗伦萨为中心,从15世纪末开始在整个欧洲盛行。其名字的意思是古典文化的"再生",古典文化被认为是经典的,也就是说在基督教兴盛的中世纪结束之后,对于新的世俗化的人类观以及世界观来说具有决定性的意义。
③ [Pütz版注]宗教改革(Reformation):由马丁·路德引发的教会与宗教革新运动,开始于路德在维腾堡公开发表的论纲(1517年),后来在奥格斯堡神圣罗马帝国会议上,导致了整个帝国处于宗教与政治上的分裂状态。路德的宗教改革后来也在斯堪的纳维亚半岛,或者以其他形式在英国(英国圣公会)和瑞士(加尔文主义)得到了贯彻。
④ [Pütz版注]法国大革命:发生在法国的政治颠覆运动(1789-1799),封建的—中央集权的统治形式被瓦解,取而代之的是与贵族和教士阶层相对的市民阶层,以及他们所主张的民主平等理念。在路易十六国王被处决之后,它曾转入到罗伯斯庇尔的独裁专制统治(1793-1794)。

惊人、最出乎预料的事情：古典理想竟然以肉身的方式，带着罕见的壮丽出现在人类的眼前和良知之中，——它比以往更强大、更简单、也更显著，它大声疾呼反对怨恨者那个古老陈旧的欺骗口号"多数人享有特权"，它反对人类的底层意志、反对自贬意志、反对平均意志、[288] 反对堕落和老化的意志，再一次喊出了既可怕又迷人的反对口号："少数人享有特权！"拿破仑①的出现，犹如指向另外一条道路的最后一块路标，他是那个时代最孤独的人，是出生太晚、生不逢时的人。自在自为的高贵理想问题已经化作拿破仑的肉身——人们或许应当想一想，这是个什么样的问题：拿破仑，这个非人和超人的综合体②……

17

——到此就结束了吗？那个所有理想对立中最伟大的对立就这样被永久地搁置起来了吗？或者仅仅被推迟了、遥遥无期地推迟了？……难道它有朝一日不会变成一场更加可怕、经久积蓄的熊熊大火吗？不仅如此：这难道不是各种力量所希望的吗？所甘愿的吗？所促进的吗？……如同我的读者们一样，谁在此处开始

---

① [Pütz 版注]拿破仑：拿破仑·波拿巴（1769-1821）。他凭借着在意大利取得的一系列胜利，在法国革命军队中青云直上，1799 年他发动政变颠覆了督政府，结束了法国大革命，1804 年自己加冕为"法兰西皇帝"，到 1812 年为止，发动了多场战争，占领了除俄国和巴尔干半岛之外的欧洲大陆的绝大部分。在远征俄国失败之后，同时也在欧洲其他各国民族解放战争的影响下，在 1815 年的维也纳会议上，欧洲列强重新建立了均势局面。——在德国知识界，有一个崇拜拿破仑的传统，如歌德、黑格尔等人，尼采也在其列。

② [Pütz 版注]非人和超人的综合体：综合体（Synthesis）："联结、统一"之意；或者"各种矛盾与对立的和解"之意。——而"超人"则是《扎拉图斯特拉如是说》一书的核心概念（第三卷，"论新旧标牌"），其目标是提升和超越目前为止的人类的可能性，特别是主张一种存在的总体性，即将各种矛盾与对立加以包容和忍受。"超人"（Übermensch）一词中的前缀"über"应该从拉丁语的意义上被理解为动态的"超越"（trans），而不是静态的"超出"（super）。

思考并继续思考下去,谁就很难立即停下来,——而对我而言,这正是让我自己结束思考的充分理由,前提是,我所希求的,我用那句危险的口号所希求的早就已经足够清楚,那句口号十分适合我的上一本书:《善恶的彼岸》……它的名字至少不叫《好坏的彼岸》——

附注:我利用这篇论文给我提供的机会,公开并正式地表达我迄今只是偶尔在与学者们交谈时所表达的一个愿望:如果某个哲学系有意通过一系列学术有奖征文比赛来推动道德的—历史的研究的话——那么,本书或许能在这个方面起到有力的促进作用。关于这种方式的可能性,我提出下面这个问题,它不仅对语文学者[289]和历史学者,而且对真正以哲学学者为职业的人,都是十分值得注意和重视的:

"语言学,尤其是语源学的研究,将会为道德概念的发展史给出怎样的提示?"

——在另一个方面,争取生理学家和医学家参与这些问题的研究(关于迄今为止所有的价值评判的价值),当然是同样必要的:还可以委托专业哲人在这个具体的情况中担任代言人和协调者,只要他们能够在总体上成功地使哲学、生理学和医学之间那种原本十分难以处理并极易引起误会的关系,变成最为友好、最富成果的交流。事实上,历史和人种学研究所熟知的所有关于"诸好"的排名榜单①,所有"你应当"的律条,首先需要生理学的说明和诠释,至少是在心理学的说明与诠释之前;它们同样还要等待来自医学方面的批判。这种或那种关于"好"的排名榜单以及"道德"的

---

① [译注]"诸好"的排名榜单(Gütertafeln):柏拉图在对话《斐勒布》(*Philebos*)第65和66节中将各种"好"进行了排名,确立了五个不同等级(第16节中,尼采比较中国人或德国人与犹太人时说,"谁是第一流的,谁是第五流的",该语应当也源出于此)。

价值到底是什么？这个问题，应当从各个不同的角度来加以提出；特别是人们不可能十分精细地分析所谓"价值何为"（werth wozu?）的问题。例如，某种东西在涉及一个种族的最大可能的延续方面（或者在提高其对某一特定气候的适应能力①方面，或者在尽可能保持种族最大数量方面）具有可见的价值，而它与那种能够培养一个更强大的种族的东西或许无论如何都不具有相同的价值。大多数人的福祉与少数人的福祉②是两种互相对立的价值观；认为第一种价值观天然就具有更高的价值的观点，我们将其称为英国生物学家的天真……现在所有科学都需要为哲人未来的使命做好准备工作：而哲人的使命就是，他们必须解决价值的难题，必须确定各种价值的等级。——

---

① ［Putz 版注］适应能力：参见前文关于"达尔文"的 Pütz 版注。
② ［Pütz 版注］大多数人的福祉和少数人的福祉：前者乃是英国功利主义的原则，即人们行动的目标与准则都应该尽最大可能有利于所有人或大多数人，杰里米·边沁（Jeremias Bentham，1748—1843）被认为是该原则的创立者。而第二个概念则与尼采的"主人道德"相吻合。

第二章 "罪欠"、"良知谴责"及相关概念

1

[291]驯养一只动物,让他可以做出承诺——这岂不正是大自然在涉及人的问题上给自己提出的那个自相矛盾的任务吗?这难道不正是人的真正问题之所在吗?……这个问题在很大程度上已经得到了解决,这对那些充分懂得评价遗忘这一特性①的反作用力的人来说,懂得越深就必定会越感到惊奇。遗忘性并不像肤浅的人们所认为的那样,只是一种惯性,它更是一种主动的、最严格意义上的积极的阻力。可以归入这种力量的,只有我们所经历过的、体验过的、被我们吸纳的、被我们所消化的(可以称这种消化过程为"摄入灵魂"②),却很少进入我们意识的东西,这就如同

---

① [Pütz版注]遗忘这一特性:遗忘对生命起到的是促进和增强的作用,特别是尼采所推崇的歌德就持这样的观点。在歌德的作品中可以找到大量这方面的证据,其中一个就是《浮士德》第二部的开头(行4628),浮士德处于神圣的睡眠中,用忘川的水沐浴。

② [Pütz版注]"摄入灵魂"(Einverseelung):这是对德语中另外一个词,也就是下文中出现的Einverleibung的戏仿([译按]后者的本意是"大量进食",词中的leib就是"肉体"之意,所以字面意思理解就是"进入身体之内"之意,　　(转下页)

我们的身体吸收营养(即所谓"摄入肉体")的那一整套千变万化的过程。意识的门窗①暂时关闭起来;不再受到由我们的低级服务器官与之周旋的那些噪音和纷争的干扰;意识获得了一些宁静,一些 tabula rasa②,以便意识还能有地方保留给新事物,尤其是留给更为高贵的职能和人员,留给治理、预测和规划(因为我们的机体运作是寡头政治式的③)——这就是之前提到的积极主动的遗忘性的用处,它就像一个门卫,[292]一个心灵的秩序,宁静和规范的守护者:显而易见,如果没有遗忘性,或许也就没有幸福,没有欢乐,没有希望,没有自豪,没有现实存在了。一个人的这种阻碍机制如果受损或失灵,他就如同一个消化不良的患者(还不仅仅是如同——),他将一事无"成"。……在这种必然需要遗忘的动物身上,遗忘性表现为一种力量,乃是一种体魄强健的表现形式,这种动物还为自己培养了另外一种对立的能力,一种记忆,借助它的力量,遗忘性在一定情况下被搁置不用——在那些应当做出承

(接上页注②)故译为"摄入肉体";而与之相对,尼采把单词中间的 leib 替换为 seel,也就是德文中的"灵魂"一词,故译为"摄入灵魂")。尼采经常利用生理学的一些术语或图像来描述精神层面一些过程的特性;他也会使一些感官上的功能具有精神层面的含义,例如"消化"(Verdauung)。

① [Pütz 版注]意识的门窗:隐晦地影射莱布尼茨的"单子"概念。单子是封闭自足的、完善的、不可分割的、有灵魂的单位,它们反映了世界的秩序。谈到单子的特性时,莱布尼茨曾说,单子之间没有窗户。

② [Pütz 版注]tabula rasa:拉丁文,即"白板"之意。早在亚里士多德时期,他就已经在其《灵魂论》(De anima)中针对柏拉图关于灵魂的理念先于一切经验的学说,提出了经验更为必要,因为否则的话,灵魂与一块空白的石版没有区别(卷三、章四)。英国经验主义哲学家们重新使用了这一比喻,并用它来反驳理性主义关于理念天生的理论(例如笛卡尔)。特别是约翰·洛克认为,人类想象的内容完全来自于其所获得的经验,如果没有它,人的理智就如同一张白纸。

③ [Pütz 版注]机体运作是寡头政治式的:亚里士多德认为(《政治学》卷三),寡头政治作为一个少数强力者的统治形式,乃是贵族政体的变态:在贵族政体中,少数人的统治旨在照顾所有人的利益,而在寡头政治中,少数人的统治旨在照顾自己的私利。而在尼采看来,对于人的机体运作而言,寡头政治则是合适的统治形式。

诺的情况下；因此，这绝不仅仅是被动地无法摆脱已建立的深刻印象①，不仅仅是对某个人们无法履行的诺言的无法释怀，而是一种主动的、不想要摆脱的意愿，是对曾经一度渴求的东西的持续不断的渴求，这是一种真正的意志记忆：就这样，在最初的"我想要"、"我将要做"与意志的真正发泄，即意志的行动之间毫无疑问可以塞进一个充满新鲜陌生的事物、新鲜陌生的情况，甚至是新鲜陌生的意志行动的世界，而无需挣脱意志的长链。但是，什么才是这一切的前提呢！为了能够在很大程度上提前支配未来，人们首先学会的肯定是能够区分必然事件与偶然事件，能够思考因果关系，能够观察遥远与现实，能够预先认识什么是目的、什么是手段，能够准确地预测、估算、得出结论——为此，人自身首先的变化也肯定是变得可以被估算，变得有规律，变得有必然性，这也是为了符合人自身的想象，以便最终能像一个承诺者那样，为人类自己的未来给出准确的预言！

2

[293]这正是责任如何起源的漫长历史。正如我们业已认识到的那样，那个驯养一只可以做出承诺的动物的任务，在其自身中包含了一个近期任务作为其先决条件和准备工作，即在一定程度上首先使人变得有必然性、变得单一、变得性质相同、变得有规律性，因而也就变得可以被估算出来。这样一份艰巨的劳动，我把它称为"习俗的道德性"（参见《朝霞》第7、13、16页）②——它是人类漫长历史中针对人自身的真正劳动，人类史前的全部劳动在这

---

① ［Pütz 版注］深刻印象：此处影射唯感觉论者的"白板理论"（参见本章此前的脚注 tabula rasa），按照该理论，人类的印象就如同被一只石笔刻在蜡板上一样。

② ［KSA 版注］参见《朝霞》第7、13、16页；有关"习俗的道德性"，参《朝霞》格言9、14、16。

里获得了意义,得到了正名,无论这些劳动中包含了多少严酷、暴虐、无聊和愚蠢:借助于习俗的道德性和社会的强制,人真的被造就得可以被估算了。如果我们把自己放在这一艰巨过程的终点,放在那棵大树结出硕果之时,放在社会团体及其习俗的道德性最终显露出它们乃是何种目的手段的时候:我们就会发现,社团与道德之树上最成熟的果实就是独立自主的个体,那个只与其自身相等同的个体,那个重新摆脱了习俗的道德性束缚的个体,那个超越习俗的自律个体①(因为"自律"与"习俗"相互排斥),简而言之,我们这时就会发现具有独立的和长期的意志的人,他可以做出承诺——在他身上有一种自豪的、在全身所有肌肉里颤抖的意识,那是关于最终将取得什么样的成就以及最终其内心将显化出何物的意识,那是一种真正的权力意识和自由意识,那就是人的一种完满感觉。这个变得自由的人,这个可以真正做出承诺的人,这个自由意志的主人,这个独立的君王——他怎么可能不知道,与所有那些不可以做出承诺、无法为自己做出准确预言的事物相比,他具有多么大的优越性,他引起了多少信任、多少恐惧、多少敬畏——[294]这三样东西都是他"应得的"——而他通过控制与统治自己又是怎样势所必然地去统治周围环境、统治自然、统治所有意志薄弱和不可信任的家伙?这个"自由的"人,这个不可摧毁的长期意志的所有者,在统治问题上也有自己的价值尺度:他从自己的角度去观察别人,并以此尊敬或蔑视别人;正因为如此,他必然尊敬那些与他自己相同的人,那些强壮的人和那些值得信赖的人(可以做出承诺的人)——也就是每一个能够像个独立的君王一般做出承诺的人,他不会轻易做出承诺,也很少许诺,而且要花很长时间做出承诺;也就是每一个在信任问题上吝啬的人;也就是每一个

---

① [Pütz 版注]独立自主的个体……那个超越习俗的自律个体:在康德那里,自律(Autonomie)就意味着,个体通过其自身的理性来实现自我立法,从而独立于那些陌生的、经验的、历史沿袭的原则(参见《实践理性批判》第一卷第一章§8)。

信任就意味着褒奖的人；也就是每一个能够许下可以信赖的诺言的人，因为他已经足够强大，哪怕是遭遇不测，哪怕是"对抗命运"，他都有办法坚持自己的诺言——：同样，他也必然准备好用脚猛踢那些随意许诺、却又瘦弱无能的轻浮鬼，准备好用戒尺与鞭子去惩戒那些诺言刚出口就已经不算数的骗子。他骄傲地认识和意识到，责任乃是非同寻常的特权，乃是罕有的自由，乃是驾驭自己与命运的权力，而这些都已经深入到了他的内心最深处，并且变成了他的本能，占据主导地位的本能：——假如他必须用一个词来指称这种本能，他将会如何称呼这一占据主导地位的本能呢？毫无疑问：这个独立自主的人会把它叫做他的良知①……

3

他的良知？……可以预料，"良知"这一概念——我们在这里遭遇了它的最高的、近乎惊人的形式——业已经历了一个漫长的历史和形式演变过程。可以为自己做出准确的预言，可以骄傲地肯定自己，[295]——如前所述，这是一颗成熟的果实，但也是一颗迟来的果实：——这颗果实曾经又酸又涩地挂在树上，经历了多么漫长的光阴啊！而在之前更为漫长的光阴里，人们无法观察到任何关于这种果实的迹象——没有人能够承诺这种果实的出现，尽管树上的一切都已做好了准备，并且它们之前的生长也都是为了这果实！——"人这种动物是怎样获得记忆的？人这种半是愚

---

① [Pütz 版注] 良知（Gewissen）：在古希腊罗马时期与欧洲中世纪，良知是一个宗教意义上的词汇，通常与恐惧和压抑等情感联系在一起。到了 19 世纪，人们则将良知看作是一种可以从社会学与心理学角度得到解释的世俗现象（如路德维希·费尔巴哈、查尔斯·达尔文、保罗·雷伊等），而尼采则将良知解释为一种以自身为指向的意志，该解释后来对弗洛伊德的精神分析学阐释产生了一定影响。按照弗洛伊德的观点，良知（即"超我"）是令人既爱又怕的父亲形象内化而成的潜意识的权威审查机制。

钝、半是轻率的片刻知性,这种遗忘性的化身,他又是怎样牢记住某些东西的?"……可以想见,这一古老的问题并非是用温和的回答与方法得到解决的;甚至可以这样说,在人类整个史前史时期,也许没有任何能比"记忆术"①更恐怖、更令人毛骨悚然的东西了。"人们将某个东西烙印在身体上,为了使其保留在记忆中:只有不断引起疼痛的东西,才能保留在记忆中。"——这是地球上最古老(可惜也是最长久)的心理学的一条定律。有人甚至宣称,地球上凡是有庄重、严厉、机密的地方,凡是在人和民众的生活中布满阴暗颜色的地方,那种在地球上一度被普遍地用来许诺、担保和赞扬的恐怖,它的某些残余仍在那里继续起着作用:每当我们变得"严肃"的时候,过去,那最漫长、最深刻、最严酷的过去,就会朝着我们大喝一声,从我们心底喷涌而出。每当人们认为有必要记住某些东西的时候,流血、酷刑、牺牲总是不可避免的;最可怕的牺牲和供奉(供奉头生子②就属此类),最可憎的肉刑(比如阉割),一切宗教祭典中最残酷的那些仪式(所有宗教从其最根本上来说都是残酷的体系)——所有这一切都起源于那种本能,它揭示了疼痛是维持记忆术最强有力的辅助手段。从某种意义上讲,一切禁欲苦行③均属此列:一些理念应当是不可磨灭的、无所不在的、难以忘却的,并且应当被强制"固定"下来,以达到[296]通过这些"固定观念"对整个神经与智力系统进行催眠的目的——而禁欲苦行的程序步骤与生活方式都只是手段,其目的就是要使相关理念摆脱与所有其他理念的竞争,使其变得"难以忘却"。人类在"记忆"

---

① [Pütz 版注]记忆术(Mnemotechnik):关于如何记忆的艺术。其发展历史是与修辞术紧密联系在一起的。
② [Pütz 版注]供奉头生子(Erstlingsopfer):包括将孩童、猎获物、刚出生的动物、果实等作为祭品,以求得神灵的慈悲。
③ [Pütz 版注]禁欲苦行:一种修行学说,其要旨是为了达到(道德或宗教上的)全神贯注,而习惯于一种清心寡欲、严格节制的生活。它原本是古希腊大力士为保持竞技状态所采取的一种技术。另参本书第三章"禁欲主义的理想意味着什么?"

上的表现越差,禁欲苦行的习俗就会越可怕;尤其是刑法的严酷与否更是可以作为相关的标准,即人类需要多大努力才能胜利地克服遗忘性,并且让人类这种为瞬间的激情与欲望所支配的奴隶,将社会公共生活的一些基本要求牢牢记住。我们德国人肯定不会把自己看作一个特别残忍与冷酷的民族,更不会把自己看成特别轻浮随便与浑浑噩噩的民族;但是,只要看看我们古老的刑罚条例,就会发现,为了培养一个"思想家的民族"①,尘世的人们为此付出了何等努力(我要说的这个欧洲的民族,在这个民族身上可以发现最大程度的自信、严肃、无聊与客观,而凭借着这些特性它拥有了培养各种类型的欧洲的"满大人"②的权利)。德国人为了控制住自己粗俗的本能和野蛮的愚笨,曾经用多种可怕的方法来加强记忆:想一想德国古老的刑罚吧,比如石刑(——传说中用石磨盘砸罪犯的头),比如轮磔之刑③(这是德国天才在刑罚王国中特有的发明和专长),例如投掷削尖的木刺,让马匹拉裂或踏碎犯人("四马分尸"),下油锅或用酒烹(直到十四和十五世纪还用此刑

---

① [Pütz 版注]"思想家的民族":J.K.A.穆塞乌斯(Musäus[译按] 1735-1787,德国作家)在其编辑的《德国民间童话集》的准备性报告(1782 年)中说:"我们是一个出产思想家、诗人、幻想家、先知的狂热民族。"
② [Pütz 版注]满大人(Mandarin):原本是亚洲中南半岛地区对于高官显贵的称呼;后来则成了欧洲人对于中国官员的称呼。
③ [Pütz 版注]轮磔之刑(Rädern):目前已经证实,早在基督教之前的古代,人们就已经利用轮子来行刑或者将犯人骨头砸碎;请参考希腊神话中伊克西翁的受刑传说以及被钉在十字架上的耶稣旁边的两个强盗。而历史上第一次提到真正严格意义上的轮磔之刑的则是主教兼历史学者——都尔的圣额我略(Gregor von Tours,[译按] 538/539-594,法兰克王国的历史学者,都尔主教(法国境内),用拉丁文著有《法兰克人史》)。在德国中世纪,轮磔之刑乃是最为普遍的死刑处决方式,仅次于斩首与绞刑;而在法国则几乎没有。(参 Rudolf His 的著作《德国中世纪的刑法》(Das Strafrecht des deutschen Mittelalters),莱比锡 1920 年出版,第一卷,第 497 页;Hans von Hentig 的著作《刑罚》(Die Strafe),第一部,柏林/哥廷根/海德堡 1954 年出版,第 288-293 页。)

罚),被广泛使用的剥皮之刑①("切皮带"②),胸口割肉③;还有给罪犯抹上蜂蜜,放在炽热的太阳下让苍蝇叮咬。④ 借助这样的[297]图景和过程,人们终于记住了五、六条"我不要"之类的规定,并以此许下诺言,这样才能享受在社会生活的优越性,——确实如此!依靠这种记忆方式,人们最终走向了"理性"!——啊,理性,是严肃,是控制情绪,是一切叫做反复思考的灰暗的东西,是人的一切特权和珍宝:但它们的代价是多么昂贵啊!在一切"善的事物"的基础之上,又有多少鲜血和恐怖啊!……

4

然而,那另外一样"灰暗的东西",即对于罪欠的意识,以及所有的"良知谴责"又是怎样来到这个世界上的呢?——现在让我们回到我们的道德谱系学者⑤那里。让我再重复一遍——或许我从未曾这样说过?——他们其实一无是处。他们的经验短浅,只有五拃⑥长,而且纯粹是"现代"的经验;他们不了解过去,也没有了解过去的意愿;他们更缺少一种历史的本能,一种在这里恰恰是

---

① [Pütz 版注]剥皮之刑(Schinden):原意指剥兽皮;也泛指对(动物)尸首进行清除和再利用。
② [Pütz 版注]"切皮带"(Riemenschneiden):原指制皮工匠的一个工种,后来转义为剥皮之意。
③ [Pütz 版注]胸口割肉:参莎士比亚剧作《威尼斯商人》中的相关法律习俗。
④ [译注]以上刑罚请参考 Albert Hermann Post 的著作《建立在比较人种学基础上的一种普遍法学纲要》(*Bausteine für eine allgemeine Rechtswissenschaft auf vergleichend ethnologischer Basis*),奥尔登堡,1880 年版,第一卷,第 191-198 页。
⑤ [Pütz 版注]我们的道德谱系学者:指英国学者以及保罗·雷伊等。参本书前言第 4 节的 Pütz 版注英国方式。
⑥ [Pütz 版注]拃:长度单位,原指手展开后拇指与小指之间的距离。

必备的"预见力"①——尽管如此,他们仍然要研究道德的历史;最后得出的结论肯定并且势必无法接近事实。迄今为止的道德谱系学者们可曾在梦中想到过,那个主要的道德概念"罪欠"(Schuld)其实起源于"欠债"(Schulden)这个非常物质的概念?或者可曾梦中想到过,惩罚作为一种回报,它的发展与有关意志自由或非自由的任何假设都毫无瓜葛?——然后它需要先发展到一个人性化的较高阶段,以便"人"这种动物能够开始对"故意的"、"过失的"、"偶然的"、"有刑事责任能力的"等概念及其相反概念做一些比较原始的区分,并且在[298]量刑时能够考虑到这些区别。那个如今看来异常陈腐的,却又似乎非常自然、非常必然的观念,即"罪犯理应受到惩罚,因为他原本可以采取其他行动",它当初也许不得不承担过解释公正感是如何在世界上形成的任务,事实上它的确是很晚才出现的,它是人类判断和推论的精致形式;谁要是把它挪到了人类的发展之初,谁就粗暴地歪曲了古人的心理。在人类历史那段最为漫长的时光里,其实根本没有刑罚,因为人们让肇事者对自己的行为负责,而不是以只对罪犯进行惩罚为前提——这更像现在的父母惩罚自己的孩子,因为遭受损失而恼怒于闯祸者,——但是,这种恼怒是受到限制的,并且由于下面的想法而得到缓解,即任何损失都会得到补偿,而且损失真的可以通过补偿抵消,甚至通过闯祸者的疼痛也可以。损失与疼痛相等价,这一古老想法是根深蒂固的,今天或许已经无法去除,它是如何获得如此威力的呢?我已经猜到了:它来自于债权人和债务人的契约关系,这种契约关系与"法律主体"②的存在同样古老,而且还可以把它重新归结到买卖、交换、贸易和交通的基本形式上去。

---

① [译注]预见力(zweites Gesicht):预见未来的能力,是英语"second sight"的德语化用法。
② [Pütz版注]"法律主体":所有根据相关法律条令能够享有权利并且履行义务的个人。尼采之所以在这个词上面加引号,可能是要强调,其实他们乃是法律的客体。

5

然而,正如人们在经过了先前的解释之后所期待的那样,关于这些契约关系的设想与阐释会引起针对创造或认可这些关系的古人的种种质疑和抵触情绪。承诺行为正是在这里发生;正是在这里涉及[299]让许诺者记住诺言的问题;人们完全有理由带着负面情绪去怀疑,正是在这里,人们将发现严酷、残忍和刑讯。债务人为了让人相信自己还债的承诺,为了保证自己许诺的真诚和神圣,为了使自己的良知牢记还债是自己的义务与职责,在自己不能偿还债务的情况下,根据契约把自己平时所"占有"的、并且可以支配的某些东西抵押给债权人,比如,他的身体,他的妻子,他的自由,还有他的生命(或者在某些特定的宗教前提下,债务人甚至还可以抵押他在"极乐世界里的幸福",他的灵魂的拯救,乃至他在坟墓中的安宁:在埃及①就是这样,债权人甚至不让债务人的尸首在坟墓中得到安宁——而埃及人恰恰是注重这种安宁的)②。尤其需要注意的是,债权人可以任意侮辱和折磨债务人的躯体,例如,从债务人身上割下与债务数额大致相等的肉:——以这个观点为基础,从前在世界各地都存在有对于人体四肢和各个部位的估价,这些估计精确而细致,甚至有些部分细致到了可怕的地步,而它们的存在却是合法

---

① [Pütz 版注]埃及:尼采关于埃及人坟墓中的安宁的暗示指的既是坟墓的神圣性与祭祀死者的花费,也指当时一度由官方组织的盗墓行为。根据古希腊历史学家希罗多德(公元前 490—422 年)的记载,当时的埃及人(大约公元前 2480 年前后)可以用自己父亲的木乃伊作抵押来借钱(参见希罗多德《原史》第二卷 136 节)。
② [译注]参 J.Kohler 所著的《作为文化现象的法律,比较法学导论》(*Das Recht als Kulturerscheinung, Einleitung in die Vergleichende Rechtswissenschaft*)维尔茨堡 1885 年出版,第 18-19 页。

的。① 罗马的十二铜表法②规定,债权人在这种情况下无论割多还是割少,都是一样的,"si plus minusve secuerunt, ne fraude esto"③,我认为这已经是一个进步,证明法律观念变得更加自由、更加大度、更加罗马化。现在,让我们弄清楚整个补偿形式的逻辑;这个逻辑是非常奇特的。等价偿还的实现,不是通过财物来直接赔偿损失(不是用金钱、地产、或是其他财产来补偿),而是使债权人有权得到某种快感作为偿还和弥补,——这种快感就是债权人可以肆无忌惮地向失去权力的人 [300] 行使权力,这种淫欲就是"de faire le mal pour le plaisir de le faire"④,就是在强暴中获得的满足:债权人的社会地位越是低下和卑贱,他就越会重视这样的满足,他很容易把它看作最可口的点心,看作是对上等人生活的预先体味。通过"惩罚"债务人,债权人就获得了分享一种主人权利的机会:他终于也体验到了那种高级的感觉,可以蔑视和蹂躏一个"低于自己"的存在者——或者如果真正的行刑权力与惩罚的实施已经转交给了"在上有权柄者"⑤,那么他至少还可以去旁观对债务人的蔑视和蹂躏。

---

① [译注]参 Albert Hermann Post 的著作《建立在比较人种学基础上的一种普遍法学纲要》,前揭,第一卷,第 334-336 页。
② [Pütz 版注]十二铜表法:这是公元前 450 年,罗马元老院在民众的支持下所颁布的法令。这些法令代替了罗马人传统习惯法,被镌刻在 12 个青铜板上,竖立在集市广场之上。期间虽经多次扩展与重新阐释,其基本内容却一直保留到罗马帝国结束。
③ [Pütz 版注]"si plus minusve secuerunt, se fraude esto"([译按] 后一句 KSA 版上原写作 ne fraude esto,现根据 Pütz 版改正):"无论他们割多还是割少,都不应该算作是违法行为"(se = sine;没有,不是之意)。该条款出自十二铜表法中的第三块铜板上的第六节。
④ [KSA 版注]"de faire le mal pour le plaisir de le faire":法文,意为"为了作恶的快乐而作恶"。参见普罗斯佩·梅里美([译按] Prosper Mérimée, 1803-1870, 法国作家)的通信集《给一个陌生女人的信》([译按] Lettres à une inconnue,乃是梅里美写给珍妮·达坎(Jenny Dacquin, 1811-1895)长达近四十年的通信集,由后者在梅里美死后结集出版),巴黎 1874 年版,I, 8;尼采曾在《人性的,太人性的》一书中的格言 50 同样引用过这句话。
⑤ [译注]在上有权柄者:出自《新约·罗马书》,参见本书第一章第 14 节相关注释。

这就是说,所谓补偿就存在于索求与兑现残酷的权利之中。

6

在这个领域,即债务法权的领域产生了道德的概念世界,如"罪欠"、"良知"、"义务"、"义务的神圣性"①等,——它们的萌芽与尘世间所有大的事件一样,都是经过鲜血长期而又彻底地浇灌而促成的。难道人们不可以补充说,那个概念世界从根本上讲就从未失去过血腥和折磨的气味?(甚至连老康德也不例外,他的"范畴律令"②就散发着残酷的味道……)也正是在这个领域,那个可怕的、或许已经变得无法斩断的关于"罪欠与痛苦"的观念网络③首次得以构结形成。让我们再问一遍:在何种程度上,痛苦可以补偿"欠债"?只要制造痛苦能够最大限度地产生快感,只要遭受损失的债权人能够用损失以及由此造成的不快换来一种特别的满足感即可:制造痛苦,——就是一场真正的节日欢庆④。如前所

---

① [Pütz 版注]"义务的神圣性"(Heiligkeit der Pflicht):语出康德《实践理性批判》,1788 年第 1 版,第 283 页。在尼采看来,这个概念显示出康德伦理学的禁欲主义色彩。
② [Pütz 版注]范畴律令:参见本书前言第 3 节相关注释。
③ [译注]观念网络:参见本书第一章第 1 节相关脚注。
④ [Pütz 版注]制造痛苦,——就是一场真正的节日欢庆:约翰·赫伊津哈(Johan Huizinga,[译按] 1872-1945,荷兰历史学家)在评论欧洲中世纪晚期曾说:"在司法的残酷性方面(……)引起我们注意的是(……)是那种禽兽一般的、麻木不仁的快乐,那种民众积极参与的游园会般的愉悦。有一次,蒙斯([译按] Mons,比利时西南部的一座古城)的市民以极高的价格买下一个匪徒首领,就为了享受将他五马分尸的快乐(……)而 1488 年在布鲁日([译按] Brügge,比利时西北部的一座古城),被俘的马克西米利安一世([译按] Maximilian I.,神圣罗马帝国皇帝)亲眼目睹了集市一处高台上的行刑过程,周围的民众在观看一些有涌敌嫌疑的政府官员受刑时很不过瘾,拒绝了受刑者要求速死的恳求,就为了一再地尽情享受对犯人的新一轮折磨。"而在英国和法国,人们甚至拒绝为死刑犯举行临终忏悔仪式——就为了确保他们在地狱中继续接受惩罚。(《中世纪的衰落》,慕尼黑,1928 年版,第 26 页)

述,债权人的等级和社会地位越是配不上这种欢庆,它的价值就会越高。[301] 上面所说只是一种推测:因为这类隐秘的事情很难追根溯源,只除了一点,即这其实也是一件很尴尬的事情;如果有谁在这里唐突地抛出了"复仇欲望"的概念,他其实是在遮蔽和混淆视听,而不是将问题简化(——复仇本身其实也可以同样归结到同一个问题上:"制造痛苦怎么会成为一种补偿,并且产生满足感呢?"①)。在我看来,驯服的家畜(比如说现代人,比如说我们自己)的细心谨慎、尤其是他们的伪善②扭曲了这一问题,伪善的他们竭尽全力试图要让人看到,残酷在何种程度上构成了古人巨大的节庆欢乐,它又在何种程度上变成了古人几乎所有快乐的配料;然而另一方面,古代人对残酷表现出的需求又是那么天真,那么无邪,而且他们那种"麻木不仁的恶毒"(或者用斯宾诺莎③的话说,就是 sympathia malevolens④),已经从根本上被古人当成了人的正常特性——:从而也就成了为良知所真心接受的东西!明眼人或许会发现,时至今日仍然可以在很多地方感知到这种人类最古老、最原初的节庆欢乐。在《善恶的彼岸》⑤的第 117 及以下数页中(甚至在更早出版的《朝霞》⑥的第 17、68、102 页上),我就曾小心地指出,残酷在被不断地精神升华化和"神圣化",这一倾

---

① [KSA 版注]本身其实也(……)并且产生满足感呢?:此处最初的版本是:"复仇在这个问题上只是一个调味品、一种配料,它并非那种满足感里最本质的东西",后被改为现在的句子。
② [Pütz 版注]伪善:参见本书前言第 6 节相关脚注。
③ [Pütz 版注]斯宾诺莎:参见本书第一章第 5 节相关脚注。
④ [Pütz 版注]sympathia malevolens:拉丁文,恶意的同情。[译按]参丹麦学者 Harald Höffding 所著的《以经验为基础的心理学概要》(*Psychologie in Umrissen auf Grundlage der Erfahrung*),由 F.Bendixen 译成德语,1887 年出版于莱比锡,第 319 页。
⑤ [KSA 版注]《善恶的彼岸》:参见格言 197 及以下数页(而 Pütz 版注则是"格言 193 及以下数页")。
⑥ [Pütz 版注]《朝霞》:参见格言 18、77、113。

向贯穿了整个上层文化的历史(而且,它甚至对于上层文化的形成也具有非常重要的意义)。无论如何,就在离我们还不是很遥远的过去,如果缺少了处决、鞭笞或者是异端审判及火刑,人们都不知道该如何举行王侯的婚礼与最盛大的民俗节庆。同样,当时没有哪个高贵的家族不备有专人,以供人随意发泄狠毒和进行残酷的戏弄(让我们回想一下公爵夫人城堡中的堂吉诃德①吧:如今我们在读整部小说时,舌头上满是苦涩,几乎是一种折磨,我们因此对小说的作者及其同时代人[302]感到非常陌生、非常不能理解,——他们竟然心安理得地把这部小说当作最风趣的书来读,因为他,他们都笑得要死②)。看别人受苦很愉快,让别人受苦则更加愉快——这是一句很残忍的话,但却也是一个古老的、强有力的、人性的、太人性的基本原埋,也许就连猴子也会认可这一原埋:因为有人说,猴子早就设想出了诸多稀奇古怪的残酷手法,为人类提前做出了内容丰富的预言,或者说"预演"。不残酷则无欢庆:人类最古老、最悠久的历史如是教诲我们——而且就连惩罚中也带着如此多的节日喜庆!——

7

——不过,我阐述这些思想的意图绝不是要帮助我们的悲观主义者们,向他们那走了调的、嘎嘎作响的、厌倦生命的磨盘上加水;相反,应当着力证明的乃是,在人类还未曾对他们的残

---

① [Pütz 版注]公爵夫人城堡中的堂吉诃德:参见塞万提斯(1547—1616)小说《堂吉诃德》,下卷,第31—57章。这部小说讽刺了当时流行的骑士小说,出版于1605/15年。

② [KSA 版注]让我们回想一下(……)笑得要死:《人性的,太人性的》一书誊清的草稿上有一段话可供参考:"当他讲述,人们是如何在公爵夫人的城堡中拿堂吉诃德取乐时,他自己不也正是跟着一起以此为乐吗?"

酷行为感到羞耻的时候,地球上的生活比有悲观主义者存在的今天要欢乐很多。随着人们面对他人时的羞耻感的增长,人类头顶上的天空也就越来越阴暗。那疲惫的悲观主义的目光、那对于生命之谜的怀疑、那对于人生的反感与冷冰冰的否定——这些都并不是人类最邪恶时代的特征:那些特征乃是泥沼植物,它们属于泥沼,有了泥沼才有它们的显现——我指的就是病态的娇柔化和道德化趋势,正是因为这种趋势,"人"这种动物终于学会了对他所有的本能都感到羞耻。在变成"天使"的途中(我不想在此用一个更冷酷的字眼),人给自己培养出了消化不良的胃和长了苔纹的舌,这使他不仅厌恶动物的[303]快乐和无邪,而且对生命本身也感到腻歪:有时他甚至对自己也捂鼻子,并且带着厌恶的表情同教皇英诺森三世①一道开列可厌事物的目录:"不洁的性交,在母亲体内让人作呕的哺育,人赖以生长的那些物质的丑恶,污浊的臭气,唾液的分泌、排尿、排便。"在现代,痛苦总是首当其冲地被用作反对人生存在的第一条论据,是针对人生存在所提出的最强烈疑问,这使我们很愿意回忆起人类做出相反的价值判断的时代,因为制造痛苦对当时的人而言是不可舍弃的,他们在制造痛苦中看到了第一流的魅力,看到了一种真正的生命的诱饵。或许那个时候——我这样说为了安慰娇柔者——疼痛不像今天这样厉害;至少一个治疗过内脏严重发炎的黑人患者的医生可以下这样的断言(黑人在这里代表史前人类),炎症的严重程度会使体格最好的欧洲人感到绝望;——可是黑人却无所谓。(事实上,只要人们在过度文明的上流社会

---

① [Pütz 版注]教皇英诺森三世:1198—1216 年在位,将中世纪教皇的政治权力带到了顶峰(所引文字出处不明)。

或者中上流社会①中生活过之后就会发现,人的忍痛能力的曲线非常奇怪地、而且几乎是很突然地下降;所以我个人则毫不怀疑,和一个歇斯底里的、受过教育的小女人所度过的某个痛苦夜晚相比,迄今为止为了寻求科学的答案而使用仪器测量过的所有动物的痛苦,都不值一提。)或许现在甚至还允许这样的可能性存在,即那种对于残酷的兴趣也不一定就要全部消失:与疼痛感在今天变得加剧起来的情况相对应,这种兴趣只需要被崇高化与细腻化②,它在出现时必须首先被翻译成幻想的和灵魂的语言,并且要用令人放心的名称装扮起来,[304]使最温柔伪善的良心也不会对它产生怀疑(一个这样的名称就是"悲剧式的同情"③;另一个则是"les nostalgies de la croix"④)。起来反对痛苦的,并不是痛苦自身,而是痛苦的无谓:但是不论是对于把痛苦穿凿附会地解释成整个神秘的救赎机器的基督徒而言,还是对于那些擅长从观望者、或者痛苦制造者的角度去理解所有痛苦的天真的古代人来说,根本不存在一种无谓的痛苦。而为了从世间清除掉那隐蔽的、未被发现的、无法证明的痛苦,并且将之确实地否定掉,从前的人们几乎是被迫发明了诸神和所有高尚与低贱的精怪神灵,简言之,就是要发明某种东西,这个东西同样在隐蔽处游荡,同样在暗处观望,而且不会轻易错过一场有趣

---

① [译注]上流社会或者中上流社会:原文为"die oberen Zehn-Tausend oder Zehn-Millionen"。其中"die oberen Zehn-Tausend"来源于英语中的用法"the upper ten thousand",该短语本是美国记者纳撒尼尔·帕克·威利斯(Nathaniel Parker Willis,1806-1867)于1844年11月11日在纽约的《晚间镜报》(*the Evening Mirror*)上发表的一篇文章中所使用的,指的是纽约的富裕阶层,后来泛指上流社会。而尼采在这个词后面又增加了一个Zehn-Millionen("千万"之意),扩大了相关的范围,故将其译为"中上流社会"。
② [Pütz版注]崇高化与细腻化(Sublimierung und Subtilisierung):即将本能冲动转化为文化功绩;高贵化,细致化。
③ [Pütz版注]悲剧式的同情:参见本书前言第5节的Pütz版注"无私"的价值。
④ [Pütz版注]les nostalgies de la croix:法文,"对十字架的渴慕"之意。

的充满痛苦的戏剧。借助这样的发明,生命在当时就已经善于利用它一直都十分擅长的技巧来为自身正名,并且也为它的"恶"正名①;在今天也许还需要其他发明的帮助(例如把生命看作一个谜,看作是认识论的难题)。"神乐于见到,每一种恶都得到正名":这听起来是史前时代的情感逻辑——说真的,这难道仅是史前时代的情感逻辑吗?诸神被想像成残酷戏剧的爱好者——噢!只要想想加尔文②与路德③的例子就可以知道,这一古老的想像甚至在我们欧洲的人性化进程中都延伸得非常深远!无论如何,可以肯定的是,古希腊人也认为,为了祈福,要向他们的神灵有所供奉,而再没有比残酷所带来的快乐更合适的供奉了。你们觉得,荷马④让他的诸神带着什么样的目光去俯瞰人们的命运呢?而特洛伊战争以及类似悲剧般的梦魇从根本上讲到底又有什么终极意义呢?毫无疑问:它们都是为诸神准备的节日戏剧⑤;而且,[305]如果其中的诗人比其他人都更具"神性",那么这可能是为诗人准备的节日戏剧……后来的希腊道德哲人们也是如出一辙,他们设想,神也俯身关注道德的争斗,关注英雄主义和品德高尚者的自我折磨:"背负使命的赫拉

---

① [Pütz版注]为它的"恶"正名:关于莱布尼茨的"神义论"问题参Pütz版编者说明中的附注。
② [Pütz版注]加尔文:约翰·加尔文(Johann Calvin,1509-1564)基督教宗教改革运动中加尔文教派的创始人,主张人类命运由上帝安排的救赎预定论。他本人一开始虽然在日内瓦遭到迫害与驱逐,但后来他也利用强硬手段(例如频繁地使用死刑)在日内瓦推行他的教会条令。
③ [Pütz版注]路德:马丁·路德本人也赞成使用严酷的惩罚,尤其是针对德国农民战争([译按]1524-1525年在德国中部和南部爆发的农民及部分市民的起义)中的起义者。
④ [KSA版注]荷马:参见《人性的,太人性的》(下卷)第一篇"杂乱无章的观点和格言"中的格言189。
⑤ [Pütz版注]为诸神准备的节日戏剧(Festspiele für die Götter):影射自1876年开始举行的瓦格纳音乐节(Richard-Wagner-Festspiele),这里尼采又故意使用了他惯用的翻转处理,因为在瓦格纳音乐节上,是诸神为人类准备了节日戏剧。

克勒斯①"登台了,他对此亦有自知;对于希腊人这个演员民族而言,没有证人的美德行为简直是不可思议的。这项当时首先为了欧洲而完成的大胆而且危险的发明,这项关于"自由意志",关于人在善与恶中的绝对自发性②的哲学发明,它之所以被发明难道主要是为了使人获得足够的权利去想象:即诸神对于人的兴趣,对于人类美德的兴趣,是永不衰竭的吗?在这个俗世的舞台上,理应从不缺乏真正的新鲜事物和真正前所未闻的对立、纠纷与灾难:一个完全按照决定论所设想的世界,或许对神而言曾是可以正确预测的,但也因而很快让神感到了厌倦,——所以那些作为诸神之友的哲人们就有了充分理由,不去要求他们的神来创造这样一种决定论的世界③!所有古希腊人和罗马人都对"观众"充满了温情的眷顾,他们的世界本质上是一个属于公众的、一目了然的世界,在那里,如果没有了戏剧和节庆,幸福也就无从谈起。——而且,正如前所述,就连重大的刑罚中也带着如此多的节日喜庆!……

8

现在继续进行我们的研究,我们已经看到,罪欠感和个人责任感起源于人类历史上最古老与最原始的人际关系,起源于买主和卖主的关系,债权人和债务人[306]的关系:正是在这里首先出现了人反对人的现象,也正是在这里首先出现了人和人相

---

① [Pütz版注]赫拉克勒斯(Herakles):希腊神话中的英雄,主神宙斯与阿尔克墨涅之子,曾经完成了国王交给他的十二项艰难的、几乎不可能完成的任务。
② [Pütz版注]绝对自发性(absolute Spontaneität):康德《实践理性批判》中的用语,1788年第一版,第84页;指的是因原始(自发)理性而可能引发的自由。
③ [Pütz版注]决定论的世界:即一个严格按照因果律运转的世界。在这里,尼采故意对康德所探讨的自由问题进行讽刺性戏仿与探讨。

比较的情况。人们发现,不管文明的发展水平有多低,总会在某种程度上有这类关系的存在。价格的制定、价值的衡量、等价物的发明和交换——这些活动在相当大的程度上抢先占据了古人最原初的思想,甚至在某种意义上说,它们就是古人的思想本身:正是从这里培育出了人类最古老的敏锐洞察力,同样,人类自豪感的最初萌芽,人相对于其他动物的优越感也很可能由此产生。或许在我们语言里,"人"(manas①)这个单词表达的就是这样一种自我感觉:人把自己称为会衡量价值、会评价和估量的存在物,称为"天生会估算价值的动物"。买和卖,连同它们的心理学属性,甚至要比任何一种原始的社会组织形式和社会团体都要古老:在个人法权最原始的形式②当中,恰恰是那些关于交换、契约、债务、权利、义务、补偿的萌芽意识首先被转移到了最粗放、最原始的公共群体中去(即出现在了与其他类似公共群体的关系当中),随之一同转移的还有那种比较、衡量和计算权力的习惯。而人们的目光也被调整到了这一角度:古代人类的思想虽然笨拙,但却会固执地在同一方向上继续走下去,而带着这一思想所特有的连续性,人们马上就得出了那个伟大的普遍性结论:"任何东西都有它的价格;而所有东西都可以被偿还"——这正是属于正义的最古老和最天真的道德法则,是尘世一切"善良"、"公平"③、"善意"以及"客观性"的开端。这种处于初级阶

---

① [Pütz 版注]manas:梵文,"意识"之意,出自印度教经典《吠陀》。([译按] 正文中的括号系尼采本人所加,他先使用了德文的 Mensch[人]一词,然后在后面的括号中加入梵文 manas,应该是要表现出两者语源学上的联系。)
② [Pütz 版注]个人法权最原始的形式:契约法权(许诺法权)与物品法权(收益法权及财产法权)共同构成了个人的私法权,与之相对的则是公法权,刑罚法权乃是公法权的一种重要组成部分。而尼采则在《道德的谱系》中从个人法权中推导出了刑罚法权,并且也将其归入个人法权。
③ [Pütz 版注]公平(Billigkeit):与那种严格意义上可起诉的正义诉求不同,"公平"所涉及的乃是针对某些未在契约中规定的单方面额外工作,所给出的让步性补偿(参见康德《道德形而上学》,1797 年第一版,38 及以下数页)。

段的正义是在力量大致均等者之间通行的善意,是他们之间的相互容忍,是通过某种协调达成的"谅解",——而[307]在涉及力量薄弱者时,则会强迫弱者内部达成某种协调。

9

如果我们一直用史前时代的标准加以衡量(也就是那种无论任何时代都是现存的,或者可能重现的史前时代),就会发现:公共社团与其成员之间也存在那种重要的基本关系,即债权人和他的债务人之间的关系。人们生活在一个公共社团里,享受着社团的优越性(那是何等的优越性啊!我们今天偶尔会低估它),他们受到保护和照料,生活在和平与信任之中;他们不需要担心遭到侵害和敌意,而那些公共社团"之外"的人,那些"被放逐者",却要面临这样的危险,——德国人都懂得"困苦"(Elend)一词,即êlend①的原意是什么——人们正是鉴于这些侵害与敌意才把自己抵押给了社团,并且承担相应的义务。而在另外一种情况下会如何呢?可以肯定,如果公共社团是受骗的债权人,那么它会竭尽全力使自己得到补偿。这里讲的情况至少是指肇事者造成了直接的损失:先抛开损失不谈,犯罪者(Verbrecher)首先是一个"违犯者"(Brecher),一个反对集体的契约与诺言的违犯者(Vertrags- und Wortbrüchiger)②,他的所作所为关系到他迄今为止一直分享的社团的财物与安逸。犯罪者是个债务人,他不仅不偿还他获得的利益和预支的好处,竟然还向他的债权人逞凶;所以,为公平起见,他

---

① [Pütz版注]êlend,中古高地德语([译按]大约11世纪中叶至14世纪中叶),"外国"、"异域"、"放逐"之意。后来由此引申出对于上述情况的主观性判断:"折磨"、"不幸"、"困苦"(Elend[译按]这是现代德语)。
② [译注]:此处尼采使用的几个名词都是同源词,来自于德文动词brechen[破坏,违犯],所以在翻译的时候都采用了同一个"犯"字,以保持形似。

不仅从此失去了所有那些财物及好处,——而且更重要的是要让他记住,这些财物的重要含义是什么。遭受损失的债权人——公共社团,愤怒地把犯人重新推回到野蛮的、被剥夺法律权利的状态。他迄今为止一直受到保护,而现在,[308] 他被放逐了——各种敌意都可以发泄在他身上。在文明发展的这一阶段,这种"惩罚"不过是反映和模仿了人们对于可憎的、丧失了保护的、被征服的敌人的正常态度。这样的敌人不仅丧失了所有权利和庇护,而且失去了获得任何宽宥的机会;这就是"vae victis"①所面对的战争法则和胜利欢庆! 极其无情而且残酷:——这也解释了,为什么战争本身(包括战争的祭礼)贡献的都是历史上出现过的各种形式的惩罚。

10

随着实力的不断增强,社团不再把个人的犯罪行为看得那么严重,因为对社团来说,犯罪行为不再像从前那样被认为对整体的存在构成危险和颠覆:肇事者不再会被"剥夺法律权利"和被驱逐,公众的愤怒也不允许像从前那样肆无忌惮地在他身上宣泄,——确切地说,肇事者从此得到了社团方面谨慎的辩护与保护,以避免他遭受这种愤怒,尤其是直接受害人的愤怒的伤害。首

---

① [Pütz 版注]vae victis:拉丁文:"被征服者都是该死的"。古罗马历史学家李维(Livius,公元前 59–公元 17 年)在其著作《罗马建城以来的历史》(简称《罗马史》,*Ab urbe condita*)第 5 卷第 48 章第 9 节提到,高卢人国王布伦弩(Brennus)在阿里亚河战役(Allia[译按] 罗马城附近的台伯河支流),约公元前 387 年)后,要求战败的罗马人缴纳 1000 磅黄金作为军费,但高卢人故意使用不公平的秤锤,在罗马人表示拒绝之后,布伦弩故意将他的宝剑也扔进了秤盘,然后嘲笑说:"被征服者都是该死的!"这一用语以及与之相关的另一个习语"把宝剑扔进秤盘"(sein Schwert in die Waagschale werfen,即"用武力或施加影响来决定某事"之意)都表达出权力与尺度之间不平衡的关系。

先要与违法行为受害者的愤怒达成和解与妥协;努力将事态控制在局部范围,防止更大范围的、乃至全面性的参与和骚乱;尝试找到等价的补偿物,并对整个交涉过程进行调解(die compositio①);尤其下面的意愿变得越来越明确,即将每一个罪行都视作是在某种意义上可以得到抵偿的行为,也就是说,至少在一定程度上将罪犯与其行为分离开来②——这就是刑法在后来发展中越来越彰显的特征。社团的实力与自我意识越是增长,刑法就变得 [309] 越温和;任何削弱和严重破坏刑法的行为,都会造成更加严厉的刑罚形式重新出台。"债权人"越是富有,他在一定程度上就越是人性化;最后,他自己则变成了衡量自身财富的标准与尺度,他可以自行决定究竟能够承受多大的妨害,而不受影响。这个社会具有某种实力意识也并非不可思议,即该社会可以享受它所能得到的最高贵的奢华——对妨害社会者不施加惩罚。它或许还会这样说:"我体内的寄生虫跟我有什么关系?让它们生活和繁衍吧:我依然是强健的!"……正义是因为"所有东西都可以被偿还,所有东西都必须得到偿还"而开始的,然后则因为上述睁一只眼闭一只眼的放任态度和允许无力偿还者逃之夭夭的做法而终结——与尘世间的一切善事一样,它的结束是自我扬弃。这种正义的自我扬弃:众所周知,它为自己美其名曰——宽宥;很显然,宽宥一直是最有权力者的特权,或者毋宁说,是他的法权的彼岸。

---

① [Pütz版注]compositio:古罗马法律术语;调解,和解,也写作compositio criminis,即针对违反刑法的犯罪行为达成友好和解(或庭外和解)。[译按]参Albert Hermann Post所著《建立在比较人种学基础上的一种普遍法学纲要》,前揭,第一卷,第17页,以及第181-183页。
② [KSA版注]也就是说(……)分离开来:供初版用的手写付印稿上此处原写作:"并且尽可能多地应用在直接损失这一方面上。"

11

——这里,我要对最近出现的一些尝试和做法表示我的反对意见,这些做法试图在一片完全不同的土地上探求正义的起源,——即在怨恨的土地上。假如心理学家有兴趣亲自从近处对怨恨做一番研究,那就先在他们的耳边说:这株植物目前在无政府主义者和反犹太主义者①当中生长得最为喜人,当然像以前一样,它总是在阴暗处长得茂盛,就好像紫罗兰,只是香气不同。相同的事物中必然总是发展出相同的事物,所以,看见在这些圈子里重新出现以前经常发生的相同企图,是不足为奇的——参前文第30页②——[310]这种企图就是在正义的名义下将复仇神圣化,——就好像正义本质上只是受伤感情的一种延续——并且由于有了复仇,被动反应式(reaktiv)的情绪冲动就会在事后受到完全普遍的重视。对于后面这种情况,我几乎没有异议:我甚至觉得,在相关的整个生物学问题上(从这个方面来说,那些冲动情绪的价值迄今为止是被低估了的),这乃是一项功绩。我想单独强调指出的一点是,正是这种怨恨精神本身滋生出了科学公平性的新层面(它将有利于仇恨、嫉妒、忌恨、猜疑、敌意、复仇等)。因为一旦涉及另外一组的情绪冲动时,这种"科学的公平性"就会立即中断,然后换上满怀敌意与偏见的腔调。在我看来,另外一组的情绪冲动所具有的生物学价值比这种被动反应式的情绪冲动要高很多,因而它们理应得到科学的评价和称赞:也就是那些真正积极主

---

① [Pütz 版注]无政府主义者和反犹太主义者:欧根·杜林(参随后的脚注)曾经称自己为反犹太主义的真正创始人。
② [译注]原文如此,而根据 Pütz 版给出的页码,应该指的是本书第一章第 14 节的后半部分。

动(aktiv)的情绪冲动,如统治欲、占有欲等诸如此类(参见杜林①的《生命的价值》、《哲学教程》,从根本上说,就是他的所有著作)。针对这种倾向我大体上就讲这么多:但是杜林有一句话我们需要单独提出来,那就是要在被动反应式情感的土地上寻找正义的起源,关于这句话,人们必须出于对真理的热爱采取截然相反的态度,用另一句话来驳斥他:正义精神所占领的最后一块土地,才是被动反应式的情感!如果真的出现了正义的人甚至对伤害他的人也保持了正义的态度的情况(不仅仅是冰冷、克制、疏远、无所谓的态度:正义始终是一种积极的行为),如果在突然遭到人身伤害、讽刺、怀疑的情况下,正义的目光,审判的目光所具有的高贵、清澈、深邃、温和的客观性依然不会因此变得浑浊的话,[311]那么,那将是尘世间一件最完美的杰作——这甚至是聪明的人也不应奢望的东西,人们无论如何也不应该轻信它的存在。普遍的情况一定是这样的:即便是最正直的人们,只要少量的攻击、恶意与质疑就足以让他们的双眼只盯着鲜血,而罔顾了公平性。积极主动的、具有进攻性和侵犯性的人总是比被动反应的人要大大接近正义;对他而言,完全没有必要像被动反应的人所做的或必须做的

---

① [Pütz 版注]杜林:欧根·杜林(Eugen Karl Dühring, 1833–1921),德国哲学家和国民经济学家。受孔德[(A.Comte[译按] 1798–1857,法国哲学家)的影响,主张一种具有机械主义基本特征的乐观主义哲学,并且从目的论角度,即从假定的目的出发对生物体的所有现象进行解释,甚至包括道德和精神。他的主要著作除了尼采这里提到的《生命的价值》(*Werth des Lebens*,1867 年)和《哲学教程》(*Cursus der Philosophie*,1875 年)之外,还有《自然辩证法》(*Natürliche Dialektik*,1865 年),《国民经济学与社会主义批判史》(*Kritische Geschichte der Nationalökonomie und des Sozialismus*,1871 年),《现实哲学》(*Wirklichkeitsphilosophie*,1878 年),《通过完满替代宗教与通过现代各民族精神排除一切犹太教因素》(*Ersatz der Religion durch Vollkommenes und die Ausscheidung allen Judentums durch den modernen Völkergeist*,1883 年)。在他的自传中(1882 年),他公开宣称自己是反犹太主义的创始人。杜林最著名的对手就是恩格斯及其撰写的《反杜林论》(*Anti-Dühring*,1878 年)。([译按]本节开头所讲的,从怨恨基础上解释正义起源的尝试,指的就是杜林。)

那样、错误地、先入为主地评价他的客体。所以,事实上,作为更强壮、更勇敢、更高贵的人,进攻型的人在任何时代都具有更自由的目光,也更加心安理得和问心无愧:与此相反,人们已经猜到了,发明了使人不安的"良知谴责"的人究竟是谁——正是心怀怨恨的人!最后,让我们回顾一下历史:迄今为止,法律的全部应用以及对法的真正的需求究竟是在尘世间哪个范围内通行起来的呢?是在被动反应的人们那里吗?根本不是:确切地说,是在积极者、强壮者、自发者和进攻者那里。从历史的角度看——我这样说也许会让那位所谓的鼓吹家①感到恼怒(他曾经亲口承认说:"复仇学说犹如一根正义的红线贯穿于我的一切工作和努力之中。")——尘世的法律展现的恰恰是反对那些被动反应式感情的斗争,展现的是主动的和进攻性的力量与上述感情的战争,这些力量将它们的一部分优势应用在了遏制被动反应式激情的过度放纵上,并且强迫其达到和解。凡是在伸张正义和维护正义的地方,人们都可以看到,一个较强大的力量在涉及从属它的较弱小力量时(无论它们是团体还是个人),都会想方设法地 [312] 打消弱小力量当中出现的荒谬的怨恨怒气,较强力量或是从复仇者的手中抽走怨恨的对象,或者用打击和平与秩序的敌人的战斗来代替复仇,或是发明、建议、甚至在必要的情况下强迫其接受补偿与调解,或者是将损失的某些等价物提升到标准的高度,以使怨恨从此最终只能以此为导向。而最高权威在针对占据优势的反向情感与事后遗留的阴影情感(Gegen- und Nachgefühle)时采取并加以贯彻的最关键步骤——只要最高权威在某种程度上足够强大,它总会这样做——就是立法,通过律令式的声明告诉人们,哪些在它的眼中是允许的、合法的,哪些是被禁止的、非法的:在立法之后,它把个人

---

① [KSA 版注]所谓的鼓吹家:指杜林。后面的引文出自他的自传《事情、生活与仇敌》(*Sache, Leben und Feinde*),卡尔斯鲁厄与莱比锡 1882 年出版,第 283 页([译按]Pütz 版注则认为是 293 页)。(该书系尼采生前藏书)

或者整个团体的侵犯性与专横性行为都当作对法律的亵渎,当作对最高权威本身的反抗来处理,这样,它就使其下属的情感从其周围违法行为造成的损失上转移开,并且从此实现了与复仇欲望所希求的完全相反的目的,因为复仇只重视与承认受害者的观点——从此以后,眼睛被规训学会了对行为做出越来越客观冷静的评价,即使是受害者的眼睛也是如此(虽然如前所述,其实到最后才能实现这点)。——与此相应的是,从立法之后才存在"合法"和"非法"的概念(而不像杜林宣称的那样,从伤害行为发生之时开始算起)。单纯谈论合法与非法概念本身,没有任何意义;如果生命在本质上,即在它的基本效用中就是以伤害、强暴、剥削、毁灭等方式发挥作用,并且没有这些特性就无法设想生命的话,那么,伤害、强暴、剥削、毁灭等行为从其自身而言,自然就没有任何"非法的"问题。人们甚至还必须承认一些更让人疑虑的事情:从最高的生物学立场来看,法律状态始终[313]可能只是一种特殊状态,它是对以权力为目标的真正的生命意志的局部限制,是服从于后者的总体目的的一项具体手段:也就是说,法律状态是为了创造更大的权力单位而采取的手段。如果把法律秩序设想为独立的和普遍的,不是把它当作是在错综复杂的权力整体中使用的斗争手段,而是把它视为反对一切斗争的手段,或者按照杜林这个共产主义者的一贯论调,任何意志都必须将其他任何意志视若等同的话,那么这样的法律秩序或许是一种敌视生命的原则,是对人类的毁灭和消解,是人类变得疲惫衰落的征兆,是一条通往虚无的隐秘路径①。——

---

① [KSA 版注]是人类变得疲惫(……)隐秘路径:供初版用的手写付印稿上此处写作:是一条通向虚无主义的隐秘路径。

12

在这里,我还要对刑罚的起源与目的发表自己的意见——这是两个有区别或应该有区别的问题:遗憾的是,人们习惯把它们混为一谈。在这种情况下,迄今为止的道德谱系学家们是怎样对待这个问题的呢?他们的一贯做法是天真幼稚的——:他们费尽心力在刑罚中找出了某个"目的",比如说报复或者恐吓,然后轻易地把这个目的置于事情的开端,把它当作刑罚的 causa fiendi①,然后——就大功告成了。但是,"法律中蕴含的目的"应当是最后才应用在法律发生史上的东西:确切地说,对于所有类型的历史学而言,最重要的都莫过于那个经过不懈努力而获得的,而且确实也理应经过努力获得的定律②——即一个事物的成因问题与该事物的最终用途、该事物的实际应用及其在某个目的体系中的定位问题之间有着天壤之别;某些现存的事物,某些通过某种方式形成的事物,总会一再地被某个在它之上的力量用新的观点重新加以解释,被重新征用,并且为了某个新的用途而改头换面;有机世界中[314]所发生的一切事情,都是征服和主宰;而所有征服和主宰都是重新解释和调整,之前所有这方面的"意义"和"目的"都必须被遮蔽起来或者被彻底抹杀。即使有人非常清楚地理解某一生理器官(或者也了解某个法律机构、某个社会习俗、某个政治惯例、某个艺术或宗教礼仪上的形式)的用途,但他对有关事物的起源却

---

① [Pütz 版注]causa fiendi:拉丁文,"生成因,起因"之意;是与目的因(causa finalis)视角相对的谱系学视角。
② [KSA 版注]在这里,我还要对刑法的起源与目的(……)努力获得的定律:供初版用的手写付印稿第一稿:"在每一种类型的历史学中都会逐渐形成一种观点,该观点就其自身而言与那种理智的正义极端背道而驰:——这也许是我们面对人类理智的惯性所取得的最重大胜利。"

依然一无所知:不管这一说法在老派的人听来是多么不舒服,多么不悦耳——因为自古以来人们就相信,某一事物、形式或机构的成因就存在于这一事物、形式或机构可以证实的目的与用途之中,人们相信,眼睛就是为观察而生的,手就是为把握而长的。所以人们设想,刑罚就是为了惩罚而发明的。但是,一切目的和一切有用性都不过标志着,某种权力意志①已经成为弱小力量的主宰,并且根据自身需要在弱小力量的身上打上了某种功能之意义的烙印;如此说来,一个"事物"、一个机构、一种习俗的全部历史,可能就是一条充满重新诠释和调整的不间断的符号链条,但这些诠释和调整的原因本身并没有相互联系的必要,相反,它们或许只是偶然形成的相互连结和相互接替。因此,一个事物、一种习俗、一个机构的"发展",并不是朝向某个目标的前进过程(progressus),更不是一个逻辑的、用时最短的、力量与成本消耗最少而实现的前进过程——而是在该事物、习俗或机构上所发生的各个征服过程而组成的序列,这些过程或深或浅,或相互依赖、或相互独立,其中还包括每个过程中都出现的阻力,以自卫和被动反击为目的的改变形式的企图,以及[315]成功的反击行动的结果②。形式是多变的,而"意义"的可变性更大……甚至在每个单独的有机体内部也不例外:伴随着总体在本质上的成长,其内部各器官的"意义"也在发生位移——也许部分器官的消亡和数量的减少(比如通过消除中间环节),可能就是整体完善与力量增长的征兆。我要说的是:部分器官变得无用、萎缩、退化、意义与合目的性的丧失,简言之,

---

① [Pütz版注]权力意志:参见Pütz版编者说明第3部分"源自本能压抑的罪欠意识"。
② [KSA版注]反击行动的结果:其后被删去一段文字:"从事物的角度来看,事物是从其自发的进攻、侵犯与努力行为发展而来的。作为一定程度的有组织的力量,从其自身来看,不管事物多么弱小,它都必须由内向外运动,以便能够在'外部'证明自己和丰富自己,以便能够将外部融入其自身,并且在外部烙上它的法则、它的意义。自我——"(供初版用的手写付印稿。)

就是死亡,也属于真正的前进过程的条件:该过程总是表现为向往更强大权力的意志和途径,并且总是以额外牺牲无数弱小力量而得以实现的。甚至某种"进步"的伟大程度也是按照为该进步必须牺牲的总量来测算的;全体人类,为了某个更强大人种的兴旺而做出牺牲——这或许是一种进步……——我特别强调这种史学方法的主要论点,主要是因为它在本质上与目前占统治地位的本能和时尚背道而驰,通行的时尚宁愿相信一切事件绝对的偶然性、机械的无意义性,也不愿承认在一切事件中均有发生的权力意志的理论。现代民主强烈厌恶一切具有统治性和意欲具有统治性的东西,这种现代的权力否定主义①(我为一件坏事发明了一个坏词),业已逐渐进入精神领域,最高的精神领域,披上了精神的外衣,以至于它也逐步地渗透,并且被允许渗透到最严谨、似乎最客观的科学中去;在我看来,这一否定主义已经主宰了整个生理学和生命学说,很显然,这给生理学和生命学说造成了很大损失,因为这一否定主义将上述学说中的一个基本概念,即真正的主动性,仿佛变魔术一般弄消失了。与此相反,[316]人们在那种民主的厌恶感的压力下,特别重视"适应"一词,这乃是一种二流的主动性,一种单纯的被动反应性,有人甚至把生命本身定义为一种对外在环境的越来越合乎目的的内在适应(赫伯特·斯宾塞②)。这样一来,生命的本质,它的权力意志,就被曲解了;而自发的、进攻性的、侵犯性的、具有重新解释、重新调整和塑造能力的那些力量,它们本质上的优先性也被忽视了,事实上,这些力量发挥效用之后才轮到"适应";至于有机体内部的最高级官能,它们乃是生命意志积极的和定型性的体现,甚至连这些官

---

① [Pütz版注]权力否定主义(Misarchismus):尼采创造的新词:对于权力的厌恶,对于统治的仇恨。
② [Pütz版注]赫伯特·斯宾塞:参见本书第一章第3节相关脚注。

能所具有的主导作用也被否定了。人们还记得赫胥黎①批评斯宾塞的话,——说他是"行政虚无主义":但现在所涉及的问题要比"行政问题"更重要……

13

让我们回到正题,即回到刑罚这个问题上。关于刑罚,人们必须区分它的两种不同特性:一方面是刑罚的相对持久性,具体表现为习俗、仪式、"戏剧性的场面"、一系列严格且烦琐的法律程序;另一方面是它的流动变化性,具体表现为意义、目的,以及与法律程序的实施相联系的期待。根据之前阐明的史学方法论的主要论点,我们以此类推,在这里可以顺利地设定一个前提,即该程序本身是比它在刑罚方面的应用更为古老、更为早期的东西,而后者是被穿凿附会地加进并解释进(早已存在的,但在另一个意义上普遍使用的)程序的。简言之,情况并非像我们那些天真的道德与法律谱系学家们迄今所假定的那样,他们全都设想程序的发明是以刑罚为目的,这就好像很久以前有人以为,手的发明就是为了抓东西。[317]至于刑罚的另一个方面,就是它的流动变化性,即它的"意义",事实上,"刑罚"这一概念在文化的某个非常晚的阶段(比如今天的欧洲)根本不再表现出一个含义,而是"诸多意义"的合成物:刑罚迄今为止的历史,也就是体现各种不同目的的刑罚的使用史,最终将结晶为一种难以溶解、难以分析的单位。还必须强调的是,它根本不可能被定义。(现在已经不可能准确说出,刑罚

---

① [Pütz版注]赫胥黎(Thomas Henry Huxley),1825—1895,英国生物学家,达尔文主义的拥护者与传播者。

[KSA版注]赫胥黎:所言出处不明。[译按]参 Huxley:"Administrative Nihilism",发表于1871年11月1日的《双周论坛》(*Fort nightly Review*),第16期,第525—543页。)

究竟是为了什么:所有以符号形式概括整个过程的概念都无法定义;可以加以定义的东西,只能是没有历史的东西。)与此相反,在更早期阶段,"诸多意义"的合成物还呈现出更容易分解和更容易发生置换的态势;人们还可以感知到,那时合成物中的各个元素是在怎样的各个具体情况下,改变其化合价并且进行分子重组的;其结果就是,时而这个元素,时而那个元素,在损害其余元素的情况下凸现出来,并居于主导地位。也许会有某个元素(例如恐吓的目的)似乎会扬弃所有剩余元素。为了使读者至少能够了解,刑罚的"意义"是多么不确定,多么次要,多么偶然,而同一个程序又是如何被本质上完全不同的意图所利用、解释和调整的,我在这里列出一个我从某个相对较小和较为偶然的资料中总结出来的提纲:通过刑罚来祛除伤害,阻止进一步的伤害行动。通过刑罚来以某种形式(甚至是以感情补偿的方式)向受害者赔偿损失。通过刑罚将破坏平衡的情况隔离起来,以防止该情况的扩大化。通过刑罚来使人畏惧那些决定和实施刑罚的人。通过刑罚来抵消犯罪者之前所享受的好处(比如[318]让罪犯去矿山做苦役)。通过刑罚来淘汰蜕化分子(也许种族的某支旁系会被整个淘汰掉,例如某些中国法律①就是如此规定的:刑罚被当作维持种族纯洁或是保证某种社会类型的手段)。刑罚是一种节日欢庆,也就是对终于被打倒的敌人实行强暴和嘲弄。刑罚是一种强制记忆,无论是对于遭受惩罚的人(即对他实行所谓的"改造"),还是对于刑罚的目击者而言,均是如此。刑罚是执政者要求犯人支付的一种酬金,保护肇事者免受过激的报复。如果强大的种族坚持复仇的自

---

① [Pütz 版注]中国法律:参 J. Kohler 的著作《中国刑法——为建立全球刑法通史而作》(*Das chinesische Strafrecht. Ein Beitrag zur Universalgeschichte des Strafrechts*),1886 年出版于维尔茨堡。(尼采生前藏书。)

然状态①,并要求把它当作自己的特权的话,那么,刑罚就是与复仇的自然状态的一种妥协。刑罚是对破坏和平、法律、秩序和权威的敌人的宣战和战争规则,人们认为,这个敌人对公共社团构成了威胁,他背弃了作为社团前提的契约,他是一个逆贼、叛徒和破坏和平的人,人们会用各种战争手段同其作斗争。

14

这个清单肯定不全面;很显然,刑罚已经被各种各样的用途弄得不堪重负。因此人们就更有理由从中删去一个纯属臆想的用途,尽管在普通民众的意识中,这是刑罚最根本的用途——由于种种原因,如今人们对于刑罚的信念已经动摇了,但它恰恰总能在这一臆想的用途上找到最有力的支持。人们认为,刑罚应当具有唤醒犯罪者的罪欠感的价值,人们试图在刑罚中寻找那种能引起灵魂反应的真正手段,他们把这种灵魂的被动反应称为"良知谴责"(schlechtes Gewissen)和"内疚"(Gewissensbiss)。然而,这种臆测直到今天仍在歪曲 [319] 现实,曲解心理学:那么在人类最漫长的历史中,即人类史前时期,它又造成了多么坏的影响啊!那些罪犯和囚徒恰恰最为缺乏真正的内疚,监狱、苦役营并不是"内疚"这种"啮人良知"的蛀虫喜欢的孳生地:——所有正直严谨的观察家都同意这一看法,只是他们在很多情况下都是极不情愿、非常难受地说出这个判断的。总的说来,惩罚

---

① [Pütz版注]自然状态:这是近代国家理论使用的概念,用来描述个人在国家成立之前所处的法律上的不稳定状态。尼采在这里将尚未受到国家中央权力约束的强者的斗争理解为积极主动的复仇,以区别于怨恨群体的纯粹被动反应式的复仇。

会使人坚强和冷酷;使人精力集中;加大了人的异化①感受;增强了人的反抗能力。如果出现了这样的情况:刑罚损耗精力,引发可悲的敬畏(Prostration)和自卑,那么这样的结果无疑比刑罚的一般效果,比那种以枯燥、阴沉的严厉为特征的效果更令人失望。但是,如果我们思考一下人类史前时期的数千年,就会毫不犹豫地断定:正是刑罚最为有效地阻止了罪欠感的发展——至少从惩罚施暴的牺牲者的角度来看是这样的。因此,我们不可以轻视,恰恰正是罪犯在审判与行刑程序上的经历在一定程度上阻碍了他对自己的行为和行动方式感到由衷的羞耻:因为他在正义事业中恰恰看到了同样的勾当,而这些行为却被认为是善的,让人心安理得地去干:比如,刺探、阴谋、收买、设陷、警察和检察官那一整套狡诈精细的工作技巧,更不用说那彻头彻尾的、连情理都不能容的抢劫、施暴、辱骂、监禁、拷打、谋杀,这一切都在刑罚的不同方式中得到了体现——但却从未受到法官的谴责和判决,而是具有了一定的意义和用途。[320]而"良知谴责",它是我们尘世花园中最神秘、最有趣的植物,并不是从上述土地上生长起来的——事实上,法官们和执法者在一段极其漫长的时间里根本就没有意识到他们在与"罪欠者"打交道,而是觉得自己是在和一个损失制造者打交道,是在和一个毫无责任感可言的灾难碎片打交道。而将要受到惩罚的人也觉得刑罚像一个灾难碎片,这时的他感觉不到其他的"内在痛苦",而只是觉得这就像是一个无法预料的突发事件,一场突如其来的可怕的自然灾害,就像是一块从天而降的岩石突然把他砸得粉身碎骨,他再也无法反抗了。

---

① [Pütz版注]异化:这里指的并不是马克思意义上的异化,而是一种心理学上的判定。

15

  有一天下午,谁也不知道,到底是哪个恼人的回忆让斯宾诺莎突然探究起一个问题,即在他本人身上究竟还保留了多少那种著名的 **morsus conscientiae**①,然后他不得不尴尬地承认(这令他的诠释者们非常恼火,他们正一本正经地努力歪曲着他在这里的原意,比如库诺·菲舍尔②)——在此之前,斯宾诺莎曾把善与恶统统归结于人类的幻想,并且针对那些亵渎者的言论义愤地捍卫他的"自由的"上帝的尊严,那些亵渎者竟然说上帝的一切行为皆sub ratione boni③("这就意味着上帝受命运支配,则关于神的看法实没有比这更不通的了"④)。在斯宾诺莎看来,世界业已返回到良知谴责被发明之前的那种纯真无邪的状况中;而"morsus conscientiae"却因此变成了什么呢? 他最终自言自语道:"会变成

---

① [Pütz版注]morsus conscientiae:拉丁文,"内疚"。参见斯宾诺莎《伦理学》第三部分中的"情绪的界说"的第16、17与27条。([译按]原文本写作"conscientiae morsus",贺麟先生译本译作"惋惜"。)

② [KSA版注]库诺·菲舍尔(Kuno Fischer[译按]1824-1907,德国哲学家兼哲学史专家,其关于康德的专著为新康德主义奠定了基础):尼采关于斯宾诺莎的介绍即出自菲舍尔的著作,参 Kuno Fischer,《近代哲学史》第一卷第二章"笛卡尔学派,古林克斯,马勒伯朗士,斯宾诺莎"(Geschichte der neuern Philosophie I, 2, Descartes' Schule. Geulincx. Malebranche. Baruch Spinoza),第二版完全修订版,1865年海德堡出版。1881年7月,尼采让欧维贝克将此书寄到了希尔斯—马里亚村(信中简称该书为"菲舍尔")。

③ [Pütz版注]sub ratione boni:拉丁文,"志在为善";请对比斯宾诺莎的另一句子 sub specie aeternitatis("志在永恒"),参见《伦理学》第五部分,命题三十六。([译按]此处"志在为善"的文字其实也来自斯宾诺莎的《伦理学》第一部分,命题三十三,附释二。)

④ [Pütz版注]"这就意味着……更不通的了":斯宾诺莎的《伦理学》第一部分,命题三十三,附释二。

gaudium 的反面①——那是一种伴随一件在过去意外发生的事物的意象而引起的一种痛苦。"(《伦理学》第三部分命题十八的附释一、二。)数千年来，[321] 受到惩罚的肇事者们对于他们的"劣迹"的感觉与斯宾诺莎的看法完全一样：他们都觉得，"这次的事情出乎预料地败露了"，而不是"我真不应该这么做"，——他们接受惩罚的支配，就像遭遇了疾病、不幸或死亡时一样，带着那种坚定无畏的宿命观，不加任何反抗。正是因为有了这一宿命观，所以直到今天俄国人在生命实践中仍然比我们西方人更具优势。如果在惩罚中人们对其行动进行了某种批判的话，那其实就是人们的机心巧诈在对行动展开批判：毫无疑问，我们首先必须在这种机心巧诈的深化中，寻找刑罚的真正效用，还应该在记忆的延长化中寻找，在某种决定今后更加谨慎、更抱疑忌、更加诡秘地行事的意志中寻找，在意识到人在很多方面最终而言都是脆弱的洞见中寻找，在自我判断的某种改善中寻找。总而言之，刑罚对人和动物所起的作用就是增加恐惧、深化机心巧诈和控制欲望：因此，刑罚使人变得驯服，而不是变得"更好"——人们甚至有更多的理由宣称，其实达到的效果恰恰是"好"的反面。（"吃一堑，长一智，"俗语是这样说的：在吃亏让人变得聪明的同时，它也会让人变坏。幸运的是，吃亏也经常让人变得够蠢。）

16

在这里，我决定不再兜圈子，而是初步对"良知谴责"之起源提出我自己的假设，进行临时性的阐述：要表达这一假设其实并不

---

① ［Pütz 版注］gaudium 的反面：gaudium，拉丁文，"欣慰、快乐"。——尼采在这里给出的章节与翻译并不相符，他实际上是把《伦理学》第三部分命题十八的附释二的最后一句话与关于 morsus conscientiae 的"情绪界说"第 17 捏合在了一起。

容易,需要经过长时间的冥思、关注与斟酌。我认为"良知谴责"是一种重病,在人所经历过的所有变革中,那场最深刻的变革带给人的压力必然使其罹患此症——这场变革使人最终[322]发现自己已然陷入社会与和平的禁锢之中。这与水生动物的情况肯定别无二致。当水生动物被迫做出抉择,要么成为陆地动物,要么种族灭绝的时候,于是它们这些成功地适应了蛮荒生活、战争环境、漫游状态、冒险生涯的半野兽们突然发现——他们的所有本能一下子就贬值和"被搁置"了。它们从这时起就必须用脚走路,并且"自己驮着自己",而在此之前它们的身体一直是由水来承载的:一个可怕的负担压在了它们身上。它们感到自己在最简单的事情上都是迟钝笨拙的,在这个崭新且陌生的世界里,它们旧日的向导,那种善于调节的、下意识的、叫靠的本能已经不复存在——它们不得不局限于思考、推断、计算、对原因与效果进行联想,这些可怜的生物,它们不得不局限于它们的"意识",局限于它们身上最贫乏、最易犯错的器官!我相信,在地球上还从未有过如此困苦的感觉和如此令人身心俱疲的不快,——而与此同时,那些过去的本能并未突然间中止提出自己的要求!只不过,要顺从这些本能的意愿则是十分困难和几乎不可能的:它们在关键的事情上必须给自己寻求新的、暗地里的满足。一切不向外在倾泻的本能都转向内在——我称其为人的内在化:于是,在人的身上才滋生出后来称之为人的"灵魂"的东西。整个内在世界本来就如同夹在两张皮之间那样薄,在人向外在的倾泻受到阻碍之时,它就向四面八方伸展与生长,从而具有了深度、广度和高度。那些可怕的、被国家机构用来对付古老的自由本能的堡垒——刑罚乃是这些堡垒中最主要的部分——使得野蛮的、自由的与散漫的人的所有那些本能都趋向倒退,转而反对人自己。[323]仇恨、残忍、迫害欲、攻击欲、猎奇欲、破坏欲——所有这一切都转而反对这些本能的拥有者:这就是"良知谴责"的起源。由于缺少外在的敌人和反抗,而且自己也被束缚在习俗那一片压抑的狭窄空间和规矩律条中,人开始不耐烦地摧残自己、迫害自己、啃噬自己、吓唬自己、虐待自己,就好像一只人们希望"驯服"的野兽,猛烈撞击着笼子栏杆,把自己撞得遍体鳞伤。这个一无所有的家伙,这个因怀念自己的荒漠家园而备受折磨的家伙,他必须在自己身上创造出冒险和刑房,创造出一片动荡不安且危机四伏的荒野——于是,这个傻瓜,这个充满渴望和绝望的囚徒发明了"良知谴责"。然而,"良知谴责"也带来了最严重、最可怕的疾病,人类至今仍未痊愈,这就是人因为他人而痛苦,人因为自己而痛苦:这是粗暴地与野兽的过去决裂的结果,是突然跃入新的环境和生存条件的结果,也是向古老的本能宣战的结果,即向一直以来构成了人的力量、乐趣和威严之基础的那些本能宣战的结果。我们还应该立即补充一点,在另一方面,伴随着一个动物灵魂转向了自身,采取了反对自己的立场,尘世间就出现了一些崭新的、深邃的、前所未闻的、神秘莫测的、充满矛盾而且前途无量的东西,从而使地球的面貌也因此发生了根本性的变化。事实上,这里还必须有神灵作为观众来欣赏这出戏剧,而由此开场的戏剧,其结局还根本无法预料,——这场戏太过精彩、太过神奇、也太过荒谬矛盾,它不可以在某个可笑的星辰上微不足道、毫无反响地上演!从此以后,人也成为了最出乎意料且又最具刺激性的掷骰子游戏中的一种,这些游戏乃是赫拉克利特的"大孩子"①所玩耍的把戏,无论这孩子叫宙斯还是叫偶然——人为自己制造了一种兴趣、一种紧张、[324]一种期待,甚至几乎是一种信心,就好像用这种游戏可以为自己预示和准备某些东西一样,就好像人不

---

① [Pütz 版注]赫拉克利特的"大孩子":赫拉克利特(Heraklit,约公元前 544-483),前苏格拉底时代的古希腊哲人。——尼采此处引用的是赫拉克利特的第 52 个断片(出自 Hermann Diels 与 Walter Kranz 编辑的《前苏格拉底哲人辑　　（转下页）

是目的①,而只是一条道路、一个突发事件、一座桥梁、一个伟大的承诺……

17

关于良知谴责起源的假设,首先有这样一个前提:那种变革并不是渐进的、自愿的,也并不表现为一个适应了新条件的有机体的生长,而是一种断裂、一次跳跃、一种强制、一种不可抗拒的厄运,既无法与之抗争,也根本无法怨恨于斯。其次,一直无拘无束的、没有定型的民众被塞进某个固定的形式之中,此事乃是因为某种暴力行为而发轫,也只能因为纯粹的暴力行为而被引向结束,——所以,最早的"国家"就是作为一种可怕的暴政,一架肆无忌惮、残酷碾压的机器而出现并发展的,直到它最终将民众和半野兽们身上的相关原始材料彻底地揉捏和驯服,并且将其塑造定型。我使用了"国家"这个字眼:我的所指在这里是不言而喻的——一群金发野兽②,一个征服者和主人之种族,他们为战争而组织起来,并且他们有力量进行组织,他们毫无顾忌地将魔爪伸向那些在数量上或许占有优势,然而却没有组织形态、四处游荡的种族。"国家"就是这样在尘世间兴起的:我认为,国家开始于"契约"

(接上页注①)佚》):"人的时运乃是一个玩耍的孩子,他随意放置西洋棋子:孩子统治一切!"([译按]此断片的德文翻译为"die Lebenszeit ist ein Knabe, der spielt, hin und her die Brettsteine setzt: Knabenregiment!"而英文的相关翻译则是"Eternity is a child playing draughts, the kingly power is a child's",即"永恒乃是一个玩跳棋的孩子,孩子掌握着王权"。两个翻译对应的都是希腊文中的"Aion"概念,即时间、永恒或是神性的拟人化。)

① [Pütz 版注]人不是目的:参见尼采《扎拉图斯特拉如是说》第三卷中"论新旧标牌"的第 3 节。
② [译注]金发野兽:参见本书第一章的第 11 节。

的狂热幻想①已经得到克服。如果有人能够发号施令,如果有人天生就是"主人",如果有人在行动上和举止上表现强横——这样的人要契约何用!这样的人是无法预测的,他们的出现就像命运一样,不需要任何原因,不需要任何理性,不需要任何顾忌,不需要任何借口;他们的到来如同闪电一般,[325]太过可怕,太过突然,太过令人信服,太过"不同寻常",甚至于都无法去恨他们。他们的活动就是本能地创造形式,本能地强行推进形式,他们是最漫不经心、最没有相关意识的艺术家:——在他们出现的地方,很快就会有新事物出现,即一个活生生的统治结构,这个结构中的各个部分与功能既相互区分又彼此关联,任何东西都必须首先被镶嵌上一种在整体层面上的"意义",否则就根本无法找到自己的位子。这些天生的组织者们,他们不知道,什么是罪欠,什么是责任,什么是顾忌;驱使他们的,是那种可怕的艺术家的个人主义,这种个人主义有着铁石般坚定的目光,它已经提前预知,它将在自己的"作品"中获得永恒的证明,这就如同母亲在孩子的身上获得证明一样。"良知谴责"当然不是从这些人的身上滋生出来的,这点从一开始就是不言自明的,——但是,假如没有他们,也就不会生长出这株丑陋的植物,假如没有他们的铁锤打压和艺术家的暴力手段,也就不会有如此大量的自由被排挤出这个世界了,或者说至少是被赶出了人们的视野,变得不易觉察了,而这样也就不会有"良知谴责"的存在了。我们已经明白,这种被强制潜匿的自由本能,它受到了遏制,变得不再重要,被囚禁在了内心深处,并且最终只有向其自身发泄和释放:而这个,也只有这个才是良知谴责的起源。

---

① [Pütz版注]国家开始于"契约"的狂热幻想:暗指霍布斯、洛克([译按]John Locke,1632-1704,英国哲学家)、普芬道夫([译按]Samuel Freiherr von Pufendorf, 1632-1694,德国法学家及历史学家)、康德,尤其是卢梭(《社会契约论》,1762年)为代表的近代国家理论。

18

　　这整个现象从一开始就是丑陋和痛苦的,但人们需要避免因此就蔑视它。从根本上讲,它甚至是这样一种积极力量,该力量在那些暴力的艺术家和组织者那里起到了更出色的作用,并且建立了国家①,但它在这里却是内向的、是更藐小、更狭隘的、是倒退的,或者用歌德的话说,"在胸中的迷宫里"②,[326]它为自己创造了良知谴责,建立了否定的理念,它就是那种自由的本能(用我自己的话说,就是权力意志):只是这一力量的本质就是要塑造形式与施加暴力,而在这里,供其施展和发泄的材料正是人自己,是人全部的、动物性的、古老的自我——与之不同的是那种更伟大、更引人瞩目的现象③,在那里供发泄的材料则是他人,是其他的人们。这种隐秘的自我强奸,这种艺术家的残酷,它带着浓厚的兴趣把自己当成了一种沉重的、执拗的、饱受痛苦的材料,试图赋予自己某种形式,并且给自己烙上某种意志、某种批判、某种矛盾、某种蔑视和某种否定的印记,这是一个甘愿分裂自己的灵魂所从事的那种阴森的工作,这一工作既可怕又令人愉快。这个灵魂因为以制造痛苦为乐,所以才会给自己制造痛苦。所有这种主动的"良知谴责"——人们已经猜到了——乃是理想事件与臆测事件的真正母体,它同时也孕育出大量新奇陌生的美丽和肯定,或许美本身也是在此时才诞生……假如美的对立面本身不先自己意识到自身的存在,假如丑不先对自己说"我是丑的",那么,什么才是"美"呢?……这一暗示至少有助于解谜,有助于解释诸如无私、自我否

---

① ［KSA 版注］并且建立了国家:供初版用的手写付印稿上此处原写作:"但是被转向了外部"。
② ［KSA 版注］"在胸中的迷宫里":参见歌德的诗歌《对月》(*An den Mond*)。
③ ［译注］更伟大、更引人瞩目的现象:当是指前一节所谈到的"国家"。

定、自我牺牲这些充满矛盾的概念在何种程度上能够暗示一种理想、一种美;人们将来也就会明白一个问题,关于这一点我并不怀疑——无私的人、否定自我的人、牺牲自我的人,他们所感受到的乐趣从一开始就是一个什么样子:那是一种残酷的乐趣。——关于"无私"这种道德价值的起源以及该价值所滋生之土壤的界定,我暂时就讲这些:正是因为有了良知谴责,有了自我折磨与虐待的意志,[327]无私的价值才有了前提条件。

19

毫无疑问,良知谴责是一种病,但是,它又是一种如同妊娠的疾病。现在让我们来寻找一下这种疾病得以达到最可怕、也最高雅的程度的条件——我们将会看到,究竟是什么促成了良知谴责的问世。此事说来话长——首先我们必须回顾一下之前的一个观点。债务人与债权人之间的私法关系长期以来都是人们谈论的话题,现在它再一次以一种引起历史性关注和思考的方式,被解释为一种我们现代人或许最无法理解的关系:即当代人与其祖先的关系。在原始部族内部——我们说的是远古时代——每一代人都承认,他们对于前代人,尤其是最早的部族建立者负有一种法律责任(这绝不是一种单纯的情感联系:人们甚至有理由否认在人类最漫长的历史中有过这种情感联系的存在)。这时的人们坚信,整个部族完全是因为祖先的牺牲与功绩才得以存续的,——因此人们应当用牺牲和功绩来偿还祖先:人们甚至进而承认这是一种仍在持续增长的债务,因为祖先们将作为强大的幽灵继续存在,他们会不断用他们的力量向部族提供新的优惠和新的预付款项。这是无偿的吗?但是,[328]对于那些残酷的、"灵魂贫困的"时代来说,并不存在什么所谓的"无偿"。人们能够偿还给祖先什么呢?用祭品(刚开始出于最简单粗暴的理解,供奉食品),用节庆,用神龛,用仪礼,而最主要的是用服从——因为所有习俗既是祖先的杰作,也是祖先的规章和命令——人们能否让祖先满意?这个疑问不仅遗留至今,而且还在不断增大:随着时间的推移,这一疑问还迫使人们清偿整批的债务,用某种巨额的代价向"债权人"还债(比如,臭名昭著的供奉头生子①,不管怎样都要有鲜血,要有人血)。按照这种逻辑,对祖先及其力量的畏惧,以及对于祖先抱有的负债意识,就必然随着种族本身权势的增加而增加,种族本身越是获胜、越是独立、越是受人尊敬和让人畏惧,这种畏惧和意识就越多。相反的情况却从未有过!种族每向停滞多迈进一步,每一次不幸的偶然事件,每一个退化和即将解体的征兆,都会减少对其开创者鬼魂的畏惧,降低对其祖先的才智、预见和影响力的想象与评价。如果人们仔细思考这种粗浅的逻辑,就会发现其最终结果无非是:不断增长的畏惧最终必将把最强大种族的祖先幻想为一个巨人,并把他们推回到一种阴森可怖的、不可思议的、充满神性的幽暗境地——祖先最后不可避免地变成了一个神。这或许就是诸神的起源,也就是说,神起源于畏惧!……如果有人认为有必要补充一句:"神也源于虔敬"的话,那么,他将会看到,这一点很难为人类最漫长的早期,即人类的远古时期所证实。它更不会被人类的中间时期所证明,高贵的种族正是在这一时期形成的:这时的他们在事实上已经连本带息地将[329]他们从其创始者、他们的祖先(英雄、诸神)那里借到的所有品质全部还清了,在此期间,这些品质已经明显为他们所拥有,那就是高贵的品质。我们在后面将会看到诸神的贵族化和高尚化(这当然绝对不是"神圣化"):但是现在,就让我们先结束罪欠意识发展的全过程吧。

---

① [译注]供奉头生子:参本章第3节。

20

　　历史教诲我们,人欠着神灵的债,这种意识在"部族"这种血缘组织形式衰落以后,并没有消失;正如人类从种族的贵族那里继承了"好与坏"的概念(还包括他们喜欢划分等级的基本心理倾向)一样,人类也以同样方式继承了种族和部落的神灵观,并且同时也继承了债务尚未付清的压力和清偿债务的愿望。(而这一转变是由广大的奴隶和附庸种族完成的,无论是因为被迫,还是由于屈服,或者出于生物拟态①的考虑,他们适应了其主人们的神灵崇拜;这种遗产从他们那里流向了四面八方。)这种面对神灵的罪欠感,数千年来一直持续不断地发展,并且与尘世间的神灵概念以及人对神灵的感情一起保持着同比例的增长,从而达到了高峰。(种族之间的斗争、胜利、相互和解、相互融合的全部历史,以及在每一次大的种族融合中各个民族元素最终确定等级秩序之前所发生的一切事情②,全都反映在诸神那杂乱无章的谱系之中,反映在有关他们的斗争、胜利与和解的传说之中;向着世界性帝国的前进道路,也总是向着世界性神灵的前进道路,而专制政体及其独立不羁的贵族[330]所进行的征服活动,又总是为某种一神教③开辟了道路。)基督教的上帝乃是迄今为止所达到的最高神灵,所以他的出现当然也使尘世间的罪欠感达到了最大值。假设我们逐渐进

---

① [Pütz版注]生物拟态(mimicry):指弱小动物在颜色和形体上模仿较强大的或通过其他方式得到保护的动物,或者与其环境保持一致。
② [KSA版注]以及在每一次大的种族融合中(……)所发生的一切事情:供初版用的手写付印稿上此处写作:以及在每一次大的民族融合中各个民族元素最终确定等级秩序的全部事实。
③ [Pütz版注]一神教:指只有唯一一个神灵的宗教观(例如犹太教、基督教、伊斯兰教),它与以国家为特征的高等文明发展阶段有着密切关联;一神教造成了部落和早期高等文明的多神教宗教观的解体。

入了逆向的运动之中,那么,我们就可以毫不犹豫地从不可阻挡的基督教信仰的衰退中得出结论:现在人类的罪欠感也已经明显减弱了;人们不可否认这样一种前景:无神论全面和最终的胜利或许会把人类从其对祖先、对 causa prima① 的全部负债感情中解脱出来。无神论和某种形式的第二次无辜是相辅相成的。——

21

关于"罪欠"、"义务"等概念与宗教前提之间的关联,暂且粗略地就讲这些;此前我故意不提这些概念原本的道德化问题(即将这些概念重新推回良知领域,或者确切地说,将良知谴责的概念与神的概念缠绕在一起),而且我在上一节结尾处的话语甚至会给人留下这样的印象,即这种道德化似乎根本不存在;因此,在这些概念的前提,即对我们的"债权人"——上帝的信仰崩溃以后,这些概念似乎也必然走到了尽头。然而可怕的是,事实并不与此相符。随着罪欠、义务等概念的道德化,随着这些概念被推回良知谴责的领域,确实产生过企图逆转上述发展方向,至少是让它停顿下来的尝试:现在恰恰应当悲观地放弃[331]那种希望一劳永逸地清偿债务的愿景,现在应当让人们的目光狠狠地撞在毫无希望可言的现实铁壁上,然后绝望地弹回,现在还应当使"罪欠"、"义务"等概念翻转回去——那么针对的到底是谁呢?毫无疑问:首先针对的是"债务人",在他的身上,"良知谴责"已经扎下根来,深入肌体,不断扩展,并且像息肉一样延展向一切广度和深度,最终他会产生债务根本无法解决的思想,随之也会产生偿还行为根本无济于事,根本不可能实现全部还清的想法(即"永恒的惩罚"的

---

① [Pütz版注] causa prima:拉丁文,即第一原因。在托马斯·阿奎那的哲学观念中,上帝作为创世者乃是第一原因,同时也是他自己的第一原因(即 causa sui,自因)。

思想)——,不过,矛头最终甚至指向了"债权人",人们在这时会联想到人的 causa prima;联想到人类种族的起源;联想到人类的祖先("亚当"、"原罪"、"非自由意志"),他们从此受到了诅咒;或者还会联想到自然,它曾经孕育了人类,所以从此以后恶的原则也被安放在了里面("自然的妖魔化");或者甚至联想到人生存在本身,它已经变得毫无价值可言(虚无主义式的脱离存在,渴望进入虚无,或者说渴望进入存在的对立面,即别样的存在、佛教或其他类似情况)——最后,我们面前突然出现了那个既自相矛盾又令人害怕的出路,而饱受折磨的人类终于找到了暂时的宽慰,那就是基督教的天才之作:上帝为了人的债务而牺牲自己,上帝让自己偿还自己,惟有上帝能够偿还人本身无法偿还的债务——债权人为了债务人而牺牲自己,这是出于爱(人们应该相信吗?——),是出于对他的债务人的爱!……

22

人们或许已经猜到,伴随着这一切以及在这一切之中究竟发生了什么:就是[332]那种自我虐待的意志,那种反向的残酷,它来自于那个被内在化的、被驱赶回自身的动物人,那个为了驯服的目的而被禁锢在"国家"中的人,他有着制造痛苦的欲望,而在发泄该种欲望的更为自然的途径遭到堵塞之后,他发明了良知谴责,为的是给自己制造痛苦,——这个怀着良知谴责的人将宗教的假定前提紧紧抓在手中,为的是使人的自我折磨恐怖到无以复加的程度。人欠着上帝的债:这一想法已经变成了他的刑具。他在"上帝"身上抓住了最终与他身上真正的、不可消除的动物本能相对立的东西,并且把这些动物本能解释为欠上帝的债务(看作是对"主",对"圣父",对人类始祖和世界起源的敌视、抗拒和反叛),他将自己置身于"上帝"和"魔鬼"的对立之中,他否定自己、否定自己本质的天性、自然性和真实性,但却对由自己派生出来的东西加以肯定,将其当作一种存在的、生动的、真实的东西,当作上帝、当作上帝的神圣之处、当作上帝的审判、当作上帝的、当作彼岸、当作永恒、当作无休止的折磨、当作地狱、当作永无止境的惩罚和罪欠。这是发生在残酷心灵中的一种绝无仅有的意志错乱:人的意志,认为自己的罪欠和卑鄙甚至到了不可救赎的地步;他的意志设想人理应受到惩罚,而惩罚绝不足以与其罪欠等价;他的意志力图用惩罚与罪欠的问题来污染和毒化事物最基本的原因,以便一劳永逸地切断他的出路,防止他走出这一"固定观念"①的迷宫;这种意志企图建立一种理念,——那就是"神圣的上帝"的理念——,为的是确证人在上帝面前一文不值。哦,人啊,就是疯癫而又可耻的野兽!他们的野兽行径一旦稍稍受到阻止,各种稀奇古怪的想法就会纷至沓来,他们的反常、他们的荒唐[333]和他们的兽性思想也会立即发作出来!……所有这一切都极其有趣,不过也具有一种黑色的、阴暗的、让人神经疲惫的哀伤,以至于人们不得不强行禁止自己,不要对这些深渊注视太久。毫无疑问,这是一种病,是迄今还在摧残人类的最可怕的疾病——如果还有谁能够听见(然而今天的人们对此已经不屑一顾!——),在这个充满了折磨与荒谬的黑夜,爱的呼喊,那种最令人渴求的陶醉的呼叫,那种在爱中寻求拯救的呼喊是如何响起的话,那么他会被一种不可克服的恐惧所控制,然后转身离去……人身上竟有如此之多可怕的东西!……地球成为疯人院已经太久了!……

23

这一切已经足以永久性地说明"神圣上帝"的来源。——有

---

① [译注]固定观念:参见本书第一章第 2 节和第 6 节。

关诸神的设想本身并不必然会导致这种幻想的拙劣化,然而,在历史上,我们总是不允许自己淡忘这一拙劣的幻想,哪怕是片刻也不行。近几千年来欧洲人已经将这种自戕自辱发展到了登峰造极的地步,但事实上存在着很多比这个更为高贵的方式,可以用来幻想诸神的故事——幸运的是,只要人们瞥一眼希腊的诸神,都会确信这一点。希腊诸神乃是高贵而又骄横的人类的反映,这些人内心深处的野兽也感觉自己被神圣化了,而不再是自我撕咬、自我摧残了!希腊人在漫长的时间里一直利用他们的诸神,就是为了能够远离"良知谴责",为了能够让自己的自由灵魂保持快乐:也就是说,用一种与基督教相反的理解 [334] 去利用他的神。这些出类拔萃、英勇无比的天真的家伙,他们在这方面走得太远了;一个不亚于荷马史诗中的宙斯的权威会不时地告知他们,他们的行事过于轻率。有一次,在谈到一个非常恶劣的事件,即埃癸斯托斯事件①时,宙斯这样说道:

  真是奇怪,这些凡人总喜欢埋怨天神!
  说什么灾祸都是我们降下的;然而
  他们却是由于糊涂,也由于违抗命运,才制造了自己
的不幸。

然而,人们在这里也同时听到和看到,这位奥林匹亚山上的旁观者和法官并没有因此怨恨他们,也没有把他们想得很坏:他在看到凡人胡作非为时,也只是在想,"他们可真愚蠢!"——"愚蠢"、

---

① [Pütz 版注]埃癸斯托斯(Ägisthos):古希腊神话中堤厄斯忒斯(Thyestes)与其女菲洛庇娅(Pelopeia)所生的儿子,杀死了自己的养父阿特柔斯(Atreus),夺取了迈锡尼(Mykene)的王位。后被阿伽门农驱逐,他又勾引了阿伽门农的妻子克吕泰涅斯特拉(Klytämnestra),谋杀了阿伽门农,后被阿伽门农的儿子俄瑞斯忒斯(Orest)杀死。下面的引文出自荷马史诗《奥德赛》(卷一,行 32—34)。

"无知",还有少许"精神错乱",这些就是希腊人在其最强大、最勇猛的年代里所认可的导致许多祸患和灾难的原因：——愚蠢，而不是罪！你们明白了吗？……不过，这里的精神错乱的确是个问题——"精神错乱是如何发生的呢？我们出身高贵、生活幸福、教育良好、地位显赫、品位高雅、品德高尚，我们的大脑是怎么患上这一毛病的呢？"——数百年来，高贵的希腊人每当遇到他们中的一员用其无法理解的残暴和恶行来玷污自己的时候，他们总会提出这样的问题。最后，他们会摇着头说："他肯定是受了某个神的迷惑。"……这是典型的希腊式的遁辞……在当时，诸神就是通过这种方式在一定程度上为人，甚至为人的恶劣行径作辩护，诸神变成了[335]恶的原因——在那个时候，诸神不会亲身去承担刑罚，而是承担罪欠，这样当然更高贵……

24

——可能有人会注意到，我是用二个悬而未决的疑问来结束这一章的。有人或许会问我："这里究竟是确立了一种理想，还是毁灭了一种理想呢？"……但是，你们究竟有没有彻底地问过自己，在尘世间建立任何一个理想需要付出多大的代价？人们又被迫歪曲和误解了多少事实、神圣化了多少谎言、搅乱了多少良知、又牺牲了多少"神灵"？为了建立一个神圣物，就必定要毁灭另一个神圣物：这是一个规律——谁能向我说出这个规律失灵的情况！……我们现代人，我们是数千年的良知解剖和自我虐待①的继承者：我们在这方面练习得最久，或许我们还展现了一定的艺术

---

① [Pütz 版注] 良知解剖和自我虐待（Gewissens-Vivisektion und Selbst-Thierquälerei）：此处解剖指的是在动物身上进行的活体解剖。活着的人通过基督教的奴隶道德将其自然形成的良知、他的动物性和他的本能欲求像"做手术一样"摘除了，并且以此折磨着人类高贵的、野兽般的天性。

才能,不管怎么说,我们在这个问题上有着娴熟的技巧和挑剔的口味。人们用"邪恶的目光"来观察自己的天然嗜好的时间太过久远,以至于天然的嗜好最终与"良知谴责"紧密结合在一起。从相反的角度进行尝试,从其自身来看是可能的——但是,谁有足够强大的力量去做这件事?——这就是说把非天然的嗜好,所有那些向往彼岸世界、向着违背感官知觉、向着违背本能,违背自然,违背动物本能的希望和抱负,一语概之,就是将迄今为止所有那些敌视生命、诋毁尘世的理想与良知谴责紧密地结合在一起。今天,这样的期望和要求又可以寄托在谁的身上呢?……这一点也许恰恰会遭到那些善良的人们的反对;顺理成章的还有那些安逸的、缺乏斗志的、虚荣的、狂热的、疲惫的人们……如果我们让人们注意到他们对待自身的严厉程度以及所达到的高度,那么又有什么能够比这样做更具侮辱性,能够更彻底地把人分离开来?[336]从另一方面来说——当我们和其他所有人一样行事,并且与他们"一同放纵",那么,他们对我们又会变得多么和蔼友善!……为了实现这个目标,就需要一些恰恰在这个时代不可能存在的另一种杰出人物:这些人物,他们受到战争和胜利的激励,他们将征服、冒险、危险,甚至是痛苦都变成了自身的需求;为了实现这个目标,就需要习惯凛冽的高山空气、冬日里的漫游和各式各样的冰雪和山峦,同时还需要一种崇高的恶毒,一种在人类身上所剩不多的最自信的认识勇气,而这勇气乃是非常健康的一种表现,因为人们已经太过卑微而且疾病缠身,所以恰恰需要这种伟大的健康!……如今的人们还能有这样的健康吗?……但是,在未来的某个时候,在一个比我们这个腐朽的、自我怀疑的现代更加强大的时代,那个人一定会来到,那是心怀伟大的爱和蔑视的救世之人,他就是创造精神,他那逼人的力量让他一再远离一切的偏远与彼岸,然而他的孤独却被民众误解为逃避现实——:而事实上,他的孤独只是意味着他在投身现实、埋头现实、深入现实,而其目的则是为了,如果将来有一天他重新回到公众视野的话,他能够从中找到拯救现实的方法并且把它带回家;也就是把现实从迄今为止的那些理想所加诸它的诅咒中拯救出来。这个未来的人,他同时也会把我们从先前的理想中拯救出来,把我们从这些理想所派生的东西中拯救出来,把我们从无限的憎恶中、从虚无意志中、从虚无主义中解救出来。他是正午的钟声①和伟大决定的钟声,他将让意志重新变得自由,让地球重新拥有自己的目标,让人重新获得希望。他是反基督主义者和反虚无主义者②,他是击败上帝和虚无的胜利者——他总有一天会来到……③

25

[337]——可是我还在说什么呢?够了!够了!我在这里应当做的只有一件事,那就是沉默;否则,我就是侵犯了专属于某个人的权利,这个人比我更年轻、更"代表未来",也更强大——这权力只属于扎拉图斯特拉,不信神的扎拉图斯特拉……

---

① [Pütz 版注]正午的钟声:参本书前言的第 1 节。
② [Pütz 版注]反基督主义者和反虚无主义者:在这里,尼采再次用简练的文笔清晰地表达出自己的观点,那就是这个备受期待的新人类不仅要克服基督教及其道德,同时也要克服悲观主义的与虚无主义的现代性。
③ [KSA 版注]带回家(……)他总有一天会来到:供初版用的手写付印稿上写作:"他将成为拯救现实的方法(……)这个未来的人,他将把我们从先前的理想中拯救出来,击败上帝的胜利者总有一天会来到。"后来又增加了第 25 节。

第三章　禁欲主义理念意味着什么？

无忧无虑、乐于嘲讽、刚强有力——这就是智慧对我们的期望；
智慧是个女人，她永远只爱一个武士。
——《扎拉图斯特拉如是说》①

1②

[339] 禁欲主义的理念意味着什么呢？——在艺术家看来是无所意味或者意味太多；在哲人和学者们看来，禁欲主义理念就好像是直觉和本能一类的东西，能够帮人觉察到高级精神活动所需的最有利条件；在女人看来，禁欲主义理念充其量不过是又一种可爱的诱惑，是漂亮肉体上的少许 morbidezza③，是一只漂亮而且胖乎乎的动物的柔嫩可爱之处；在生理上遭遇不幸的人和无法正常

---

① [Pütz 版注]无忧、嘲讽（……）：参尼采《扎拉图斯特拉如是说》第一卷，"论阅读和写作"。
② [KSA 版注]本节是后来加进去的，在供初版用的手写付印稿上，第 2 节原本是第三章的开始。
③ [Pütz 版注]morbidezza：意大利语，柔弱、虚弱。（[译按] 此处解释似乎有误，该词原是绘画术语，当是"柔美、细腻"之意。）

发挥生理功能的人看来(在大多数终有一死的凡人看来),禁欲主义理念意味着一种尝试,可以让他们感觉自己对于这个世界来说"太过优秀",是他们自我放纵的一种神圣形式,是他们与慢性痛苦和无聊进行斗争的主要武器;在祭司们看来①,禁欲主义理念乃是他们的真正信仰,是他们行使权力的最好工具,是他们追求权力的"最高"许可证;最后,在圣徒们看来,禁欲主义理念是他们冬眠的借口,是他们 novissima gloriae cupido②,是他们在虚无("上帝")中的安息,是他们精神错乱的形式。禁欲主义的理念对于人来说竟然有如此多的意义,这里表现出的乃是人类意志的基本事实,即他的 horror vacui③:人需要一个目标——人宁愿愿望虚无,也不愿空无愿望。——听清楚我说的话了吗?已经听懂了吗?……"完全没有!我的先生!"——那么,还是让我们从头开始吧。

2

[340]禁欲主义的理念意味着什么?——我还是举一个例子,因为经常有人问我这样的问题,一个像理查德·瓦格纳④这样

---

① [译注]在祭司们看来:参本书第一章第6节。
② [Pütz版注]novissima gloriae cupido:拉丁文,对于荣耀的最后渴求。
③ [Pütz版注]horror vacui:拉丁文,对于空虚的恐惧;在亚里士多德的术语中,该词表示的乃是人类天性中对于空旷空间的反感。
④ [Pütz版注]理查德·瓦格纳(Richard Wagner):1813-1883,德国乐队指挥、作曲家及文学家;从《漂泊的荷兰人》开始,他致力于创作具有德国特色的"乐剧"(Musikdrama),此前的意大利与法国式的歌剧形式会对咏叹调和宣叙调进行严格区分,而瓦格纳则让台词以吟诵的方式表现出来,并且以主导动机为通谱形式的音乐共同形成一个"乐剧"的整体,从而瓦解了传统的歌剧形式。
　　尼采与瓦格纳订交于1868年。在他的《肃剧诞生于音乐精神》中,尼采认为古希腊的悲剧是由为崇拜酒神狄俄尼索斯而进行的狄俄尼索斯式的合唱歌舞发展而来。而自从苏格拉底开启了启蒙进程之后,尼采认为艺术一直在衰落,他相信,他在瓦格纳的作品中找到了一种从音乐精神中诞生的肃剧的革新。
　　而在《不合时宜的沉思》的第四篇(1875/76)中,尽管尼采依然对　　(转下页)

的艺术家在其晚年竟然尊崇起贞洁禁欲来,这意味着什么呢? 当然,从某种意义上讲,瓦格纳一贯如此;但是直到其生命的最后时期,他才从禁欲主义的意义上去做这件事情。这种"意义"上的变化,这种意义上急剧的突变意味着什么呢?——因为这次突变是这样的,瓦格纳径直跳到了自己的对立面去。一个艺术家突然跳到了自己的对立面,这意味着什么呢?……假如我们要在这个问题上稍作停留的话,那么,我们马上就会回忆起那段时光,那或许是瓦格纳一生最美好、最强盛、最乐观、最勇敢的时光:那时候,瓦格纳在其内心深处反复构思《路德的婚礼》。有谁知道:究竟是由于哪些偶然的原因使得我们今天欣赏到的不是这出婚礼音乐,而是《工匠歌手》①呢? 而在后者中又或许有几多前者的旋律在继续

(接上页注④)瓦格纳的音乐给出了极高的评价,但他还是批评了瓦格纳的创作能力以及瓦格纳试图成为未来文化先驱的诉求。两人的友谊终结于1876年,就在瓦格纳在拜罗伊特实现了他的音乐节计划之后。在尼采后期的作品里,他将瓦格纳的作品分析并批判为文化颓废的表现。在《瓦格纳事件》与《尼采反瓦格纳》(均发表于1888年)中,尼采继续对他在《道德的谱系》中所发表过的针对瓦格纳的论断进行论证,例如瓦格纳在歌剧《帕西法尔》中很明显在向基督教靠拢(参见本章第3节)。

① [Pütz版注]《路德的婚礼》(……)《工匠歌手》:瓦格纳的歌剧《纽伦堡的工匠歌手》([译按] *Meistersinger von Nürnberg*,简称《工匠歌手》,国内也常译为《名歌手》。工匠歌曲或工匠诗歌乃是14-16世纪流行于德国的市民歌曲,歌手都是手工业工人,有专门的工匠歌曲学校和比赛。既能写词谱曲又在比赛中获得优胜者,被冠以"工匠歌手"的美称。)于1868年6月21日在汉斯·冯·彪罗([译按] Hans von Bülow,1830-1894,德国钢琴家和指挥家)的领导下于慕尼黑首次公演。在此之后,准确地说是在当年的8月19日和22日,瓦格纳记录下了他要创作一部名为《路德的婚礼》(*Luthers Hochzeit*)的话剧的一些想法。创作取材于当年的奥斯定会修士(Augustinermönch)及宗教改革家马丁·路德(1483-1546)与熙笃会修女(Zisterziensernonne)卡塔琳娜·冯·博拉([译按] Katharina von Bora,1499-1552,路德的妻子,原为修女,后还俗。)于1525年缔结的婚姻。在他的宣传小册子《论婚姻生活》(1522,*Vom ehlichen Leben*)中,马丁·路德提出,对于教士、修士与修女们而言,只要他们那自然的、由上帝赐予的性能力没有因为自然的限制或人为的影响而受到损害的话,那么他们所立下的关于保持贞洁和永不结婚的誓言是应当受到指责的。《路德的婚礼》的主题与构思与《工匠歌手》之间颇有一些 (转下页)

奏响？但是，毋庸置疑的是，在《路德的婚礼》中应当也颂扬了贞洁。不过同时也赞美了性欲：我认为，这样做才是正确的，这样也就是"瓦格纳式的风格"。因为在贞洁与性欲之间并不存在必然的对立；每一桩美好的婚姻，每一份真挚的爱情，都超越了这种对立。在我看来，瓦格纳本可以做一件好事，利用一部优美果敢的路德喜剧，让他的德国同胞再次把这件令人愉悦的事实记在心上，因为不论过去还是现在，一直都有许多德国人在污蔑中伤性欲；而路德最大的功绩，或许莫过于他敢于承认他的性欲［341］（当时的人们十分委婉地把性欲称为"福音新教的自由"……）。甚至就是在贞洁与性欲真的存在对立的情况下，这种对立也还远远不需要达到悲剧的地步。至少所有教养良好、心情愉快的凡人可能都会同意这种看法，他们不会同意把他们在"动物与天使"之间不稳定的平衡随随便便算作是反对生存（Dasein）的理由——他们中最杰出与最敏锐的人物，如歌德、哈菲兹①，甚至在这种不平衡中又看到了一种生命的魅力。正是这样的"矛盾"引诱着人们去生存……而在另一方面，不言而喻，如果有一天让不幸的猪去尊崇贞洁——确实有这样的猪！——它们只会在其中看到并且崇拜自己的反面，不幸的猪的反面——啊，它们又是用怎样可悲的咕噜声和热情去做这件事呀！人们可以设想一下——那种痛苦而又无谓的对立，毫无疑问，理查德·瓦格纳在其晚年就是想把这样的对立塞

（接上页注①）相似之处，尤其是体现在后者的第三幕中，即由民众表演的类似于合唱赞美诗的歌曲《醒来吧，天快亮了》（*Wach auf, es nahet gen den Tag*），该歌曲是为了向汉斯·萨克斯致敬（［译按］Hans Sachs，1494-1576，德国诗人，工匠诗歌的杰出代表，宗教改革的支持者）。在乐剧《工匠歌手》中，汉斯·萨克斯成为了保守反动的工匠歌手与以年轻的法兰克骑士瓦尔特·冯·施托尔青格（Walther von Stolzing）为代表的进步艺术之间的调解人。

① ［Pütz版注］哈菲兹（Hafis）：即沙姆斯·奥丁·穆罕默德（Schams od-Din Mohammed），1330-1389（［译按］有辞书认为是1325-1390，也有认为是1320-1388），波斯抒情诗人。

进乐曲,搬上舞台。人们或许可以问一句,这是为什么呢? 因为这些猪与他、与我们有什么相干呢?——

3

这里自然不能回避另外一个问题,那个男性的(啊,实际上是如此非男性化的)"乡下的天真汉"与瓦格纳到底有什么相干,也就是那个可怜鬼,那个质朴少年帕西法尔①,那个最后被瓦格纳用颇为难堪的手段变成了天主教徒的人——他是怎么做到的? 他是很认真地如此设想帕西法尔的吗? 因为有人可能已经尝试过从相反的角度去猜测,甚至是去盼望——盼望瓦格纳式的帕西法尔是轻松愉悦的,就好像音乐的终曲和悲剧之后的羊人剧②,悲剧家瓦格纳则希望借此用一种对他而言恰当而且隆重的方式来和我们,也和他自己,[342]和悲剧的所有一切做个告别,即毫无节制地对

---

① [Pütz 版注]帕西法尔(Parsifal):系理查德·瓦格纳同名的晚年作品中的主人公。该剧最早创作于 1857 年,但直到 1882 年才完成,是瓦格纳根据沃尔夫拉姆·冯·埃申巴赫(Wolfram von Eschenbach,约 1170-1220,德国中世纪宫廷史诗的最重要代表)的骑士教育小说《帕齐法尔》([译按] *Parzival*,约 1210 年,是德国文学史上第一部成长教育小说)改编而成的"舞台祭典型音乐节庆剧"(Bühnenweihfestspiel)。帕西法尔,是一个无知的傻瓜,他通过受的同情力量拯救了之前因受到孔德丽(Kundry)诱惑而受伤的禁欲的和基督教的圣杯骑士之王安福塔斯(Amfortas),而背后指使孔德丽的人则是邪恶的魔法师克林索尔(Klingsor)。在这里,瓦格纳将叔本华的同情学说与基督教的爱之教义融合在一起。如果说叔本华关于扬弃个人发展的观点早已为瓦格纳的歌剧"指环四部曲"中的《诸神的黄昏》(*Götterdämmerung*, 1869-74)以及《特里斯坦与伊索尔德》(*Tristan und Isolde*, 1859)中的情死(Liebestod)提供了思想基础的话,那么基督教的圣杯和拯救母题则可以追溯到《罗恩格林》(*Lohengrin*, 1848)与《唐豪森》(*Tannhäuser*, 1845)时期——但是与尼采的观点相反的是,有人认为,《帕西法尔》这部瓦格纳最后的作品实际上是在与其之前的作品决裂。
② [Pütz 版注]羊人剧(Satyrdrama):在古希腊狄俄尼索斯崇拜祭典中,在酒神颂歌(Dithyramben)与场景式的神秘宗教仪式(悲剧)之后,会有一个羊人剧([译按]国内又译为萨堤尔剧,即酒神的跟班萨堤尔,是半人半羊的淫荡小神),喜剧就是由此发展而来。

悲剧性进行最高程度的、也最具嘲弄态度的戏仿,这戏仿同时也针对以往尘世间一切可怕的严肃与悲惨,针对反自然的禁欲主义理想中的那个终于被人们克服了的最粗暴的形式。我说过,如果真的这样做,对于一位伟大的悲剧家而言那将是隆重庄严的:与所有艺术家一样,一个伟大的悲剧家只有学会了俯视他自己和他的艺术以后——只有当他学会了嘲笑他自己以后,才能达到他的伟大的最后顶点。瓦格纳的《帕西法尔》是否意味着他对自己的秘密的蔑视和嘲笑呢?是否意味着他成功地获得了最后的和最高的艺术家自由,并且到达了艺术家的彼岸呢?我说过,人们希望是这样:因为一个严肃认真的帕西法尔又会是个什么样子呢?人们是否真的有必要(就像以前有人对我做过的那样)把他看成是"某种针对认识、精神和性欲的疯狂的仇恨所诞下的畸形产物"吗?看成是同时针对感官与精神的仇恨诅咒吗?看成是他对信仰的背叛,看成是他对那些基督教的病态理想和蒙昧主义理想的回归吗?最后甚至可以看成是一个艺术家本人的自我否定和自我取消吗?也就是一位迄今为止一直都在用他意志的全部力量去追求完全相反的东西,即让他的艺术达到最高的精神化与情欲化(不仅仅是他的艺术:也包括他的生活)的艺术家,他在自我否定和自我取消吗?我们记得,瓦格纳当年是怎样热情地追随哲人费尔巴哈①的脚步:费尔巴哈所说的"健康的性欲"②——这在三十年代与四十

---

① [Pütz 版注]费尔巴哈:路德维希·费尔巴哈(Ludwig Feuerbach,1804-1872),德国哲学家,具有唯物主义与无神论基本思想的所谓的黑格尔左派。瓦格纳从 1849 年开始接触费尔巴哈的著作,他在自传中提到了费尔巴哈的《论死与不朽》(*Tod und Unsterblichkeit*,1830)和《基督教的本质》(*Das Wesen des Christentums*,1841);而在《基督教的本质》一书中,费尔巴哈将对上帝的信仰解释为人类自我意识的超验投射。

② [译注]"健康的性欲":参费尔巴哈,《未来哲学原理》(*Grundsätze der Philosophie der Zukunft*),苏黎世,1843 年出版,§31ff。

年代许多与瓦格纳同辈的德国人(——他们自称为"青年德意志人"①)听起来就像是拯救世界的语言。他最终改变观念了吗？因为至少他最后看起来似乎有改弦易帜的意愿……而且不仅仅是从舞台上用帕西法尔的长号②向观众鼓吹：——在他晚年那昏晦、拘谨而又迷惘的重复写作③中，有上百处地方［343］流露出一种隐私的期望和意志，一种胆怯的、不确定的、他自己也不愿意承认的意志，那就是真正地去劝诫大家拥护回归、皈依、否定、基督教、中世纪，并且去告诉他的信徒们说："这里只有虚无！到别的地方去寻找救赎吧！"他甚至还呼唤起了"救世主的血"④……

4

让我就这种十分尴尬的情况发表一下我的看法——这是一种很典型的情况——：我们最好是把一个艺术家和他的作品远远地分开，我们不必像对待他的作品那样认真地对待他本人。说到底，他只不过是他的作品的先决条件、母腹、土壤、也可能是作品赖以生长的粪肥——所以在绝大多数情况下，要想欣赏艺

---

① ［Pütz版注］"青年德意志人"（die "jungen Deutschen"）：在法国1830年七月革命之后，"青年德意志"（junges Deutschland）一词主要用于称呼以海涅、伯尔纳（［译按］Ludwig Börne, 1786-1837, 德国政论家与文学评论家，青年德意志派的主要人物）为中心的自由革命派作家，尤其是跟踪迫害这些作家的德国国家机构经常使用该词。

② ［Pütz版注］帕西法尔的长号：在瓦格纳《帕西法尔》的前奏曲中，长号负责传达"信仰的母题"。

③ ［Pütz版注］重复写作：例如在瓦格纳的论著《英雄气概与基督教》（*Heldentum und Christentum*, 1881）中对他的另一本论著《宗教与艺术》（［译按］*Religion und Kunst*, 1880, 在瓦格纳创作《帕西法尔》期间写成）进行了解释与阐发，特别是阐发章节的第二部分。

④ ［Pütz版注］"救世主的血"：瓦格纳在《英雄气概与基督教》中提到了这个词（参见瓦格纳，《论著与创作全集》［*Gesammelte Schriften und Dichtungen*］，第10卷，莱比锡，1907年第4版，第280-285页）。

术作品,就必须把艺术家当作某种必须忘掉的东西。深究一部作品的来历乃是那些精神意义上的生理学家和解剖学家们的事:和审美的人、和艺术家毫无关系,而且永无关系!在《帕西法尔》的创作者与导演身上保留了一种深入的、彻底的、甚至是可怕的、向着中世纪式的灵魂分裂过渡和堕落的倾向,保留了一种恶意地远离精神的一切高度、严肃和规范①的倾向,以及一种智力上的性变态(请容许我使用这个词),就好像一个怀孕的妇女很难避免妊娠期的呕吐和怪癖:所以,如前所述,为了享受婴儿带来的快乐,我们就必须遗忘这些。我们应当提防一种错误观念,这也是一个艺术家自己很容易陷入的误区,按照英国人的话说,这是由于心理学上的 contiguity②:似乎艺术家本人就是他所能展现、所能构思、所能表达的东西。而事实上,如果他真是如此,那他就绝对不会去表现、去构思、[344]去表达这些东西;假如荷马就是阿喀琉斯,而歌德就是浮士德的话,那么荷马和歌德就不会去塑造阿喀琉斯和浮士德了③。一个完美全面的艺术家永远总是与"真实"、与现实相分离的;不过我们也可以理解,艺术家有时也会对他内心最深处的这种永恒的"失真"和虚假感到厌倦,甚至绝望——所以他接下来就有可能会尝试着做一些对于他来说最犯禁的事,那就是向真实挺进,去变得真实。结果如何呢?我们可以猜测到……这就是典型的艺术家的单纯愿望(Velleität):这就是连老迈的瓦格纳都迷恋的单纯愿望,他为此不得不承受昂贵而且惨重的代价(——他为此失去了他最有价

---

① [KSA版注]一种恶意地(……)规范:供初版用的手写付印稿上写作:"毫无顾忌地远离精神的一切光亮和美妙"。
② [Pütz版注]contiguity:英语,"相邻联想",即想象或概念之间在空间或时间上的接触、接近;这是英国经验主义联想主义心理学的一大联结原则。参本书第一章第1节的脚注"一种盲目和偶然的观念网络和观念机制"。
③ [KSA版注]假如荷马就是(……)不会去塑造阿喀琉斯和浮士德了:参《人性的、太人性的》(上卷)的格言211"阿喀琉斯与荷马"。

值的朋友)。但是最后还有一点,如果撇开这种单纯的愿望不谈,为了瓦格纳着想,谁又不希望他用另外的方式来与我们以及他的艺术做个告别,不是用某个《帕西法尔》,而是以更成功、更自信、更具瓦格纳风格的方式——谁又不希望在他的整体意志中能少些故弄玄虚、少些模棱两可、少些叔本华的影响、少些虚无主义呢?……

5

——那么禁欲主义理想究竟意味着什么呢?如果是对于一位艺术家来说的话,我们可以径直理解为:毫无意味!……或者意味太多,其实也等于毫无意味!……那我们就先忽略艺术家:这些艺术家①反正长期以来就因无法独立于世界和无法反抗世界而使得他们的价值观及其转变本身难以得到重视!不论在什么年代,它们都是某种道德、某种哲学或某种宗教的仆从;而且很遗憾,除此以外,他们还经常像宫廷弄臣一样对他们的支持者和资助者曲意逢迎,并且像个善于察言观色的佞臣一样[345]在新旧暴力面前阿谀奉承。至少他们总是需要一个护卫、一个支柱,需要已经确立的权威的保护:艺术家从不代表自己,独立自主违背他们最内在的本能。所以比如当"时机一成熟",理查德·瓦格纳就把哲人叔本华当作他的保护人、他的护卫:——如果没有叔本华哲学为其提供的支持,没有叔本华在七十年代欧洲的显赫声望与权威,谁又能想象瓦格纳会有勇气尊崇禁欲主义的理想呢?(而且我们尚未考虑到,在新的德意志帝国里,一

---

① [KSA版注]那我们就先(……)这些艺术家;尼采私人自用本(*He*)上写作:"最后,由此又能产生什么呢!——这些艺术家先生们。"

个艺术家如果没有虔诚的思想的乳汁,没有忠于帝国的思想的乳汁①是否能够存在下去。)——我们在这里遇到了一个更为严峻的问题:如果一个真正的哲人,一个像叔本华那样有着真正独立精神的人,一个目光坚定的男人和骑士,他有自主的勇气,懂得如何独立,而不是等着有人来给他保护和来自更高层次的指示,如果这样的人信奉禁欲主义理想,这又意味着什么呢?②——现在让我们马上来探讨一下叔本华那奇特的、对于有些人而言甚至是迷人的艺术观:因为很显然,首先是这一艺术观促使理查德·瓦格纳投向叔本华(众所周知,是诗人赫尔韦格③说服了他④),这样一来,也使得瓦格纳的早期和晚期的美学信仰之间就出现了全面的理论对立——例如,早期观点反映在《歌剧与戏剧》⑤之中,而晚期观点则出现在 1870 年以后出版的

---

① [Pütz 版注]虔诚的思想的乳汁,忠于帝国的思想的乳汁:此处借用的乃是席勒的诗剧《威廉·退尔》的用语(第四幕,第三场,行 2574:"虔诚的思想的乳汁"),同时影射 1871 年德意志第二帝国成立之后德国经济繁荣时期(Gründerjahre)的爱国主义思想。
② [KSA 版注]我们在这里遇到了一个更为严峻的问题(……)这又意味着什么呢:此部分在尼采私人自用本(He)上被删去。
③ [Pütz 版注]赫尔韦格(Georg Herwegh):1815-1875,德国抒情诗人;曾在 1848 年参与过巴登起义者的革命运动,之则与瓦格纳(参加了德累斯顿革命)一样逃亡去了瑞士。在那里,1854 年 9 月,赫尔韦格将叔本华的著作《作为意志和表象的世界》赠给了瓦格纳。
④ [KSA 版注]理查德·瓦格纳(……)赫尔韦格说服了他:参瓦格纳的自传《我的一生》(Mein Leben),编者为 Martin Gregor-Dellin,慕尼黑,1969 年出版,第 521-522 页。而尼采读到的则是私人印制的三卷本的瓦格纳自传:第一卷(1813-1842),第二卷(1842-1850),第三卷(1850-1862),三个部分分别在 1870 年、1872 年和 1875 年印刷于巴塞尔。而第四卷(1862-1864)则在 1880 年印刷于拜罗伊特,而尼米应当没有读到过这个部分;参编者 Martin Gregor-Dellin 为其编撰的瓦格纳自传所撰写的后记。
⑤ [Pütz 版注]《歌剧与戏剧》(Oper und Drama):在这部完成于 1851 年的著作中,瓦格纳提出了他对未来"乐剧"(Musikdrama)的初步构想。参本章第 2 节[Pütz 版注]"理查德·瓦格纳"。

作品①之中。也许最令人惊讶的是,瓦格纳从此以后便毫无顾忌地改变了他对音乐自身价值与地位的判断:在此之前,他一直把音乐当作是一种手段、一种媒介、一个"女人",这个女人需要有一个目的、一个男人,才能够成长发育——即发展为戏剧,[346]而这对他已不再重要!瓦格纳突然意识到,运用叔本华的理论和创新,就可以在 majorem musicae gloriam② 方面大有可为——也就是音乐拥有主权,或者正如叔本华所理解的那样:音乐应当与其他所有艺术有所区别,应当是自在自为的独立艺术,它不应该像其他艺术那样只限于反映与摹仿现象,而是应该更多地成为意志自我表达的语言,它直接来自于"灵魂深处",是对灵魂深处最自我、最原始、最直接的揭示。这种音乐价值的急剧上升似乎是从叔本华哲学当中发展成熟起来的,而与此相应的是,那位音乐家本人也得到了前所未有的骤然增值:他从此成了一道神谕(Orakel),一位祭司,而且不仅仅是祭司,而是"自在"之物的代言人,是彼岸世界的远程传声筒——他成了上帝的心腹发言人,他从此不再仅仅谈论音乐——而是开始谈论形而上学:所以他终于有一天谈起了禁欲主义的理想,这又何足为怪呢?……

---

① [Pütz版注]1870年以后出版的作品:如果说瓦格纳在《歌剧与戏剧》中还在反对那种与戏剧分离的、绝对化的音乐的话,那么从1870年起,他开始主张音乐乃是建构所有戏剧结构的唯一条件。这一转变正是在叔本华的影响下完成的,在叔本华看来,在所有艺术门类中,音乐最为突出,因为它客观化的不是现象,而是自在自为的意志。

② [Pütz版注]majorem musicae gloriam:拉丁文,"为了音乐更高的荣耀"(或"愈显音乐荣耀");这里尼采套用的乃是 ad majorem Dei gloriam([译按]天主教耶稣会的信条,即"愈显主荣")。

6

叔本华利用了康德对美学问题的阐述①——尽管叔本华肯定没有用康德的眼光看问题。康德意图向艺术表达一种尊敬,而他的做法就是在美的那些谓词(或属性)当中偏爱那些使认识变得荣耀的谓词(或属性),并且将它们放在显要位置:即非个体性和普遍有效性(Unpersönlichkeit und Allgemeingültigkeit)。我们在这里姑且不论,这在根本上是不是一个错误选择;我只想强调一点,康德同其他所有哲人一样,不是从艺术家(创造者)的经验出发去锁定美学问题,而是仅仅从"观察者"的角度出发去思考艺术和美的问题,而且还不知不觉地将"观察者"本身也塞进了"美"的概念之中。要是那些[347]研究美的哲人们对这样的"观察者"有足够了解该多好啊!——即了解到这样的"观察者"乃是一种伟大的、具有个人色彩的事实与经验,乃是在美的领域内最自我的强烈体验、欲望、惊奇和陶醉的一种集合!但是正如我所担心的那样,事实总是与此相反;从一开始,我们就立即从那些哲人那里获得了各种定义,这些定义与康德那个著名的关于美的定义一样,它们都犯了一个根本性错误,这错误仿佛一条肥大的蛀虫侵扰着它们,即这些定义都缺乏更为细致的自我体验。康德说:"美就是无利害心(ohne Interesse)而且给人愉悦的东西。"无利害心!让我们把这个定义与另一个定义比较一下,后者是由一位真正的"观察者"和艺术家做出的——他就是司汤达②,司汤达把美称为 une promesse

---

① [Pütz 版注]康德对美学问题的阐述:康德在《判断力批判》(1790)中,在"美的分析论"中,他系统地分析了审美判断的四个契机,而尼采在这里将引述的乃是第二个契机("非个体性与普遍有效性",§6)和第一个契机("无利害心",§2)。

② [Pütz 版注]司汤达(Stendhal):原名亨利·贝尔(Henri Beyle, 1783—1842),法国作家。

de bonheur①。可以肯定的是,这种看法恰恰否定和排除了康德在审美状态中想要单独强调的东西:le désintéressement②。到底谁是正确的,是康德还是司汤达?——我们的美学家们当然会往有利于康德一边的秤盘加砝码,他们说,美的魔力甚至能使人"无利害心"地观看女人的裸体像,人们也许会对他们的良苦用心忍俊不禁——在这一棘手的问题上,艺术家们的经验倒是"更具利害心的",而皮格马利翁③无论如何都肯定不是一个"不会审美的人"。我们会因此愈加肯定我们的美学家们的无辜和清白,他们的无辜与清白就反映在之前的那些论据里,比如,康德就惯于带着乡村牧师般的纯真来讲授触觉的特性④,让我们把这看作他的荣耀!——让我们回到叔本华这里,他以完全不同于康德的方式接触艺术,但却没有摆脱康德定义的束缚:这是怎么回事?叔本华用最为私人的方式,而且从某种对他而言一定是最为日常的经验出发,来诠释"无利害心"这一词汇。这一情况是非常奇特的。[348] 叔本华在谈论其他问题时,很少像谈论美学沉思的效用⑤时那样语气如此坚定:他宣称,美学沉思的效用恰恰与性欲

---

① [KSA 版注]une promesse de bonheur:法文,"一种对幸福的应许";参司汤达,《罗马、那不勒斯和佛罗伦萨》(*Rome, Naples et Florence*),巴黎,1854 年出版,尼采生前藏书,第 30 页:"La beauté n'est jamais, ce me semble, qu'une promesse de bonheur"[我认为,美永远是一种对幸福的应许]。
② [Pütz 版注]le désintéressement:法文,无利害心。
③ [Pütz 版注]皮格马利翁(Pygmalion):古希腊神话中的人物;塞浦路斯的国王,善雕刻,他爱上了一个由他本人创作的少女雕像。
④ [Pütz 版注]康德(……)触觉的特性:参见康德,《实用人类学》(*Anthropologie in pragmatischer Hinsicht*)中的"论触觉"(Vom Sinne der Betastung),1798 年第 1 版,第 48 页。
⑤ [Pütz 版注]美学沉思的效用:参叔本华,《作为意志和表象的世界》,第一卷,第三篇,§ 34ff。

上的"利害心"针锋相对,它们就像蛇麻腺与樟脑①一样互不兼容,他不厌其烦地把这种对"意志"的摆脱赞美为审美状态的巨大优越性和用途。有人或许已经试着提出过疑问,叔本华关于"意志与表象"的基本构想,即只有通过"表象"才能使人从"意志"中解脱出来的这一思想,难道不是起源于一种性体验的泛化吗?(顺便提一下,在有关叔本华哲学的所有问题上,都不能忽略一点,即它是一个二十六岁的年轻人的构想;因此,这一哲学体现的既是叔本华的特点,也是生命在那个季节的特点。)比如,如果我们倾听一下,叔本华为赞颂审美状态而写的无数篇章中最为清楚明确的一段(《作为意志和表象的世界》第一卷,第231页②),我们就可以从中听出他的语气,听出痛苦、幸福、还有感激,而正是感激之情才让他说出了下面的话:"这就是没有痛苦的状态,伊壁鸠鲁③称之为至善和神的境界;原来我们在这样的瞬间已摆脱了可耻的意志之驱使,我们为得免于欲求强加给我们的劳役而庆祝安息日④,这时伊克西翁的转火轮⑤停止转动了"……多么激烈的言辞!多么痛苦、漫长、厌烦的景象!而"这样的瞬间"与"伊克西翁的转火

---

① [Pütz版注]蛇麻腺和樟脑:蛇麻腺(Lupulin,[译按]又译为忽布素):啤酒花中的苦味成分,用于啤酒酿造,也可在医学上用作镇静剂;樟脑(Kampher):提炼自东南亚一带生长的樟树树干,有消炎和抑制性欲的功效([译按]此处似乎有误,中医上樟脑有促进性欲的作用,而西方也有将樟脑用作兴奋剂的历史,而且从前后逻辑看,蛇麻腺起到镇静作用,那么樟脑应该起相反的兴奋作用才对)。
② [Pütz版注]《作为意志和表象的世界》第一卷,第231页:尼采这里所采用的文献及页码出自富劳恩施德特([译按] Julius Frauenstädt,1813-1879,德国哲学家,与叔本华交好)编辑的版本。
③ [译注]伊壁鸠鲁(Epikuros):公元前341-271年,古希腊哲人,其哲学核心就是伦理学。
④ [译注]安息日(Sabbat):参本书第一章第10节的译注犹太教安息日。
⑤ [Pütz版注]伊克西翁的转火轮(Rad des Ixion):在古希腊神话中,伊克西翁因为对人和神都做出了极端的行为而受罚,被绑在一个永远转动的轮子上,并且受到复仇女神的永恒折磨。([译按]另请参考本书第二章第3节的Pütz版注轮碟之刑。)

轮"、"欲求强加给我们的苦役"、"可耻的意志之驱使"之间构成了近乎于病态的时间对照！——但是，即使叔本华就他个人的角度而言是百分之百的正确，这对于我们洞见美的本质又有什么用呢？叔本华曾描述了美的一个效用，即平静意志(willen-calmirend)的效用——但这也是一种常规的效用吗？如前所述，从气质禀赋上看，司汤达的感性并不逊于叔本华，但却［349］生活得比叔本华更幸福，他提出了美的另一个效用："美应许幸福"。在他看来，意志(利害心)的兴奋(Erregung des Willens)通过美而成为事实。有人或许会专门反驳叔本华本人，说他在这里非常错误地把自己看作是康德主义者，而他根本就没有用康德的方式来理解康德关于美的定义——说美带给他的愉悦也是因为一种"利害心"，甚至是出于最强烈、最私人的利害心：那就是饱受折磨的人想要摆脱折磨的利害心……现在让我们回到最初的那个问题上："一个哲人信奉禁欲主义的理想，这意味着什么呢？"我们在这里至少获得了第一个提示：他欲求摆脱某种折磨(Tortur)。——

7

我们不要一听到"折磨"这个词就摆出阴沉的面孔：恰恰在这种情况下，我们会有足够的理由期待出现相反的东西、分散注意力的东西——甚至还有某些好笑的东西。我们尤其不能忽略，叔本华在事实上把性(连同性的工具，即女人这个 instrumentum diaboli①)当作自己的私敌，他必须有敌人，为的是保持愉悦和乐观；他热爱暴烈恶毒、充满怨恨的言语；他出于热情，为了发火而发火；

---

① ［Pütz 版注］instrumentum diaboli：拉丁文，"恶魔的工具"；参叔本华，《附录与补遗》(Parerga und Paralipomena)，第二卷，第 27 章("论女人"[Über die Weiber])。

假如没有敌人、没有黑格尔①、没有女人、没有性以及没有生存与在此停留的全部意志的话,他就会生病,就会成为一个悲观主义者(——因为他并不是一个悲观主义者,尽管他非常希望如此)。我们可以打赌,如果不是这样,叔本华就不会在此停留,他就会离开这里:但是他的敌人紧紧抓住他不放,他的敌人反复不断地引诱他去生存;他和古代的犬儒主义者②完全一样,他的怒火就是他的提神饮料、他的休养、他的报酬、[350] 他的止吐药、他的幸福。这一切都是叔本华最私人的事情;但另一方面在他身上还有某些具有典型意义的东西,——这样我们才回到了我们的问题上。毋庸争议,只要尘世间有哲人存在,只要是曾经存在过哲人的地方(从印度到英国,谨举两种截然相对的哲学气质为例),随处都有哲人对性欲表现出真正的神经过敏和仇视——叔本华可以说只是上述情感的最为雄辩的爆发形式,而且如果我们仔细倾听的话,就会发现,他也是最吸引人的和最令人陶醉的——;同时,哲人们对全部禁欲主义理想有着真正的偏爱和热忱,对此我们应当开诚布公。如前所述,这两种倾向都很典型;如果一个哲人缺少这两点,那么——我们可以肯定地说——他只是一个"所谓的"哲人。为什么要这样说呢?因为我们首先必须将下面这一事实解释清楚:哲人如同所有的"物自体",他永远都只是愚蠢地依托自身而存在。

---

① [Pütz 版注]黑格尔:格奥尔格·威廉·弗里德里希·黑格尔(Georg Wilhelm Friedrich Hegel),1770-1831,德国哲学家。他的唯心主义学说主张,绝对精神通过辩证发展返回自身。这一观点遭到了叔本华的猛烈攻击(例如在叔本华的《论道德的基础》的第一版前言中就是如此,1840 年出版)。([译按]传说叔本华在柏林大学授课时不如黑格尔受欢迎,后来又打官司输给了一个女人,尼采在这里以及后文中似乎对此有所影射。)

② [Pütz 版注]古代的犬儒主义者:古希腊的犬儒(Kyniker)学派是由安提斯泰尼(Antisthenes,公元前 444-368 年)创立,其目标是过上一种清心寡欲、不受国家与宗教约束的生活。直到后来,犬儒主义(Kynismus)才转变为一种蔑视所有文化价值与规范的近代犬儒主义或玩世不恭(Zynismus)。

任何动物,所以也包括 la bête philosophe①,他们都本能地致力于争取最佳的生存条件,以便能够充分释放其力量,并且最大限度地满足其权力感;任何动物也会同样本能地、并以一种"高于一切理性"的敏锐嗅觉,断然排斥所有阻挡或有可能阻挡他通向最佳生存环境之路的捣乱分子和障碍(——我所说的路,并不通向"幸福",而是通向强力、通向行动、通向最强力的行动的道路,而在大多数情况下,这其实是通向不幸的道路)。因此,哲人对婚姻连同那些试图劝人结婚的说教都深恶痛绝,——婚姻乃是哲人通往最佳生存环境道路上的障碍和灾难。迄今为止,有哪些伟大的哲人结过婚?赫拉克利特、柏拉图、笛卡尔②、斯宾诺莎、莱布尼茨③、康德,叔本华——他们都不曾结过婚,我们甚至都不可能设想他们会结婚。一个已婚的哲人,[351] 就是喜剧人物了,这是我提出的一个定律:苏格拉底④是个例外,阴险的他玩世不恭地结了婚,似乎就是专门为了演示我的这个定律。每一个哲人在得知儿子降生的时候,也许都会像佛⑤那样说:"罗睺罗(Râhula)诞生了,枷锁出现了⑥。"(罗睺罗在这里是指"小魔头"的意思。)每一个具有"自由精神"的人,如果以前是无忧无虑的话,那他这时必定会像佛陀曾经遇到的那样经历一个沉思时刻——"佛自忖道,家中生活太多压抑,家是不洁之地,离家出走方是自由":"想到此处,他便离

---

① [Pütz 版注]la bête philosophe:法文,会哲学思考的动物。
② [Pütz 版注]笛卡尔:勒内·笛卡尔(Réne Descartes),1596-1650,法国哲学家、数学家与自然科学家。
③ [Pütz 版注]莱布尼茨:戈特弗里德·威廉·莱布尼茨(Gottfried Wilhelm Leibniz),1646-1716,德国哲学家,物理学家,数学家,历史学家和外交家。
④ [Pütz 版注]苏格拉底(Sokrates):公元前 469-399 年,古希腊哲人,娶了克珊提珀(Xanthippe)为妻,据传说,他的妻子给他的生活带来了很大困扰。
⑤ [Pütz 版注]佛:参本书前言第 5 节 Pütz 版注佛教。
⑥ [KSA 版注]罗睺罗诞生了,枷锁出现了:参 H. Oldenberg 的著作《佛陀——生平、学说与信徒》(*Buddha. Sein Leben, seine Lehre, seine Gemeinde*),柏林,1881 年出版,第 122 页。(尼采生前藏书。)

家而去"①。禁欲主义理想指出了如此之多的通往独立性的桥梁,所以,哲人在听到所有那些果敢的人有一天对着各种不自由说不,并且遁入荒漠②的故事时,其内心总是按捺不住欢呼雀跃:即使那些所谓果敢的人只不过是些强壮的驴子,完完全全就是强健精神的反面。那么,对一位哲人来说,禁欲主义的理想意味着什么呢?我的回答是——或许人们早已猜到:哲人可以微笑着看到,最高尚和勇猛的精神所适宜的最佳生存条件似乎就在眼前,触手可及——他并不以此来否定"存在",而是在这里更加肯定他的存在,而且仅仅是他自己的存在;这种态度或许会膨胀到能够使他们萌生这样罪恶的愿望:pereat mundus, fiat philosophia, fiat philosophus, fiam!③ ……

8

我们看到,这些哲人,他们并不是评判禁欲主义理想价值的公正的证人和法官!他们只考虑自己——"圣人"与他们何干!他们考虑的只是对他们不可或缺的东西:[352]他们想要自由,摆脱强迫、干扰、喧闹、事务、责任、烦恼;他们想要头脑清明;他们想要思想舞蹈、跳跃和飞翔;他们想呼吸到清新的空气,它稀薄、纯净、

---

① [KSA 版注]"佛自忖道(……)他便离家而去":参见 H. Oldenberg 的著作《佛陀——生平、学说与信徒》,第 124 页。
② [译注]遁入荒漠:参本书第一章第 6 节 Pütz 版注进入荒漠。
③ [Pütz 版注]pereat…fiam:拉丁文,"即使世界毁灭,也要让哲学实现,让哲人实现,让我实现"。([译按] 此处套用的乃是神圣罗马帝国皇帝斐迪南一世[Ferdinand I,1503-1564]的名言 Fiat justicia et pereat mundus[即使世界毁灭,也要实现正义]。另参叔本华,《附录与补遗》,第 2 卷,第 15 章,"论宗教"之"宗教对话"中费拉勒修斯说:"不能这么推论! 我就不明白,因为别人幼稚愚蠢,我就得对一大堆谎言惟命是从? 我只崇尚真理,绝不会对与其相悖的东西俯身相就。我的信条是'即使世界毁灭,真理永存'(vigeat veritas, et pereat mundus),这就如同学法律的人的准则是:'即使世界毁灭,也要实现正义'。任何职业都应当有类似的准则。")

自由、干燥,就像是山巅的风,能够让所有动物都增长才智,展翅高飞;他们想要所有的地下区域①保持安宁;他们希望把所有的狗都系上链子;他们不想要敌意和仇恨的吠叫;不想要畸形野心的啃啮;他们想要节俭顺从的内脏,让它们如同磨盘一样勤奋工作,但却与它们保持较远的距离;他们想要的心是陌生的、彼岸的、未来的、身后的,——总而言之,他们所设想的禁欲主义理想,是一种神圣化、羽翼丰满的动物的轻松愉快的禁欲主义,这种动物翱翔于生活之上而不是安于生活。人们都知道,禁欲主义理想的三个伟大的光辉口号是:贫穷、谦卑、贞洁:现在,如果人们从近处仔细观察一下所有伟大的、有成就的和富于创造的思想家的生活——人们总能从中或多或少重新找到所有这三个特点。不难理解,这些看起来似乎都是他们的"美德",但事实完全不是如此——这样的人要美德有何用!——这些是他们实现最佳生存和获取最优秀成果的最基本与最自然的条件。当然,他们那处于支配地位的才智,很有可能必须首先用来约束一种无所节制、容易爆发的傲慢或者一种放纵不羁的性欲,或者也许在面对一种追求奢侈和精致的倾向以及在面对一种挥霍性的自由时,他们的才智竭尽全力也只能非常艰难地维持他们遁入"荒漠"的意志②。但是,他们的才智成功了,作为处于支配地位的本能,它在所有其他本能那里都贯彻了自己的要求——它现在还在这样做;若不如此,它就不可能居于支配地位。这里没有任何有关"美德"的问题。另外,我刚才说的那个荒漠,即那些天性强健和独立的思想家退避隐居之所,也和那些有教养的人士所梦想的荒漠大相径庭,也许[353]这些有教养的人,他们本身就是荒漠。不过,可以肯定的是,所有精神的演员都根本无法忍受荒漠——对他们来说,荒漠远远不够浪漫,不够叙利

---

① [Pütz版注]地下区域(Souterrain):本是法语词,即"地下室"之意;这里转义为人的低级的需求。
② [译注]遁入"荒漠"的意志:参本书第一章第6节Pütz版注进入荒漠。

亚风情①，不够像戏剧沙漠！不过，那里并不缺少骆驼；但里面全部都是与骆驼相似的东西。那或许是一种人为的阴暗朦胧；是一种对自身的逃避；一种对喧嚣、神圣崇拜、报纸、影响的畏惧；是一个卑微的职位，一种琐碎的日常生活，是某些东西，这些东西隐藏的部分多于其暴露的部分；偶尔与欢乐无害的鸟兽交流，颐养身心；也许是一座用来社交的山脉②，这山并不沉寂，山上有眼（是为湖）；也许甚至是在某家拥挤的寻常客栈中的一间斗室，人们在那里肯定会被人错认，而且可以不受惩罚地与任何人聊天——这就是"荒漠"：请相信我，那里是非常孤寂的！必须要承认，如果赫拉克利特退居到巨大的阿尔忒弥斯神庙③的庭院和柱廊之中，那样的"荒漠"无疑是更庄严的：为什么我们没有这样的神庙？（——我们或许并不缺少这类神庙：这倒使我想起了我那美妙无比的书房，即 Piazza di San Marco④，前提必须是春天，同时需要在上午 10 到 12 点的时候。）而赫拉克利特当年要逃避的正是我们现在急于避免的：噪音和以弗所人那些民主主义式的聒噪，他们的政治，他们关于"帝国"⑤的新闻（我讲的是波斯帝国），还有他们关于"今天"的种种鸡毛蒜皮的小事——因为我们哲人最迫切需要的莫过于宁静：尤其是在"今天"。我们崇尚安静、冷清、高贵、遥远和过去，也就是那些当面对它们时，我们的心灵无须自我防卫和自我封

---

① ［译注］叙利亚风情：叙利亚沙漠可以算是世界上最早有人居住的沙漠，大马士革也位于其边缘的绿洲上。
② ［Pütz版注］一座用来社交的山脉（……）：这里所提到的细节（"山上有眼"，"寻常客栈"等）都暗指希尔斯—马里亚村，尼采自1881年夏季开始经常在此逗留。（［译按］参本书前言第8节译注上恩加丁河谷的希尔斯—马里亚村）
③ ［Pütz版注］阿尔忒弥斯神庙：阿尔忒弥斯（Artemis），古希腊神话中的自然与狩猎女神。（［译按］阿尔忒弥斯神庙就位于赫拉克利特出生的以弗所城，据传说乃是世界七大奇迹之一。）
④ ［Pütz版注］Piazza di San Marco：意大利语，即威尼斯的圣马可广场。
⑤ ［Pütz版注］帝国：这里影射新成立的德意志第二帝国；而尼采故意用"波斯帝国"进行反讽性掩饰。

闭的东西——我们可以与之交谈,而无需声嘶力竭。当某个思想者谈论时,人们只需倾听他的声音;每一个思想者都有自己的声调,并且喜欢自己的声调。比如,那边肯定是一个鼓动家,或许还是个头脑空空的家伙,像一口空空如也的铁锅:无论什么东西进入[354]他里面,出来的时候都会变得迟钝和臃肿,庞大空间的回响更使其显得笨重。那个人说话很少不嘶哑:也许他的思想也是嘶哑的?这很有可能——人们可以就此问问生理学家——但是,谁要是咬文嚼字地思考,那他就是个演说家,而不是思想家(于是他就暴露了:这个人不是思考事情,不是就事而思考,而是只思考那些与事物所发生的关联,他真正考虑的是他自己和听众)。而第三位说话者则喋喋不休,令人反感,他靠我们太近,他的呼吸扑在我们身上——我们很不情愿地闭上了嘴,尽管他只是通过一本书在同我们说话:但具有他风格的声音却道出了他的内心深处——他没有时间,他很难相信自己,他如果今天不说话就永远也不会再发言了。而一个毫不怀疑自己的思想者,总是说话很轻;他寻微探幽,他会让人对他有所期待。识别一个哲人的方法,就是看他是否回避三种闪闪发光而且喧闹嘈囔的东西:名望、君主、女人;但这并不是说,它们并不主动去找哲人。哲人害怕过分强烈的光线:因此他害怕他的时间和其中的"白昼"。他在其中就像是一个阴影:照着他的太阳越趋下落,它也就变得越大。至于他的"谦卑",这就如同他忍受黑暗一样,他也同样忍受一定程度的依赖和遮掩:更有甚者,他害怕闪电带来的干扰,他看见一棵孤立无依、没有保护的树就会畏缩不前,因为每一种风暴都会向这棵树发泄自己的情绪,而每一种情绪又都会向它发泄风暴。哲人的"母性"本能,也就是他对自己内心所滋长的东西的隐秘爱恋,向他暗示,在何种情形下他不允许考虑自身;这就如同女人内心的母性本能迄今仍然使得女人的依附性得以保持,两者是一个道理。这些哲人,他们最终所要求的东西不多,他们的座右铭是:"谁占有,谁就将被占有"——

正如我不得不一再重申的那样,他们这样做并不是出于一种美德,不是出于一种值得赞许的追求知足和朴素的意志,[355]而是因为他们的最高主宰就是这样明智而又无情地要求他们的:这位主宰只关心一件事情,而所有的一切,时间、力量、爱情、兴趣等,都是为此而聚集和积蓄的。这样的人不喜欢受到敌意的干扰,甚至友谊也不行:他们容易遗忘或蔑视其他事物。他们觉得,做殉道者令人生厌;——他们把"为真理而受苦"的事情留给了野心勃勃的人、留给了精神上的舞台英雄们和那些有足够时间去受难的人(——而他们自己,这些哲人,却必须为真理而行动)。他们很少使用那些伟大的字眼;有人说,就连"真理"这个词都是与他们相悖的:因为这个词听起来像自我吹嘘……最后让我们谈一谈哲人的"贞洁"问题,这种人的成就很显然不是体现在生儿育女上;或许也不体现在他们姓名的延续上,即那种渺小的不朽上(古印度的哲人们说得更为直接:"那个灵魂就是整个世界的人,他要子嗣何用?"①)。在这里,贞洁根本不是来自某种禁欲主义的忌讳和对感官的仇恨,当一个角斗士和赛马师放弃女色的时候,他们并不是为了贞洁:而是他们那居于支配地位的本能要求这样做,至少是为了那伟大的孕育准备阶段。每个杂技演员都知道,在精神高度紧张和进行准备工作的情况下,性生活是多么有害;而对于他们之中最强壮、最有天赋的演员而言,对此首先需要的不是经验,不是糟糕的经验——而是他们的"母性"本能。这种本能为了正在形成的作品而毫无顾忌地支配和使用其力量的其余一切储备,即支配和使用其动物生命的一切力量:于是,较大的力量消耗和利用了较小的力量。——人们可以根据这种解释来对照前面所述的叔本华的情况:他显然是在看见美的时候受到触动,刺激激发了其天性中

---

① [译注]"那些灵魂(……)要子嗣何用":参 Paul Deussen 所著的《吠檀多体系》(*Das System des Vedânta*),莱比锡,1883 年出版,第 439 页。

的主导力量［356］(思辨力和洞察力)；于是后者瞬间爆发出来,并一跃成为其意识的主宰。因此,也不能完全排除这种可能性：即审美状态所特有的甜蜜和充实,恰恰可能来源于"性欲",(适宜婚配的姑娘所特有的"理想主义"也出自同一个来源)——性欲就像叔本华所认为的那样,并没有在审美状态下被扬弃,而仅仅是改变了形态,不再作为性冲动进入意识。(关于这个问题,当它牵涉到目前尚未被触及和阐释的美学生理学①的那些更为棘手的问题时,我们还将对此继续加以探讨。)

9

我们已经看到,一定程度的禁欲主义,即最坚强意志所做的一种艰难而又愉快的自我禁忌,它既是最高精神活动的有益条件,同时也是这类活动最自然的结果；所以哲人们从来都是带着一定的先入之见去看待禁欲主义理想的,这一点从一开始就不足为怪。审慎的历史回顾甚至能够证明禁欲主义理想与哲学之间更为密切和严谨的联系。人们或许可以说,哲学正是牵着禁欲主义理想的襁带才开始在尘世间蹒跚学步的——啊,还是那么笨拙,啊,他们的神情是那么懊恼,啊,随时准备着要摔跤,准备着要趴在地上,啊,这些笨手笨脚而且胆怯的小家伙,这些小腿弯弯的娇儿！哲学在初始阶段的经历和所有的善事是一样的,——他们总是缺乏自信,不停地环顾四周,看看是否能有人愿意帮助他们,［357］他们甚至害怕所有看着他们的人。让我们逐个清点一下哲人的本能

---

① ［Pütz 版注］美学生理学(Physiologie der Ästhetik)：作为生物学的分支,生理学乃是关于生物的细胞和器官如何进行反应与活动的学说,同时也研究在整个有机体中细胞及器官如何发生关联的规律。而尼采在第三章则一再频繁地拓展视野,尝试从生理条件的角度来看待精神与文化现象,例如艺术和性欲的关系。

和美德吧——他有怀疑本能,有否定本能,有观望(犹豫①)本能,有分析本能,有研究、搜寻和冒险的本能,有比较和平衡的本能,他们的意志向往中立和客观,向往每一种 sine ira et studio②——:是否已经有人意识到了,所有这些本能在漫长的时间长河中都是与道德和良知的最初要求相悖的?(我们甚至还没有提及理性,就连路德都喜欢称其为聪明的夫人和机灵的娼妓③。)假如一个哲人对自己有了很好的认识的话,那么他必定会感觉自己在"nitimur in **vetitum**"④方面就是一个活生生的例子——因此他就会避免"去感觉",避免去认识自己吗?……正如所说,这与我们今天引以为豪的一切善事都没有什么两样;即使用古希腊的标准来衡量,我们的全部现代存在,只要它不是软弱,而是力量和力量意识的话,就都表现为傲慢和不信上帝:因为正是那些与我们今天所崇拜的事物相反的东西,长期以来都得了良知的支持,而上帝则是它们的守护神。傲慢是我们现在对待自然的全部态度,借助于机械和技术工程人员盲目的发明,我们强奸了大自然;傲慢是我们对待上帝的态度,或者说是对待某种所谓的目的蜘蛛或道德蜘蛛的态度,这蜘蛛就躲藏在巨大的因果关系的罗网后面——我们在这里不妨重复一下勇士查理

---

① [Pütz 版注]犹豫(ephektisch):犹豫的;犹豫者(Ephektiker)是古希腊怀疑论者的别名,因为他们习惯于对每一种现象都克制自己,不发表判断。
② [Pütz 版注]sine ira et studio:拉丁文,不忿不偏([译按]语出塔西佗《编年纪事》的前言,意思是强调历史书写应当没有倾向性,不要带着个人感情去评论历史人物)。
③ [Pütz 版注]聪明的夫人和机灵的娼妓(Fraw Klüglin, die kluge Hur):该引言的出处目前尚未找到。
④ [Pütz 版注]nitimur in vetitum:拉丁文,"我们总是追求禁忌的东西"。参奥维德(Ovid[译按]约公元前 43-公元 17 年,古罗马诗人),《爱经》(*Amores*),第一册,卷三,哀歌 4,行 17。

在与法国路易十一作战①时说过的话:"je combats l'universelle araignée"②——;傲慢是我们对待自己的态度,——因为我们用我们自己做试验,我们把在其他动物身上不允许尝试的东西都用在了自己身上,我们愉快而又好奇地在活生生的肉体上将灵魂剖开:我们哪里会在意灵魂的"拯救"啊!然后,[358]我们又自己拯救自己:疾病是富有教育意义的,我们根本不怀疑这点,它比健康更有教育意义,——对于今天的我们而言,疾病制造者(die Krankmacher)似乎比任何医务人员和"救世主"都更有必要。我们现在正在蹂躏自己,毫无疑问,我们就是蹂躏灵魂的核桃夹子,我们是提出疑问的人,也是受到怀疑的人,就好像生活除了核桃夹子就别无其他了;难道我们因此必然会日复一日地变得更加可疑,变得更配得上提出疑问,或许也因而变得更配得上——生活?③ ……所有善事都曾是糟糕的事物;每一种原罪都变成了传统的道德。譬如,婚姻在很长时间内似乎是对社团法权的犯罪;一个人如果非常骄横,并且自以为拥有娶个妻子的权利,那他就要受罚。④(例如 jus primae noctis⑤ 就属于这个范畴,甚至在今天的柬埔寨,初夜权仍是僧侣们,即那些"古老良俗"的保护者的特权。)那些温柔的、友

---

① [Pütz 版注]勇士查理在与法国路易十一作战:勇士查理(Karl der Kühne[译按]1432-1477),勃艮第公爵,1467 年至 1477 年在位,试图重建洛林王国,重获皇帝的尊号,但是在与法国国王路易十一([译按]1423-1483,1461-1483 年间在位)的作战中落败。而路易十一则为法国后来的中央集权打下了基础。
② [Pütz 版注]je combats l'universelle araignée:法文,我要打倒一切蜘蛛。
③ [KSA 版注]我们现在正在蹂躏自己(……)生活?:供初版用的手写付印稿上原写作:"我们今天正在我们自己身上夹来夹去,就好像蹂躏灵魂的核桃夹子,就仿佛我们自己除了核桃与谜题之外什么都不是;可以肯定的是,我们正是因此会日复一日地变得更加神秘,而我们甚至为了我们的谜样天性的缘故而越来越温柔地去爱我们的生活——学会了去爱!"
④ [译注]婚姻(……)受罚:参 Albert Hermann Post 所著的《建立在比较人种学基础上的一种普遍法学纲要》,前揭,第一卷,第 67 页。
⑤ [Pütz 版注]jus primae noctis:拉丁文,初夜权;(在封建时代)领主对(农奴的新婚妻子)拥有同宿第一夜的权利。

善的、顺从的、同情的情感——这些情感的价值非常之高,它们几乎变成了"价值自体"——这些情感有史以来就是对自身的蔑视:过去人们为他们的温柔感到耻辱,而今天却为他们的严厉感到羞愧(参《善恶的彼岸》第 232 页①)。至于人们对法律的屈从:——啊,全世界的高贵种族是多么违心地放弃了种族间的血亲复仇,而使法律的暴力凌驾于自己之上!长期以来,"法律"就是 vetitum②,就是恶行,就是革新,它以暴力的形式出现,人们只是因为对自己感到羞愧才服从于它。在从前的世界上,人们每次成功迈出哪怕是最微小的一步,都要受到精神和肉体上的折磨:"这并不只是指前进的脚步,不!任何行进,任何运动,任何改变,都使无数人为之献身",今天的我们听到这整个观点会觉得非常陌生——这是我在《朝霞》第 17 及其后数页中提到的。在同一本书的第 19 页③还写道:"我们付出了高得不能再高的代价,才换来[359]我们现在引以为荣的那一点点人类理性和自由感。然而,正是这种自豪感使那些处于'世界历史'之前的、属于'习俗的道德性'④的洪荒时代对于我们来说几乎完全不能理解和感受,而这些洪荒时代却是决定人性的真正关键的历史时代:在这些时代,受苦是美德,残忍是美德,虚假是美德,报复是美德,否定理性是美德,相反,幸福是危险的,求知欲是危险的,和平是危险的,同情是危险的,被同情是可耻的,工作是可耻的,疯狂是神圣的,变化是不道德的,并且孕育着衰败!"

---

① [KSA 版注]《善恶的彼岸》第 232 页,参《善恶的彼岸》的格言 260。
② [Pütz 版注]vetitum:拉丁文,禁忌的东西([译按]另参本节 Pütz 版注 nitimur in vetitum)。
③ [KSA 版注]《朝霞》第 17(……)第 19 页;参尼采《朝霞》的格言 18。
④ [Pütz 版注]习俗的道德性:参本书第二章第 2 节。

10

在同一本书①第 39 页②还讨论到,最古老的沉思者群体必须在怎样的评价中、在怎样的评价压力下生活——人们在多大程度上不害怕他们,就会在多大程度上唾弃他们!沉思第一次在大地上出现的时候,它裹着伪装,外貌模糊不清,心肠歹毒,经常还有一颗可怕的头脑:这一点毫无疑问。在沉思者的本能中,那些不够活跃、苦思冥想和不事进攻的东西早在他们周围引起了深刻的怀疑:而对付这种怀疑的唯一办法就是引起他人对自己的极度畏惧。例如古代的婆罗门③就擅长此道!最早的哲人善于给自己的存在和表现加上一种意义、一个支撑点和一种背景,以使人们因此学会畏惧他们:如果仔细推敲就会发现,他们这样做是出于一种更深层次的需要,也就是为了赢得自己对自己的畏惧和敬畏。这是因为他们发现,自己内心的一切价值判断都是反对他们自己的,所以,他们就必须打倒"内心深处的哲人"[360]所引发的任何形式的怀疑和抵抗。身处可怕的时代,他们就用可怕的手段去做这件事:残酷地对待自己,别出心裁地自我折磨——这就是这些渴求强权的隐士们和思想革新者的主要手段,他们必须首先在自己的内心深处强暴和践踏诸神及传统,然后才能让自己相信自己的革新。我想起了关于毗奢蜜多罗王④的那段著名的故事,他经过上千年的自我折磨后获得了巨大的力量感觉以及自信,这才使他采取行动,

---

① [Pütz 版注]同一本书:指《朝霞》。
② [KSA 版注]第 39 页:《朝霞》格言 42。
③ [Pütz 版注]婆罗门:参本书第一章第 6 节 Pütz 版注婆罗门。
④ [Pütz 版注]毗奢蜜多罗(Viçvamitra):一个古印度祭司与歌者家族的传说中的祖先;根据古印度传说,他在禁欲苦行之后获得了超自然的力量。([译按]国内也经常译为"众友仙人",是印度神话中最伟大的仙人。)

要去建立一个新的天国①;这个可怕的象征概括了尘世间最古老的乃至最新近的哲人的历史——每一个曾经建立过"新的天国"的人,都是首先在自己的地狱里发现了建立天国所需的力量……让我们把整个事实用简短的话语概括一下:哲学精神为了让自己在某种程度上有可能存在,总是必须首先将自己乔装改扮并且蛹化成为已被公认的沉思者的模样,把自己装扮成祭司、巫师、占卜者,甚至是宗教人士:禁欲主义理想在很长时间里被哲人用作他的表现形式和生存前提——哲人为了能够成为哲人,不得不阐述这一理想;而哲人为了能够阐述这一理想,不得不相信这一理想。哲人们这种特有的否定尘世、敌视生活、怀疑感官、摒弃性欲的遁世态度一直保持到了今天,它因此也几乎被认为是纯粹的哲学态度(Philosophen-Attitüde an sich)——其实这种态度不过是哲学赖以产生和存在的条件过于窘迫而造成的后果:因为如果没有禁欲主义的外壳和伪装,没有禁欲主义的自我曲解,哲学在世界上就根本不可能长期存在下去。直观而且形象地说,禁欲主义的[361]祭司直到最近才把那令人恶心、灰暗阴森的毛虫外壳交了出来,只有哲学可以单独披着这个外壳生存和蠕动……情况真的改变了吗?那个色彩斑斓的、危险的、长翅膀的生灵,那个躲藏在毛虫外壳里面的"精神",真的因为一个有着更多阳光、更多温暖、更多光亮的世界而最终被脱去外壳,放归天日了吗?今天的世界上真的已经存在有足够的自豪、胆识、勇气、自信,精神意志、责任意志和意志的自由,使得"哲人"从此以后真的在尘世间——有可能存在了吗?……

11

只有在认清了禁欲主义的祭司以后,我们才能严肃地逼问起

---

① [KSA 版注]我想起了(……)建立一个新的天国:参《朝霞》格言113。

我们的问题:禁欲主义意味着什么?——现在,事情才变得"严肃":因为从现在起,我们必须面对真正的严肃的代表(Repräsentant des Ernstes)。"所有的严肃到底意味着什么?"——这个更为基本的问题可能已经到了我们嘴边:正常来看,这是一个属于生理学家的问题,我们只是暂时和它轻微接触一下。禁欲主义的祭司在其理想中,拥有的不仅仅是他的信仰,同时还有他的意志、他的力量和他的利益。他的存在的权利与他的理想共存亡:假如我们就是那个理想的敌人,那么我们在这里就遇到了一个可怕的对手,他为了生存而奋起反抗理想的否定者,这有什么好奇怪的?……而另一方面,如果对我们的问题持这样一种利益攸关的态度,那么这样也根本不可能对回答我们的问题有什么特别帮助;禁欲主义的祭司本人很难充当其理想的最出色的捍卫者,出于同样的道理,一个女人若想为"理念中的妇女"而辩护,[362]那么她常常就会失败——而且我们更不可能指望祭司去充当这场激烈争论的最为客观的裁判与法官。所以显而易见,与其说我们会担心遭到禁欲主义祭司过于出色的反驳,倒不如说我们必须要帮助他进行辩护,让他很好地反对我们……禁欲主义祭司们为之奋斗的观念,就是从他们的立场出发对我们的生命进行评价:他们把生命(以及与此相关的"自然"、"世界",即充满生成发展与非永恒性的整个领域)与一种完全不同的存在联系在一起,而生命与这种存在是互相对立和互相排斥的,除非生命会在一定程度上反对自己、否定自己:在这种情况下,即在某种禁欲主义的生活中,生命被当作通往另一种存在的桥梁。禁欲主义者把生命视为一种歧途,人们最终必定会迷途知返,一直回到他们的起点;禁欲主义者也会把生命当作一种谬误,人们要通过行动去驳斥它——而且理应驳斥它:因为禁欲主义者要求人们与他一道行动,而且只要他有能力,他就强迫人们接受他对存在的评价。这意味着什么呢?一个如此恐怖的评价方式在人类历史上并不是孤立事件和离奇现象:

而是现存的最广泛与最悠久的一个事实。如果从某颗遥远的星球观察我们的话,会发现我们的尘世存在中有某些现象如同字母中的大写字母一样突出,他们也许因此会被诱使而得出一个结论,地球是一个真正的禁欲主义的星球,它仿佛是一个角落,里面聚集着愤怒、傲慢、可憎的生灵,他们根本无法摆脱对自己、对尘世、对一切生命的厌憎,他们尽可能给自己制造痛苦,因为他们以此为乐——这可能是他们唯一的快乐了。请仔细想想看,禁欲主义的祭司在历史上出现得多么有规律,多么普遍,差不多所有时代都有出现;他不属于某个具体的种族;他到处繁衍,他滋生于所有社会阶层。禁欲主义的祭司并不[363]通过生物遗传方式培育和传播他的评价方式:情况恰恰相反,——从总体来看,一种深刻的本能史是要禁止他传宗接代。肯定存在着某种第一流的必要性,它促使这个敌视生命的种群不断生长繁荣——这个自相矛盾的种类竟然没有消失灭绝,这一点肯定就是生命本身的某种利害所在。因为禁欲主义的生命就是一种自相矛盾:支配这里的是一种独一无二的怨恨,这怨恨乃是一种不知餍足的本能和强权意志的体现,它不是想要统治生命中的某种东西,而是想要统治生命本身,统治属于生命的最深刻、最强健、最深层的条件;这里进行的是这样一种尝试,即用力量去堵住力量本身的源泉;在这里,阴险和怨毒的目光总是瞄准了生理学上的茁壮繁荣,尤其是瞄准了这种茁壮繁荣的标志:美与愉悦;与此同时,他们又在失败、萎缩、疼痛、突发事故、丑陋、人为的损失、自我丧失、自我谴责和自我牺牲等一类东西上感受并寻找一种满足感。这一切都是最极端的自相矛盾:我们在这里面对着一种分裂,一种自愿的自我分裂,当这种分裂的自身前提,即生理上的生命能力减弱时,分裂就会在这种痛苦中享受自我,甚至在一定程度上变得越来越自信和得意。"胜利就蕴藏在垂死的挣扎中":禁欲主义理想自古以来就是在这句夸张的口号下战斗的;而在这个颇具诱惑力的悬念之中,在这幅充满陶醉和痛苦的画面上,禁欲主义理想看到了它最闪亮的光明、它的福祉和它最后的胜利。Crux, nux, lux①——这三者在禁欲主义理想那里同属一体。——

12

如果我们让这样一种活生生的矛盾意志与反自然的意志进行哲学思考:[364]那么,它将在何处发泄其最内在的专横呢?就在那些被一般人感觉为最真实和最实在的地方:这种意志恰恰是在真正的生命本能最需要使用真理的地方寻找谬误。比如说,它就像吠檀多哲学②的禁欲主义者一样,将肉体感觉,包括疼痛,还有多样性、以及"主体"和"客体"的整个概念对立③全部都贬低为幻觉——谬误,这里都是谬误!它拒绝相信它的自我,它否定自己的"实在性"——这是何等的胜利啊!——它不仅仅战胜了感官,战胜了表面现象,这是一种更高形式的胜利,是对理性的强暴和虐待:而理性竟然带着禁欲主义式的自我蔑视和自我嘲弄当众宣布:"确实有一个真理与存在的王国,但理性已经被排除在外了!"在这样的时候,是什么样的变态快感借此达到了顶点。……(这里

---

① [Pütz 版注]Crux, nux, lux:拉丁文、十字架、夜晚、光。
  [KSA 版注]Crux, nux, lux:参尼采 1880-1882 年间的遗稿,12[231]。
  (编注:KSA 版为 nux[坚果],Pütz 版为 nox[夜晚,黑夜]。此处疑为尼采之戏仿。)
② [Pütz 版注]吠檀多哲学(Vedânta-Philosophie):吠檀多(Vedânta),乃是对印度教经文总集《吠陀》末尾处的《奥义书》(*Upanischaden*,公元前 700-前 500 年)的称呼;后来用于称呼婆罗门教哲学,该哲学认为自己是《吠陀》智慧的终极。与吠陀教(Veda-Lehre[译按] 婆罗门教前身)不同的是,吠檀多派从悲观主义角度来解释世界,认为世界乃是轮回重生的痛苦循环,而人只有通过远离尘世,追求永恒绝对的存在(梵)来摆脱这一循环。叔本华将这一学说看作是对自己哲学的证明。
③ [Pütz 版注]"主体"和"客体"的整个概念对立:主体(Subjekt),也就是认识的动因,是认识者;客体(Objekt),也就是认识的对象,被认识者。这两者的区分在很大程度上构成了自笛卡尔以来近代认识论的主题。

第三章 禁欲主义理念意味着什么? 185

附带说一下:就连康德关于"物的理知品格"①的概念中也有几分这种变态的禁欲主义分裂症的痕迹,后者喜欢让理性转而反对理性:在康德那里,"理知品格"是指物的一种特性,而对于这种特性,理智所能理解的唯一事情就是,它对于理智而言——乃是完完全全无法理解的。)——而恰恰是作为认识者的我们,不应该最后忘恩负义地反对这种断然颠倒那些惯常的视角和评价的做法,精神利用这些视角和评价来摧残自己的时间似乎已经太久了,而且这种摧残是如此肆无忌惮和毫无意义;而这样一种别样的看法(dergestalt einmal anders sehn),这样一种意欲改变看法的行为(anders-sehn-wollen),对于理智恢复其曾经的"客观性",可以说起到了很大的培育与准备的作用——在这里,"客观性"不能理解为"无利害心的直观"②(后者乃是愚蠢与荒谬的),而是有能力支配自己的赞成与反对意见,有能力公开或搁置自己的意见;这样一来,人们就知道如何将视角与情绪解释的多样性 [365] 应用于认识领域。哲人先生们,让我们从现在起更注意提防那种危险而且陈旧的概念虚构(Begriffs-Fabelei),这种虚构设定了一个"纯粹的、无欲的、无痛的、永恒的认识主体"③;同时让我们提防那些诸如"纯粹理性"、"绝对精神"、"自在认识"等自相矛盾的概念伸出的触角——它们在这里总是要求一只可以思考和设想的眼睛,但这样的眼睛却是人们根本无法设想的;总是要求这只眼睛应该完

---

① [Pütz 版注]"物的理知品格"(intelligibler Charakter der Dinge):康德在《纯粹理性批判》(B 565ff.)中区分了认识对象的两个侧面,即经验性的现象角度与纯粹通过理性理解的、理知的角度。而"品格"则是原因性的法则,根据该法则,一个对象可以成为引起效果的原因。而"理知品格"这个概念指的则是非经验性的、完全由理性设想出来的自由的原因性,它存在于那种原因与结果的经验链条之外。康德的这个概念为他建立关于自由而又理性的行动的实践哲学提供了可能性。

② [Pütz 版注]"无利害心的直观"(interesselose Anschauung):参本章第 6 节 Pütz 版注康德对美学问题的阐述。

③ [Pütz 版注]"纯粹的、无欲的、无痛的、永恒的认识主体"(reines, willenloses, schmerzloses, zeitloses Subjekt der Erkenntnis):参本章第 6 节正文。

全没有观看的方向;在这只眼睛那里,那些主动性的和解释性的力量应该被终止,应当缺失,但是恰恰只有通过这些力量,观察才能成为有对象的观察;所以,这些对眼睛的要求都是愚蠢和荒谬的。事实上,只有一种视角主义的(perspektivisch)观察,只有一种视角主义的"认识";我们越是让更多的对于一个事物的情绪表露出来,我们越是懂得将更多的眼睛、不同的眼睛应用于同一个事物,我们对于这个事物的"概念",我们的"客观性"就会越完善。但是,假设我们有能力彻底消除意志,并且完全排除情绪:什么?这不就意味着阉割理智①吗?……

13

让我们回到正题。禁欲主义者身上表现出的这样一种自相矛盾,从我们目前掌握的情况来看,它是在"以生命反对生命";当我们从生理学角度,而不再从心理学角度重新审视这个问题时,就会发现,它是非常荒唐的。这种自我矛盾只可能是表面上的;它必定是对某一事物的一种暂时性的表述、解释、概括、设想和心理学上的误解,这一对象的真正本质长期以来没能得到理解,也没能获得自在的表述——它只是一个空洞的单词,被夹在了人类认识的某个古老缝隙中。现在,我简略地 [366] 陈述一下与之相反的真实的情况:禁欲主义理想起源于一种正在退化的生命②的自我保护和自我拯救的本能,该生命正寻求各种手段来维系自身,为其生存

---

① [KSA 版注]什么?这不就意味着阉割理智吗:供初版用的手写付印稿上原写作:"这就意味着阉割理智——更进一步说:这意味着——不能思考!"
② [Pütz 版注]正在退化的生命(degenerierenden Lebens):退化(Degeneration):指生物学上或精神与文化层面上的萎缩与衰败。尼采也经常使用另外一个术语"颓废"(décadence),这个术语在这里绝不仅是贬义的用法,而与尼采的几乎所有东西一样,都隐藏有一种双重品格:颓废意味着衰败和文雅(Verfall und Verfeinerung)。

而战斗;这种情况也表明,该生命发生了部分生理障碍和疲劳,于是最深层的、保存完好的生命本能就不断用新方法和新发明与之对抗。禁欲主义理想就是这样一种方法:这种看法与禁欲主义理想的崇拜者们的意见恰恰相反——生命在禁欲主义理想中,并通过这种理想和死亡搏斗,反抗死亡,禁欲主义理想就是用来维持生命的一个绝招。历史教导我们说,同样是这种理想,它在一定程度上还能够支配人,能变得强大有力,特别是在所有那些人的文明和驯化非常普及的地方。在这里可以看到一个伟大的事实:那就是现有的人种(至少是已驯化的人种)的病态性(Krankhaftigkeit),是人与死亡进行的生理搏斗(准确地说,是人与厌烦生命、与疲惫、与渴望"终结"的生理搏斗)。禁欲主义的祭司乃是渴求别样存在、渴求在别处存在的愿望的肉体化表现,而且是这种愿望的最高级别,是这种愿望真正的炽念与激情:但是,这愿望所具有的强力却偏偏成了将他束缚在此的枷锁,并且使他变成了工具,使他不得不为了能够在此处存在,并且是作为人而存在(Hiersein und Mensch-sein)而努力创造更适宜的条件——也正是凭借这一强力,他本能地像个牧羊人一样引领着一大群各式各样的失败者、反常者、获益少者、不幸者和以己为患者,从而保持住了这群人的存在。现在已经很清楚了:这位禁欲主义的祭司,这位表面上的生命的敌人,这位否定者——他其实恰恰是伟大的生命维护力量与肯定力量中的一部分……那么,那种病态又是怎么回事呢?[367]因为毋庸置疑,人比任何一种动物都更多病、更动摇、更易变化、更不确定——人是病态的动物:他从何而来呢? 人肯定也比其他所有动物加起来都更敢作敢为、更能够革新、更桀骜不驯、更勇于向命运挑战:人,是勇于在自己身上尝试的伟大试验者,他永不满足,欲壑无穷,他和动物、自然以及诸神一起争夺最终的统治权——人一直还未被驯化,他永远憧憬着未来,自身力量的驱使让他无法安宁,结果他的未来就像马刺一样无情地扎在每一个时刻的肉体中:——这样一个勇敢而且底蕴丰富的动物,怎么就不应该也是所有病态动物中面临危险最多的、病史最长和病情最重的呢?……人对此感到厌倦,经常是非常厌倦,历史上曾有过厌倦的瘟疫流行(——例如1348年前后,也就是死之舞①的时代);不过,甚至还有对于自我的厌恶、对于自我的疲倦和对于自我的恼恨——所有这一切在人身上迸发得非常强劲,结果它们马上又变成了新的枷锁。人对生命的否定引起的却是近似于魔幻般的效果,大量柔声细语的对于生命的肯定话语也被揭示了出来;人是个破坏与自我破坏的大师,当他伤害自己之后——却是那伤口迫使他生存下去……

14

人的病态越是变得常规化——我们不能否认这一常规化的存在——我们就越是应当尊崇那些灵魂与肉体都很强力的罕见情况,那是人的幸运;同时我们也越应当更严格地保护有教养的人不受最恶劣的病态空气的侵袭。人们是这样做的吗?……病人是健康者最大的威胁;强者的不幸不是来自于那些最强者,而是来自于[368]最弱者。有人知道这点吗?……从大的方面来看,对人的畏惧根本不是人的不幸,人们可以期望减少这种畏惧:因为正是这种畏惧迫使强者变强,也许还变得可怕——对人的畏惧使这种有教养的人类得以维持。而令人恐惧的最大灾祸,并不是那巨大的畏惧,而是对人的无比厌恶和巨大同情②。假如有一天,后两者结合,它们

---

① [Pütz版注]死之舞(Totentanz):艺术史概念,指将死者或死者与活人(终将一死的人)一同作为题材加以展现,多为诗歌和绘画;也是宗教赎罪文学在中世纪的表现形式,尤其是1348年欧洲黑死病造成大规模死亡之后,这种文艺形式得到了广泛传播。

② [Pütz版注]对人的深刻厌恶和巨大同情:在《扎拉图斯特拉如是说》中,主人公克服了这两者。(参该书第四卷"自愿的乞丐"、"欢迎"和"忧郁之歌"。)

马上就会不可避免地诞下一些最可怕的东西,那就是人的"最终意志",是他的虚无意志,也就是虚无主义。没错:这方面的准备工作已经做了不少。如果有人不仅用鼻子去闻,而且还用他的眼睛去看,用耳朵去听,那么不管他今天走到哪里,几乎到处都可以感受到一种类似于精神病院和医院的氛围——很显然,我说的是人的文化领域,说的是尘世间出现的每一种类型的"欧罗巴"。病态者乃是人的一大威胁:不是那些恶人,也不是那些"野兽"。那些向来的不幸者、遭暴力践踏者、生活破碎者——他们是危险的,正是这些最弱者在人群中最大程度地摧毁着生命,他们用最危险的毒液腐蚀和动摇着我们对生命、对人、对自己的信念。在哪里才能摆脱它,那低垂的目光,那带给人一种深切悲哀的目光,那生而畸形的后视目光,从这目光中可以看出,这样的人会怎么对自己说谎,——那种目光就是种叹息。这目光叹道:"真希望自己不是自己,而是别人!可惜没有指望了。我就是我:我怎么才能摆脱自己?是的——我厌烦我自己!"……这片轻视自我的土地乃是一片真正的沼泽,上面长着各种杂草和各种有毒的植物,所有这些植物都长得那么矮小、那么隐蔽、那么猥琐、那么俗媚。这里爬满了复仇和怨恨的虫豸;[369]这里的空气散发着隐秘和抗拒的臭气;这里不停编织着无比恶毒的阴谋之网,——痛苦者在密谋反对幸福者和成功者;在这里,成功遭到痛恨。为了不让人看出这仇恨的本来面目而编造何等的谎言啊!滥用了多少的华丽辞章和漂亮态度!这是多么"正派"的毁谤艺术!这些失败者:有多少高尚的辞令从他们的口中流出!有多少甜美的、谄媚的、恭顺的屈从神情在他们的眼中游离!他们到底想要什么?正义、爱、智慧、优越,至少要把这些东西表现出来——这就是那些"最下等的人",那些病人的野心!这些野心又让他们变得如此技巧高超!我们尤其要惊叹于他们的钱币伪造技艺,他们竟然仿造出了美德的花纹,甚至是美德的声响,美德那金子一般的声响也被仿造了。现在,这些弱者,这些无可救药的病人,他们租用了美德,完全据为己用,这一点毫无疑问。他们这样说:"只有我们才是善的,才是正义的,只有我们才是 homines bonae voluntatis①。"他们在我们中间走来走去,他们就是谴责的化身,到处警告我们,——就好像健康、有教养、强壮、骄傲和强权感觉本身就是罪恶的东西,人们有朝一日必定会为此忏悔,痛苦地忏悔:啊,归根结底,他们自己是多么想要忏悔,他们又是多么渴望当上刽子手!在他们中间,有一大批装扮成法官的渴望复仇者,他们一直将"正义"这个词挂在嘴边,就好像口腔里含着剧毒的唾液,他们总是撅起嘴,随时准备把口水吐在一切在街上看上去心满意足、兴高采烈的人身上。在他们中间,也不缺乏那种最令人恶心的虚荣之辈,这些扯谎的怪胎,他们极力想要表现"美丽的心灵"②,于是就把他们那畸形的性欲包裹在诗句或其他尿布里,标上 [370] "纯洁心灵"的字样,拿到集市上兜售:这些现代道德的手淫者和"自渎者"。病人的意志就是表现出某种形式的优越,而病人的本能则渴望找到可以对健康人施暴的秘密途径——在哪儿没有这种最弱者的权力意志!特别是女病人:她在控制、压迫和施虐方面诡计多端,狡猾无比。她不放过任何人,不管是活人还是死人,她把埋藏很久的东西都挖了出来(比伦人③说:"女人就是鬣狗④")。只要看一看每个家庭、每个机构、每个团体的背景,就会发现:到处都有病人反对健康者的战斗——在多数情况下这是无声的战斗,战斗中动用了毒药、针刺,也阴险地表现出忍耐的

---

① [Pütz 版注]homines bonae voluntatis:拉丁文,善意的人;参《圣经·新约·路加福音》第 2 章第 14 节。
② [Pütz 版注]"美丽的心灵"(schöne Seelen):参歌德的成长教育小说《威廉·迈斯特的学习时代》(*Wilhelm Meisters Lehrjahre*,1795/96),该书第六部"一个美丽心灵的自述"(Bekenntnisse einer schönen Seele)讲述了一个女性如何内心转变为一个虔信者的故事。
③ [Pütz 版注]比伦人(Bogos):北埃塞俄比亚的哈米特人部落的名字。
④ [Pütz 版注]"鬣狗"(Hyäne):与狼体形类似的野兽,背部向下倾斜,常发出刺耳的尖叫;习性夜间捕猎,主要以腐尸为食。([译按]此语参 Albert Hermann Post 所著的《建立在比较和人种学基础上的一种普遍法学纲要》,前揭,第一卷,第 67 页。)

表情,有时还使用那种以夸张的肢体语言表现出来的病态的法利赛主义①,尤其最喜欢表演"高尚的愤慨"。甚至在科学的神圣殿堂里,都依稀能听到这群疯狗沙哑愤怒的吠叫,听得见这群"高尚的"伪君子发出的刺耳的谎言和怒吼(我再次提请有耳朵的读者②回忆一下那个柏林人,复仇的信徒欧根·杜林③,他如今在德国把道德之鼓摇得极其伤风败俗,令人作呕。杜林,这个天下第一大道德的鼓吹者,即便和他的同类,那群反犹太主义者比起来也堪称第一)。这些都是心怀怨恨的人,生理不健全的人,虫蛀的腐朽者,他们就是一片不停颤抖的、潜藏着复仇种子的土地,他们永无休止、永不知足地对着幸福者发泄怒火,他们永不停顿、永不满足地为复仇粉饰、为复仇寻找借口:他们何时才能达到他们最后的、绝妙的、光辉的胜利?毫无疑问,一旦他们胜利了,他们肯定会把他们自己的不幸,以及世界上所有的不幸,全部推进幸福者的良知里:这样一来,有朝一日幸福者就会为他们的幸福感到羞耻,他们或许还会彼此说:[371]"幸福是不光彩的!世界上的不幸太多了!"……可是,最大的和最具灾难性的误解莫过于那些幸福者、有教养者、肉体和精神上的强健者都开始怀疑他们幸福的权利。让这个"颠倒的世界"见鬼去吧!让这些可耻的感情柔弱化见鬼去吧!不要让病人传染健康者——否则那将也是一种柔弱化——这应当成为人世间的最高信条:但是这就首先要求健康者脱离和病人的接触,健康者要避免看到病人,健康者不要把自己和病人搞混了。或者说,健康者的工作也许就是做医疗护理或医生?……可是,他们对于他们的工作产生了无比糟糕的错误认识和否定——高贵者不应当屈尊成为低贱者的工具,而保

---

① [译注]法利赛主义(Pharisäismus):即自鸣得意的伪善态度。参《圣经·新约·马太福音》第23章第13节。
② [Pütz版注]有耳朵的读者:参《圣经·新约·马太福音》第11章第15节和《启示录》第2章第11节。
③ [Pütz版注]欧根·杜林:参本书第二章第11节Pütz版注杜林。

持等级差别的激情①应当将不同工种加以永久性区分！音色齐全的大钟,它的生存权利要比走调的、破裂的钟大一千倍:只有健康者才是未来的保证,只有他们才对人类的未来承担义务。健康人能够和应当做的,从来就不可以是病人能够和应当做的:不过为了能够让他们可以做他们应当做的事情,他们哪里还有自由和时间来做病人的医生、慰藉者和"救星"呢？……所以,我们需要新鲜空气！新鲜空气！无论如何都要离所有的文化精神病院和文化医院远一点！所以我们需要良好的社交圈,我们自己的社交圈子！要么就干脆孤独到底,如果有这个必要的话。但是无论如何让我们远离这污浊的空气,里面充满了腐臭和隐秘的虫蛀味道……我的朋友们,这样我们至少可以保护我们自己有一段时间不受那两种最严重的瘟疫的侵扰,那两种瘟疫正是冲着我们来的——[372]那就是对人的无比厌恶！对人的巨大同情！……

15

如果读者深刻地理解了——而且我要求读者在这里应该深刻把握,并且深刻理解——护理病人以及使病人恢复健康,这两者在多大程度上可以根本不构成健康者的任务,那么,你也就理解了另外一种必然性——医生和护理人员必须自己也是病人:这样我们就可以用双手把握住禁欲主义祭司的意义了。对我们而言,禁欲主义祭司必须被看作是一群病羊命中注定的救星、牧羊人和辩护律师:这样我们才能理解他那非凡的历史使命。他的王国统治着受难者,他的本能指引着他去统治,在这方面他才能非凡、技艺精湛、运气亨通。他自己本身必须有病,他必须从根本上和所有那些病人、不幸

---

① [Pütz版注]保持等级差别的激情:参本书第一章第2节Pütz版注保持等级差别的激情。

者相似,这样才能理解他们——并为他们所理解;但他还必须是强者,他的自胜力必须强于他的胜人力,他还必须有一种不可战胜的强力意志,这样他就可以得到病人的信任和恐惧,这样一来他就可以成为他们的支柱、阻力、依靠,也是束缚、监工、暴君、上帝。他必须保护他们,即他的羊群——反对谁呢?当然是反对健康者,同时也反对羊群,嫉妒健康者;他天生就敌视和蔑视各种健康和强壮的表现,不论是粗犷的、暴躁的,还是放纵的、冷酷的、猛兽般残暴的。祭司乃是那种更难对付的动物(delikateres Tier)的最早期形式,他很容易恨别人,但他更容易蔑视别人。他免不了要和猛兽们作战,不言而喻,那是斗智("精神")的战斗而不是搏力的战斗——[373]在必要的时候,他几乎可以从自身培养出一种新型猛兽,或者至少预示着这样一种猛兽的出现——一种新的恐怖野兽,其中融合了北极熊,机变、冷静而且耐心的山猫,当然还少不了狐狸,从而成为一个既迷人又可畏的统一体。当然,如果形势所迫,他也会跻身在其他类型的猛兽中间,可能会带着笨拙的严肃、庄重、精明、冷静、狡黠来充当更加神秘的力量的先锋和吹鼓手,而且只要有可能,他就会果断地在这片土地上播撒痛苦、分裂和自我矛盾,他毫不怀疑自己拥有可以随时统治受难者的本领。他当然随身携带着软膏和止痛香膏;但是为了当医生,他必须先制造伤口,而后,当他为那伤口止痛时,也把毒汁洒在了伤口上——这就是他,那个魔术师和驯兽师所擅长的伎俩;在他的周围,所有健康人都难免变成病人,而所有病人都必然变得驯化。他,这个奇特的牧羊人,的确把他有病的羊群保护得很好——他甚至保护它们以反对它们自身,反对羊群中闪现的一切卑劣、狡诈、恶意,以及所有瘾君子和病患者之间所特有的其他痼疾。他巧妙地、冷酷地、秘密地和羊群内部的无政府状态作战,和羊群中随时出现的自我解脱现象作战。在羊群中不断积聚着怨恨——那是最危险的炸药。而牧羊人的真正绝招,也就是他的最大功用,便是拆卸这些炸药,使其不会伤害羊群及牧羊人;如果有人想用最简要的方式表述祭司的存在价值,那么,我们可以直截了当地说:祭司就是怨恨方向的改变者(der Richtungs-Veränderer des Ressentiment)。因为每个受难者都会本能地为他的受难寻找一个原因;确切些说,就是寻找一个责任人,更肯定些说,[374]就是为受苦寻找一个易被接受的"有罪的"责任人——简言之,就是随便找一个活人,使他能以任何借口以直接或象征的方式在其身上发泄他的情绪冲动:因为发泄情绪冲动是受难者最大的自我安慰举动,也是他最大的自我麻醉的尝试,是他为了抵抗任何一种折磨而不由自主地渴求的麻醉剂。据我推测,只有在这里才能找到怨恨、报复以及同类情感的真正的生理原因,那就是渴望用情绪冲动来麻醉疼痛——在我看来,人们通常非常错误地将其原因归结为一种单纯的自卫还击,一种面对突然的伤害和威胁而表现出来的纯粹反应性的保护措施,就像一只没有脑袋的青蛙为了摆脱酸液腐蚀而采取的"条件反射动作"。然而,在这两者之间有一个根本性区别:在一种情况下,人是为了防止遭受进一步的伤害①,而在另一种情况下,人利用某种更加强烈的情绪冲动来麻醉一种秘密的、折磨人的、愈益不堪忍受的疼痛,起码是暂时将其从意识中清除出去——为了达到这一目的,人们需要一种情绪冲动,一种最为狂乱的情绪冲动,以及用来激发这种情绪冲动的最佳借口。"我的不适肯定是由什么人造成的"——所有病人都会这样得出结论,而且使他们身感不适的真正的生理原因越是隐蔽,他们就越会这样思考(——那原因可能是nervus sympathicus② 发生病变,也可能是由于胆汁分泌过多,或者是血液中缺乏硫磺—磷酸碳酸钾,还可能是某种下腹受压状态堵塞了血液循环,或者是卵巢一类的器官产生了退化等)。所有受难者在为痛苦的情绪冲动寻找借口方面都无一例外表现出惊人的热衷和

---

① [KSA版注]进一步的伤害:其后删去一段文字:"即使经常自己也并没有意识到疼痛[——]"(供初版使用的手写付印稿)。
② [Pütz版注]nervus sympathicus:拉丁文,即调解内脏活动的交感神经干。

创造性;他们很享受猜忌,在臆想［374］各种恶行和虚假的侵害上乐此不疲,他们在自己过去和现在的五脏六腑间拼命挖掘,寻找那晦暗不明而且疑窦重重的历史,这样他们就可以放任自己沉湎于某种折磨人的猜忌之中,并且陶醉在用罪恶毒化自己的行为里——他们撕裂最古老的伤口,让早已愈合的伤疤出血。他们把朋友、妻子、孩子,以及所有和他们最亲近的人都当成作恶者。"我在受苦:这一定是什么人的罪过"——每只病羊都会这么想。可是他的牧人,那位禁欲主义的祭司,却对他说:"完全正确,我的羔羊! 一定是什么人的罪过:不过这个人就是你自己,你只是你自己的罪过——你就是你自己的全部罪过!"……这个说法相当大胆,不过也十分错误:但是它至少达到了一个目的,这就是刚才说过的,怨恨的方向因此——被改变了。

16

读者现在应已明了,按照我的设想,生命的疗救本能究竟借助于禁欲主义祭司作出了哪些尝试;而诸如"罪欠"、"罪恶"、"罪孽"、"堕落"、"罚入地狱"这类相互矛盾和似是而非的概念的暂时横行,对禁欲主义祭司来说又能有什么样的效用:其效用就是要在一定程度上把病人变得无害,让那些病入膏肓的人自我毁坏,为轻病号严格地给出方向,使其对准自己,让他们的怨恨倒转方向("不可少的只有一件"①),并且把所有该类型的受难者的丑恶本能充分利用起来以达到自我约束、自我监控、自我克服的目的。不言而喻,这类"用药方法",即单纯的情感用药法,根本就不可能导致真正有效的生理治疗;［376］我们甚至也不可以说,生命的本能在这里已经可以期待和盼望康复了。将病人组织起来,集合到一边(——"教堂"

---

① ［Pütz版注］不可少的只有一件:参《圣经·新约·路加福音》第10章第42节。

一词是于此最通用的名称),而更为健康、情绪冲动发泄更为彻底的人们则被临时确定在另一边,这样就在健康和疾病之间扯开了一道鸿沟——长期以来,这鸿沟就是一切!而且它寓意很多,寓意非常多!……(读者可以看出,我的这篇论文乃是基于一个前提,对于我所需要的那些读者而言,我无需去论证这一前提:即"罪孽"并不是人的真实情况,而更多的只是对一种真实情况,即对于一种生理上的不适状态的阐释,——是用道德和宗教的视角阐释生理上的不适,而这种视角如今对于我们已不具约束力。——因此,如果有人自己感到"负疚"、"有罪",这根本还不能证明他的感觉是正确的;同样也不能仅仅因为一个人感到他自己是健康的,就证明他是健康的。有人可能还记得著名的巫婆审判的那段历史:当时就连最睿智、最人道的法官都丝毫不怀疑巫婆是有罪的,而"巫婆们"自己对此也并不怀疑——尽管如此,这里的"罪欠"问题仍然是不存在的①。——将我的这个前提展开来谈,我认为"心灵的痛苦"本身根本就不是事实,而只是一种解释[一种因果解释],是对那些迄今无法准确加以表述的真实情况的一种解释:"心灵的痛苦"不过是某种完全飘在空中的、毫无科学依据的东西,——其实就是一个肥胖臃肿的单词挤占了骨瘦如柴的问号的位置。粗俗一点讲,如果某人不能摆脱"心灵的痛苦",那么原因也许并不在他的"心灵";而更可能在他的肚子[我刚才说了,这是用句粗俗的话说,但我绝不希望让人粗俗地去听、[377]粗俗地去理解……]一个强壮和健康的人会消化他的经历[包括他的行为和恶劣行为],就像消化他的食物一样,即使有时他可能需要将坚硬难嚼的硬物整个吞下去。假如他"不能摆脱"某一经历,那么这种消化不良与另一类型的消化不良一样都是生理性的——而且事实上在很多情况下,前者只是后者导致的一种后果。——我们可以彼此坦率地讲,持这样一种观点的人可

---

① [KSA版注]当时就连(……)仍然是不存在的:参《快乐的科学》格言250。

以依然是所有唯物主义①的最严峻的敌人……)

17

那么我们的禁欲主义祭司真的是位医生吗？——我们已经明白，在何种程度上我们不允许将他称作医生，尽管他本人非常乐意将自己想像成"救世主"，喜欢被人尊为"救世主"。他与之战斗的只是痛苦本身，是受难者的不适，而不是其根源，不是真正的疾病——这肯定是我们对祭司药方所提出的最根本性的反对意见。可是一旦我们把自己置身于只有祭司才熟悉和拥有的视角中，那么我们将很难得出上述结论，反而会对在那一视角之下所看到、所寻找和所发现的一切而惊叹不已。痛苦的缓解，各种类型的"安慰"——所有这一切都证明了他的天才：他对安慰者使命的理解多么具有创造性！而他又是多么果断、多么勇敢地选择了助他完成使命的药物！尤其是基督教简直可以被称为一座收藏最为天才的安慰药物的巨大宝库，在那里囤积了如此之多的兴奋剂、止痛剂、麻醉剂的东西；在那里，为了达到相关目的竟然采取了如此之多最为危险、最为鲁莽的举动，基督教是如此精巧，如此聪明，他们竟然凭借着一种南欧人式的狡猾就已经猜测出，他们利用什么样的刺激性情绪冲动就可以至少暂时地战胜生理障碍者的深刻压抑、极度疲劳和黑色的哀伤②。[378]因为概括而言：所有伟大的宗教的主要目标都是要战胜某种特定的、已演变为某种瘟疫的疲累和沉重。我们从

---

① [Pütz版注]唯物主义：一种哲学学说，即认为物质乃是真实的原则，而不是理念。在古希腊时期就已出现，伴随着近代启蒙运动中的自然科学的发展而得到广泛支持；其全盛时期是在19世纪，而其反向运动则是黑格尔的唯心主义。唯物主义得到了物理学、生物学和进化论、心理学，以及历史和社会学的证明。

② [Pütz版注]黑色的哀伤（schwarze Traurigkeit）：指忧郁（Melancholie，源自古希腊文melas：黑色的）。

一开始就可以设定,在地球的某些特定地点几乎必然会不时地有一种生理出现障碍的感觉在控制着广大群众。可惜由于缺乏生理知识,该感觉尚未能作为生理感觉进入人们的意识,因此人们只能在心理和道德领域寻找这种感觉的"原因",并且在上述领域内尝试补救措施(——这就是我对于那种通常被称之为"宗教"的东西的最概括的表达)。这样一种障碍感可能由多种原因造成:它有可能是彼此过于陌生的种族混合的结果(或者是过于不同的阶层混合的结果——因为阶层的区别也总是体现出出身和种族的区别,比如欧洲的"世间悲苦"①,即十九世纪的"悲观主义"本质上就是一次极其突然的阶层融合的产物);这种障碍感也有可能产生于一次不成功的移民——某个种族发现自己陷入了一种无法适应的气候之中(例如在印度的印度人);这种障碍感可能是种族衰老和疲惫的结果(如从1850年开始的巴黎人的悲观主义);或者是起因于饮食不当(如中世纪的酗酒问题,或者是素食主义者的荒唐,当然,这些素食主义者拥有了莎士比亚笔下的容克贵族克里斯托弗②一般的权威③);或者起因于败血症、疟疾、梅毒之类(三十年战争④后的德国大萧条期间,疾病席卷了半个德国,从而为德意志的奴性和怯懦准备了基

---

① [Pütz版注]世间悲苦(Weltschmerz):是德国诗人让·保尔在其未完成的小说《赛琳娜或论灵魂的不朽》(Selina oder über die Unsterblichkeit der Seele, 1804)使用的术语。([译按]具体指由于外部现实与内心世界的追求和需要之间的矛盾而产生的悲观主义的生命感觉。在欧洲感伤主义和浪漫主义文学时期有很大影响。)
② [Pütz版注]容克贵族克里斯托弗(Junker Christoph):是莎士比亚喜剧《第十二夜》(又名《各遂所愿》,1601年)中的人物([译按]即英文原版的安德鲁·艾古契克爵士(Sir Andrew Aguecheek),而1797年,德国文艺评论家兼浪漫主义重要代表奥古斯特·威廉·施勒格尔[August Wilhelm Schlegel, 1767-1845]在翻译该剧时对其人名进行了归化处理,译作容克贵族克里斯托弗·布莱兴旺[Junker Christoph Bleichenwang]);在该剧第一幕第三场中,克里斯托弗说:"我是个吃牛肉的老饕,我相信那对于我的聪明很有妨害。"
③ [KSA版注]克里斯托弗一般的权威:其后删去一段文字:"我是个吃牛肉的老饕,我相信[——]"(供初版使用的手写付印稿)。
④ [译注]三十年战争:参本书第一章第4节译注三十年战争。

础)。在上述所有情况下都曾尝试过同那种人生无趣的感觉(Unlustgefühl)进行最大程度的斗争;让我们简要回顾一下那些斗争的最主要的经过和形式吧。(当然,我在这里将不涉及那场一直在同时进行的斗争,即哲人们反对无趣感的真正的战斗[379]——这场战斗尽管也相当有意思,但是却太过荒谬、太远离现实、太异想天开,而且太不入流。比如当哲人们想证明疼痛是一种错误时,他们就天真地假设:其中的错误一旦为人所认识,疼痛就必然会消失——可是,请看!疼痛它拒绝消失……)人们用以反抗那种普遍的无趣感的第一种方法就是把生命感觉本身压到最低点。如果可能的话,根本就不再有欲望和希望;所有产生情绪冲动的东西、所有激发"热血"的东西都应当回避(不要吃盐:这是苦行僧①的保健术);无爱;无恨;平心静气;不图报复;不饱私囊;不事劳动;乞求施舍;最好不要女人,或者女人越少越好:在精神层面上达到帕斯卡尔②的 il faut s'abêtir③ 原则。用心理学和道德术语来表达其结果就是:"无我"、"神圣化";而用生理学术语来表达就是:催眠——也就是尝试在人身上取得一些和某些动物的冬眠以及许多热带植物的夏眠差不多的效果,即一种通过最低限度的物质消耗和物质代谢即可维持生命,却又没有相关意识的状态。为达到这一目标曾经动用过大量的人力能量——这都是徒劳的吗?④ ……在每一个时代,几

---

① [Pütz 版注]苦行僧:参本书第一章第 6 节 Pütz 版注苦行僧。
② [Pütz 版注]帕斯卡尔:布莱士·帕斯卡尔(Blaise Pascal),1623–1662,法国哲学家、数学家、神秘主义者;与笛卡尔相反,帕斯卡尔认为理性认识是有局限的,所以他主张一种带有道德和宗教色彩的"心性逻辑"(Logik des Herzens)。
③ [Pütz 版注]il faut s'abêtir:法语,人必须将自己变得愚蠢。([译按]例如帕斯卡尔在《思想录》中认为,"真正的基督徒服从愚蠢"。参上海人民出版社 2007 年版,何兆武译,第 141 页。)
④ [KSA 版注]为达到这一目标(……)徒劳的吗:供初版用的手写付印稿上原写作:"顺便说一下,大多数遁入荒漠的圣人(Wüsten-Heiligen)也是以这种休眠方式为导向的——而且他们中的很多人都已经做到了这一点——他们还以绝对的无聊为导向,它将不会再被感觉为无聊,而是虚无,虚无的感觉[———]"

乎每一个民族都盛产这种"圣洁"方面的 sportsmen①,他们利用极其严格的 training 来对抗某种东西,而现在他们已经找到了真正摆脱这种东西的方法,对此人们完全不必感到怀疑——他们利用催眠类手段组成的系统的帮助无数次真正摆脱了那种深刻的生理性压抑:为此,他们的方法论被列为人种学最具普遍意义的一种事实。同样,我们也不可以自作主张地把这样一种用饥饿疗法对付身体和情欲的意图算成是某种精神错乱的症状(吃烤牛肉的"自由精神"和容克贵族克里斯托弗就喜欢[380]干这种蠢事)。更确切些说,这意图开辟或可能开辟通向各种各样的精神紊乱的道路,例如通向阿索斯山的那些静修士们②所说的"内在的光明",通向声响和形体的幻觉,通向淫欲的泛滥和感官的极度兴奋(Ekstasen)(例如圣女德肋撒③的故事)。而饱受上述状态牵累的人则对这类状况的解释是无比狂乱与错误的,这一点不言而喻:不过我们不会忽略在这样一种解释方式的意志中所响起的那最真诚的感激之声。最高状态,也就是解脱(Erlösung)本身,那最终将达到的整体催眠状态和安宁,在他们看来永远是自在的神秘,就连最高的象征物也无法将其充分表达出来。同时,对他们而言,这种最高状态还是对物之本源的反省与回归,是对所有虚妄的摆脱,是"知识",是"真理",是"存在",是从所有目标、所有愿望、所有行动中解脱出来,也是善与恶的一个彼

---

① [Pütz 版注]sportsmen:英语,运动家之意;它与"sport"[运动]以及下文的"training"[训练]一样直到 19 世纪下半叶都还是来自英语的外来词;而到了 19 世纪与 20 世纪之交,该词才正式变形成为德语词([译按]德语名词的基本特点就是第一个字母必须大写)。另参本书第二章第 3 节 Pütz 版注禁欲苦行。

② [Pütz 版注]静修士们(Hesychasten):东正教教士中的神秘主义者,生活在希腊北部的阿索斯山(Athos)上,当地已经形成了一个由修道院组成的修士之国;他们冥思的目标就是要看到神性之光,就好像他泊山(Tabor[译按]位于巴勒斯坦加利利地区南端)上登山变相的基督([译按]参《路加福音》第 9 章第 28-29 节)。

③ [Pütz 版注]圣女德肋撒(Heilige Therese):亚维拉的德肋撒(Theresa von Avila[译按]又译为圣女大德兰),西班牙神秘主义者(1515-1582),撰写了多部关于神秘主义的理论著作。

岸。佛教徒说:"善与恶——是两副枷锁:战胜了它们就成为悟道者"①;而吠檀多的信徒说:"完成之业和未完成之业都不能带给他痛苦;作为智者的他摒弃善恶;他的王国不再为任何行动而苦恼;他超越了善与恶,把两者丢在了身后"——这就是一套完整的印度观念,既是婆罗门教的,也是佛教的。(无论是印度的还是基督教的思维方式都不认为这种"解脱"是可以通过美德与道德完善来实现的,无论这两者对美德的催眠价值的设定有多高;我们很确信这一点——而且这也和事实完全相符。曾经能够在这一点上保持真实,这或许可以被看作三大宗教中最具现实主义色彩的部分,因为在其他情况下这三大宗教都被彻底道德化了。"对于有知识的人来说不存在义务"……"人们无法通过增加美德 [381] 来实现解脱;因为解脱就存在于我与梵的同一之中,而梵则完美得无以复加;同样,减少错误也不能达到解脱的目的;因为梵与我的同一就意味着解脱,而梵则是永远纯洁的。"(这几段引言均来自商羯罗为《奥义书》所作的注解,转引自欧洲第一位真正了解印度哲学的专家——我的朋友保尔·多伊森②。)我

---

① [Putz 版注]善与恶(……)悟道者:佛教中用来形容那些尘世否定者的惯用语,他们从永恒复返中解脱了出来。([译按]参本章第7节脚注中所引的 H. Oldenberg 的著作《佛陀——生平、学说与信徒》,第50页。)

② [Pütz 版注]完成之业和(……)保尔·多伊森:尼采在这里引用的是其中学同学保尔·多伊森(Paul Deussen,1834-1919)的著作,多伊森是叔本华的信徒及其著作的编辑者,同时也是印度哲学的翻译家,他试图将印度哲学与叔本华哲学联系起来。尼采在这里采用的是多伊森撰写的著作《吠檀多体系》(1883 年莱比锡出版,尼采生前藏书)和其翻译的《吠檀多经文集》(Die Sûtra's des Vedânta,1887 年莱比锡出版,尼采生前藏书)。在正文中,尼采将商羯罗(Çankara,公元8或9世纪的吠檀多神学家)为《奥义书》所作的注解中不同出处的段落捏合在了一起;但却没有歪曲原意。而下文中尼采所说的"最值得尊敬的经文"指的就是《奥义书》,即学生只有坐在非常靠近老师的地方才允许获得的秘传(upa-ni-schad)。这些独立的文章被以一种比较松散的排列方式放在了《吠陀》的结尾处(这就是"吠檀多")。"吠陀"一词的意思就是"知识",《吠陀经》由多个层次组成:诗歌、咒语、以散文或神学论文形式写成的文章,这些文章最后在经文末尾处汇集成了《奥义书》。其成书年代可以追溯到佛教产生之前(公元前 800-600 年)。其内容主要涉及"业或因果报应"(Karma,起平衡作用的正义的宇宙法则)、轮回、个体灵魂(Âtman,即我)通过与世界灵魂(Brahman,即梵)合二为一从而达到解脱的目的等。

们希望能对这些大宗教中的"解脱"概念表示尊敬;不过,当我们看到,沉睡(der tiefe Schlaf)已经因其连作梦都懒怠的厌世态度而获得了尊敬时,我们在表示尊敬时难免会忍俊不禁——在这里,沉睡指的就是进入了梵的状态,已经达到了和神的 unio mystica①。最古老、最值得尊敬的"经文"告诉我们,"当他熟睡之后,当他彻底安息之后,他不再看到任何梦幻景象,这时,噢,那可敬的人,他就和那存在结合在了一起,他就进入了自我——在具有认知力的自我的怀抱中,他不再有何为内在,何为外在的意识。不论是白天还是黑夜,不论是年岁还是死亡,不论是痛苦还是善行或恶行,全都无法跨越这座桥梁。"②这三大宗教中最深刻者的信徒还说:"在沉睡中,灵魂从肉体中升起,进入最高的光明境界,从而以其自我的形体出现:灵魂变成了最高精神本身。它四处游荡,无论是和女人在一起,和车辆在一起,还是和朋友在一起,它都谐谑,它都玩耍,它都取乐。灵魂不再想念肉体这一附加物,prâna③[生命的气息]被套在了肉体上,就像牲畜被套在了车子上一样。"④尽管如此,和我们在"解脱"的问题上一样,我们想在这里也保持清醒,不论东方人喜欢多么夸张的华丽词藻,但是从根本上说,他们所表达的价值判断是和头脑清醒的、冷静的,具有希腊式冷静的、[382]但又在忍受痛苦的伊壁鸠鲁⑤的评述是相同的:那就是催眠状态下的虚无感觉,是沉睡带来的安宁,简言之,就是脱离痛苦的状态

---

① [Pütz 版注]unio mystica:神秘主义式的融合为一。通过这一概念,尼采将东方宗教与基督教的神秘主义联系了起来。([译按]另参本书第一章第 6 节。)
② [译注]参保尔·多伊森翻译的《吠檀多经文集》,前揭,第 375 页。
③ [Pütz 版注]prâna:梵文,印度哲学中的"气","吠檀多"体系中有灵魂的生命原则。
④ [译注]参保尔·多伊森撰写的著作《吠檀多体系》,第 199 页。
⑤ [Pütz 版注]伊壁鸠鲁(Epikur):公元前 342-270 年([译按] 德国的百科全书上多为公元前 341-271 年),来自希腊萨摩斯岛(Samos)的古希腊哲人;主张原子论,认为一切事物都因为原子的结合或分离而产生或消亡。因为物质以及感官幸福都很容易消逝,所以他认为来源于理智的"不动心"(Ataraxie[译按] 又译为"心灵宁静")乃是最高的美德。([译按] 另参本章第 6 节相关脚注。)

(Leidlosigkeit)——这一点应当可以被忍受痛苦和彻底反常的人当作至善①,当作价值中的价值,他们必然对此作出积极评价,必然把它当作积极本身来加以感受。(根据同样的情感逻辑,所有悲观主义的宗教都把虚无称为上帝②。)

18

这样一种对感受力和痛觉力进行全面催眠式的抑制行为,其前提中已经将那些较为稀有的力量,特别是勇气、对舆论的蔑视和"理智上的廊下主义③"(intellektueller Stoicismus)都包括在内。比这种抑制行为应用更广泛的是另一种用以对抗抑郁状态的训练,不管怎么说,后一种训练要容易得多:这种训练就是机械性活动④。毫无疑问,这种活动可以在相当可观的程度上减轻受难者的痛苦:如今,人们有些不太恭敬地把这一情况称为"劳动的赐福"。劳动将受难者的注意力从他的痛苦中转移开去,从而减轻他的痛苦——由于他持续不断地劳作,他的头脑中就很少有空位留给痛苦;因为人类的意识就是个狭窄的小屋! 机械性活动及其相关的事物——例如绝对的规律化、准时而不自觉的服从、千篇一律的生活方式、被占满的时间,人们因此获得了某种许可,或者说

---

① [Pütz版注]至善(höchstes Gut):西方经院哲学中对上帝的称呼,拉丁文写作 summum bonum。
② [Pütz版注]把虚无称为上帝:请参考吠檀多哲学中"梵"的概念(参见本书第一章第6节Pütz版注婆罗门和涅槃)
③ [Pütz版注]廊下主义(Stoicismus):廊下派的学说,即公元前300年左右由来自季提昂(Kition)的小芝诺(Zenon,[译按]公元前333-262年,来自塞浦路斯的古希腊哲人)所创立的希腊哲学流派,后又发展为古罗马的哲学流派。其主张认为,人的道德生活应当参照自然的理性的世界法则。廊下派智者的"不动心"已经成了西方的谚语。([译按]例如德语中的"stoische Ruhe"[淡泊宁静]和英文中的"do sth. with stoicism"[从容不迫做某事]。)
④ [Pütz版注]机械性活动(die machinale Thätigkeit):即体力劳动。

某种"非人格化的"、忘我的、incuria sui① 的培养方式——看哪！禁欲主义祭司多么彻底、多么巧妙地把机械性活动运用于他反抗痛苦的战斗中！当他面对那些社会下层的受难者，那些劳作的奴隶或囚徒时，或者当他面对妇女（她们多半既是劳作奴隶又是囚徒）时，他只需略施更名换姓的小技，[383]就使他们从此在可憎恨的事物中看到了某种享受，某种相对的幸福——不管怎么说，奴隶们对他们自己命运的不满本来就不是祭司们的发明。——另外一种更有价值的对抗抑郁感的药方是某种很容易得到的，而且可以被常规化的微小快乐；人们经常将这种治疗方法和之前讲过的机械性活动配合使用。将快乐用于治疗的最常见形式就是制造快乐（如慈善、馈赠、缓和、帮助、劝说、安慰、夸奖、表彰等等）所带来的快乐（die Freude des Freude-Machens）；在禁欲主义祭司开的处方中还包括"爱邻人"，虽然用药剂量十分谨慎，但它实际上就是要激发那最为强烈的、最为肯定生命的本能冲动——即权力意志。所有那些慈善、促进、帮助、赞扬等行为所带来的那种幸福，那种体现在"最低限度的优势"上的幸福，乃是生理障碍者们惯于使用的最为有效的安慰剂，前提条件是他们的所作所为都是正确的：否则他们就会相互伤害，自然也是出于对同一个基础本能的服从。如果我们在罗马世界中找寻基督教的起源，那么我们就会找到一些互助团体，例如穷人团契、病人团契和丧葬团契，这些团体成长于当时社会的最下层，它们都会自觉运用那种对抗抑郁感的主要手段，即互施善行所带来的小快乐，——这在当时也许是件新鲜事，是个真正的发现？在这种情况下产生了"互助意志"、群体组织意志、"结社"意志、"餐堂"②意志，而在这些意志之中，权力意志也

---

① [Pütz 版注]incuria sui：拉丁文，对待自己很轻率，对自己漠不关心。
② [Pütz 版注]餐堂（Cönakel）：原意为修道院中的餐堂（Refektorium），此处指志同道合者组成的圈子。

随之被引发(虽然它还处于萌发阶段),但它必将再次出现新的、更为饱满的爆发:群体组织的产生(Heerdenbildung)乃是对抗抑郁的战斗中的一个根本性的步骤和胜利。随着社团的发展,个人的一种新兴趣也得到了加强,[384]这种新的兴趣往往使人能够超越他个人的恶劣情绪,超越他对自己的厌恶(即古林克斯①的despectio sui②)。所有病人和病态的人都有一种要摆脱他们的无聊窒息感和软弱感的愿望,出于这种愿望他们都本能地追求一种群体组织:禁欲主义祭司猜出了这一本能,并且助长了这一本能;哪里有群体,那里就有那种追求群体的软弱本能,同时还有祭司们的聪明才智负责将群体组织起来。因为有一点我们不能忽略:强大者的离心倾向正像软弱者的结伙倾向一样是绝对必需的;当前者结合在一起的时候,他们这样做只是为了实现某种整体性的进攻行为或是整体性满足他们的权力意志,而且在这个过程中他们要经受个体良知的多次抵抗;而后者呢,他们组织在一起恰恰是要从这种整合中获得乐趣——这样他们的本能就得到了满足,而那些天生的"主人"(即孤独的猛兽人种),他们的本能却因为这种组织而受到刺激,并且变得不安起来。人类的全部历史告诉我们,每个寡头政治③之下都隐藏着那种专横暴虐的欲望;生活在寡头政体之内的每个人都必需一种紧张状态,以便能够掌控那种专横暴虐的欲望,从这个角度来看,每一种寡头政体都会因此颤抖不已。

---

① [Pütz 版注]古林克斯(Geulinx):阿诺尔德·古林克斯(Arnold Geulincx,[译按]尼采原文中的名字缺少字母"c"),1624-1669,荷兰哲学家;原为天主教徒,后改信新教;他在笛卡尔关于精神实体和物质实体的二元论基础上创立了偶因论(Okkasionalismus),即认为上帝会偶然性地介入肉体与精神或灵魂的运作,从而使两者协调一致。

② [Pütz 版注]despectio sui:拉丁文,自我蔑视。([译按]参本书第二章第 15 节所引用的库诺·菲舍尔所著的《近代哲学史》第一卷,第 11-27 页。该书也是尼采关于古林克斯观点的出处。)

③ [Pütz 版注]寡头政治:参本书第二章第 1 节 Pütz 版注机体运作是寡头政治式的。

(比如说希腊的寡头：柏拉图曾在上百处地方①证实了这一情况。柏拉图了解他的同类——也了解他自己……)

19

目前我们已了解的禁欲主义祭司的手段有——生命感的全面抑制、机械性活动、微小的快乐，特别是"爱邻人"的快乐、群体组织、唤起团体的权力感觉，以及与之相应的通过个人从团体的繁荣中所获得的快感来麻痹和抑制他对自己的恼恨——如果用现代尺度来衡量，这些都是[385]他用来和无趣感作战的无辜的工具；现在让我们来看看那些更有趣、但却"有罪的"工具吧。那些工具都围绕着一个问题展开：那就是让情感在某一方面毫无节制地发展（Ausschweifung des Gefühls）——而这就是对抗那种令人迟钝和麻木、而且极其漫长的痛苦感的最为有效的麻醉剂；所以彻底思考这样一个问题时，祭司们的创造性是永不枯竭的，这个问题就是："人如何才能让情感毫无节制地发展？"……这话听起来很生硬：现成的有另一种更动听、也许更顺耳的说法："禁欲主义祭司随时都善于利用存在于所有强烈的情绪冲动中的热忱（Begeisterung）。"可是为什么我们还要照顾现代那些被娇惯者②的柔弱的耳朵？我们这方面为什么还要对他们的伪善③言辞退让一步？对于我们心理学家来说，这里本身就是一种伪善的行动；只有一点是真实的，那就是它会让我们恶心。因为今天的心理学家虽然不是在所有方面，但却在一个方面有着很好的鉴别力（——其他人可能会说：这是他的正义感），

---

① [译注]参柏拉图《王制》第八卷550c–555a。
② [译注]参本书前言第7节的相关正文与脚注。
③ [Pütz版注]伪善（Tartüfferie）；参本书前言第6节Pütz版注伪善。

那就是他反对那种可耻的道德化的说话方式,而现代人关于人和物的所有判断恰恰都被这种方式所沾染。因为人在这个问题上不会欺骗自己;什么才是现代灵魂和现代书籍最真实的特征,并不是谎言,而是道德的重复性谎言中的那种固执的天真(Unschuld)。我们必须在各个领域里再度披露这种"天真"——今天的心理学家不得不承受很多令人忧虑的工作,而这件工作则是其中最令人反感的;这也是一件带给我们很大风险的工作——这是一条路,也许它会将我们引向强烈的呕吐……我清楚地知道,现代书籍的目的何在(假设这些书籍能经受住时间的考验,这当然是没有什么好担心的;同时也假设下后世的人有着更严格、更冷酷、更健康的品味)——我还清楚地知道,所有这些现代的东西[386]对于拥有如此品味的后世者究竟有什么用,可以有什么用;那就是成为他们的催吐剂——因为这个催吐剂能够利用它那道德的甜蜜和虚伪来发挥作用,也就是利用埋藏在它最深处的那种女性化倾向,不过这倾向喜欢称自己为"理想主义",而且也相信理想主义。我们今天那些受过教育的人们,我们的"好人",他们不会说谎——这是真的;但这并不使他们受到尊敬!对于他们来说,真实的谎言,真正的、果断的、"真诚的"谎言(关于这种谎言的价值,人们可以听听柏拉图①的意见),有些过于严格、过于强烈了;它会向他们提些别人不允许提的要求,即让他们睁开双眼盯着自己,让他们学会区别他们自身的"真实"与"虚假"。而这些人只适合于那种不真诚的谎言;如今,所有自认为是"好人"的人们,他们对待事物时只会不停地不真诚地说谎、不停地堕落地说谎,但又不断地无辜地说谎、坦率地说谎、天真地说谎、规矩地说谎,他们完全没有能力去采取除

---

① [KSA版注]柏拉图:参《王制》第三卷414b-c;第二卷382c;第三卷389b;第五卷459c-d;《法义》663e。

此以外的态度。这些"好人们"——他们现在已经完全彻底地道德化了,他们的诚实已经被永远地玷污了、破坏了:他们当中还有谁能够忍受得住一种"关于人"的真相!……或者问得更明确些,他们之中有谁还能够忍受一部真实的人物传记!……这里有一些东西可供参考:拜伦爵士①写下了一些关于他自己的最为私人的东西,可是托马斯·莫尔②太过"好心"了:他焚烧了他朋友的文稿。据说叔本华的遗嘱执行人格温纳博士③也干了类似的事情:因为叔本华也写下了一些关于他自己的事,那也许是些反对他自己($εἰς\ ἑαυτόν$④)的文字。贝多芬的传记作家、能干的美国人塞耶⑤,有一次突然中断了他的工作:因为他在那样一个崇高纯真的生命中遇到了某些东西,这使他再也无法忍受了⑥……道德:今天还有哪个聪明人会写一个关于自己的真诚的文字?——如果那样做了,那他肯定可以成为神圣的傻大胆骑士团中的一员。有人说,理查德·瓦格纳正在写自传⑦:谁会怀疑,那将是一部聪明的自传?……让我们再回想一下,当年的

---

① [Pütz版注]拜伦爵士:乔治·戈登·诺埃尔·拜伦(George Gordon Noel Byron),拜伦勋爵(1788-1824),英国浪漫主义诗人。
② [Pütz版注]托马斯·莫尔(Thomas Moore):1779-1852,爱尔兰诗人。
③ [译注]格温纳博士:威廉·冯·格温纳(Wilhelm von Gwinner),1825-1917,德国传记作家。
④ [译注]$εἰς\ ἑαυτόν$:希腊语,反对他自己。另参《新约·希伯来书》第12章第3节。
⑤ [译注]塞耶:亚历山大·惠洛克·塞耶(Alexander Wheelock Thayer),1817-1897,美国记者、外交家、贝多芬经典传记的作者。
⑥ [KSA版注]拜伦爵士(……)这使他再也无法忍受了:以上请参考《拜伦杂记》(*Lord Byron's Vermischte Schriften*),E.Ortlepp翻译,斯图加特出版,尼采生前藏书;格温纳所著的《私人交往中的叔本华》(*A. Schopenhauer aus persönlichem Umgange dargestellt*),莱比锡,1862年版;塞耶所著的《贝多芬的一生》(*L. van Beethoven's Leben*),柏林,1866年及以后的版本。
⑦ [KSA版注]理查德·瓦格纳正在写自传:参本章第5节 KSA版注理查德·瓦格纳。

天主教教士扬森①就德国的宗教改革运动做了非常独特的方正且无害的描述,结果却激起了一场可笑的震惊;假如有人对宗教改革运动做了别样的叙述,假如有一位真正的心理学家为我们讲述了一个真实的路德,而不再是讲述一个乡村牧师的道德纯朴,同时也不再带着新教历史学家们那种诌媚而又瞻前顾后的扭捏,而是以一种泰纳式的无所畏惧②来讲述,以一种发自心灵的强悍力量,而不是以某种用来对抗强大的聪明的宽恕精神来讲述,诚如上述,我们将从何处入手呢?……(顺便说一句,德国人终于为后者生产出了足够漂亮精致的经典人物类型——德国人可以把这类型的人物与他们自己归为一类,把他算作好人:这个人就是利奥波德·兰克③,他是一切 causa fortior 的天生的和经典的 advocatus④,是一切聪明的"真实者"中最聪明的那个。)

20

但是读者可能已经理解我的意思了:总而言之,我们这些心理

---

① [Pütz 版注]扬森:约翰内斯·扬森([译按] Johannes Janssen,1829-1891,德国天主教教士,历史学者,宗教改革运动的反对者),其著作为《中世纪以来的德国民族史》(*Geschichte des deutschen Volks seit dem Mittelalter*),弗莱堡 1877 年出版([译按]该书由于其反对宗教改革的观点而在当时遭到了很多批评);尼采于 1878 年 12 月 31 日购买了此书,但在尼采藏书中未被发现。关于尼采对扬森的评论参他在 1879 年 10 月 5 日写给彼得·加斯特(Peter Gast)的信。
② [Pütz 版注]泰纳式的无所畏惧:伊波利特·泰纳(Hippolyte Taine),1828-1893,法国历史学家及历史哲学家;主张用类似自然科学的环境理论来解释精神和政治的历史。([译按]具体参傅雷译的《艺术哲学》,傅译为丹纳。)
③ [Pütz 版注]利奥波德·兰克(Leopold Ranke):1795-1886,德国历史学家,主张根据严格的来源考证和客观性来进行历史写作。([译按]兰克被认为是德国历史主义的重要代表,他也有一部关于宗教改革的重要著作《宗教改革时期的德国史》[*Deutsche Geschichte im Zeitalter der Reformation*,1839-1847 年间完成]。)
④ [Pütz 版注]一切 causa fortior 的天生的和经典的 advocatus:拉丁文,一切更为强大的事物的天生的和经典的辩护者。

学家们无法摆脱对我们自己的怀疑,理由很充分,不是吗?可能对我们的这门手艺来说,我们自己也太过"好心"了,无论我们自己多么强烈地蔑视那种道德化的时代品味,但可能我们自己也还是它的牺牲品、战利品和病人——可能这时代品味也把我们传染了。当那位外交官①曾对他的同事说下面这番话时,他到底要提醒人们留心什么呢?"先生们,让我们首先怀疑我们的第一反应和冲动,因为它们几乎总是善的。"……如今,每位心理学家也应该这样告诉他的同行们……这样我们就回到了原来的问题上,这个问题事实上要求我们要相当严厉,[388] 特别是对于"第一反应和冲动"要抱有相当的怀疑。禁欲主义理想服务于一种让情感无节制地发展的目的——谁若是还记得前一章的内容,谁就能基本上从这几个新词中猜出下面将要表达的内容。让人类灵魂从分裂状态中解脱出来,并把它浸入到恐惧、冰冷、炽热、迷醉中去,使它能像电击一般迅速摆脱无趣感、麻木感和恶劣情绪带给人的种种琐碎:哪些道路通向这一目标?当中又有哪条道路最安全?……从根本上说,所有大的情绪冲动,如愤怒、恐惧、淫欲、复仇、希望、胜利、绝望、残酷,只要是突然发泄出来的情感,都有可能达到这一目标;事实上,禁欲主义祭司毫不犹豫地动用了人体内整个的狂躁狗群,他一会儿放出这一条,一会儿又放出那一条,但目的总是一个,就是把人从慢性悲哀中唤醒,至少是暂时地赶跑那使人麻木的疼痛和那令人迟疑的困苦,而且这一切都是在宗教的解释和"正名"的保护下做的。不言而喻,情感的每一次类似的无节制发展之后都要付出代价——它使病人的病情加重——因此,用现代的标准

---

① [Pütz 版注]那位外交官:指夏尔·莫里斯·德·塔列朗(Charles Maurice de Talleyrand),1754-1838,在法国大革命之前乃是欧坦地区(Autun)主教,1792 年作为外交使节被派往英国,拿破仑时代成为外交部长,在维也纳和会上也担任此职;后在路易·菲利普时代担任驻英国大使(1830-1834)。([译按]其人出身贵族,以权变多诈著称。)

来衡量,这种治疗疼痛的方法是一种"罪欠的"方式。但是,公正地说,我们必须要特别坚持一点,即使用这种方法的人乃是出于善的良知,禁欲主义祭司是因为绝对相信这种治疗方法的效力,甚至深信它是必不可少的,所以才开出这个药方——而且禁欲主义祭司自己也经常为他所制造的痛苦而几欲崩溃;而另一方面,这种纵情疗法虽然会引起生理上强烈的报复,甚至也许还会造成精神紊乱,但从根本上说这并没有真正违背该治疗方法的整体意义:前面已经说过,这种治疗方法的目的不在于治愈疾病,[389]而仅在于抵抗抑郁感和无趣感,在于减轻和麻痹这种感觉。而这一目的也是这样达到了。众所周知,为了在人类的灵魂中奏响各种令人心碎、使人狂喜的音乐,禁欲主义祭司擅自使用的最主要的手段就是利用罪欠感。我在上章曾经简要指出了罪欠感的来历——即认为它属于动物心理学的一部分,而且已经不复存在了:我们在那里看到的罪欠感相当于它的原始形态。只有到了禁欲主义祭司这个天生的罪恶感觉的艺术家手里,罪欠感才获得了外形——噢,这是什么样的外形啊!"罪"——祭司就是这样重新解释动物的"良知谴责"(那种返向自身的残酷)的——"罪"的出现到目前为止仍然是心灵病史上最大的事件:在这里,我们看到了宗教解释所给出的最危险、祸患最大的手段。人,一定是出于某种生理上的原因,出现了以己为患的情况,就像一只关在笼子里的动物,他不能理解这是因为什么,这是为了什么目的?他饥渴地寻找原因——因为原因能给人宽慰——他还饥渴地寻找药物和麻醉剂,最后他终于咨询到了一位知情人——看哪!他获得了一个暗示,他从他的魔术师,即禁欲主义祭司那里得到了有关他的痛苦的"原因"的第一个暗示:他应当在自己身上,在一种罪过中,在一段过去的经历中寻找原因,他应当把他的苦难本身理解为一种受罚状态……那个不幸的人,他听到了暗示,他听懂了:从此,他就像一只母鸡,他的周围被画了一个圈。现在他再也不能越出那个画好的圈了:病人被改造成了"罪人"……现在我们已经被这种新病人,这种"罪人"的观念束缚了几千年——人还能再次摆脱它吗?——不论我们往哪儿看,遇到的都是罪人那被催眠的目光,这种目光总是朝着一个方向[390](总是注视着他的"罪",这是他痛苦的唯一原因);到处都是坏心肠,像路德说的那种"可怕的野兽"①;到处都在回过头来咀嚼过去、歪曲事实、用"怨毒的眼睛"看待一切行为;到处都在意欲误解痛苦,这已经被变成了生命的内容,痛苦被解释成了罪欠感、恐惧感和惩罚感;到处都是鞭子、粗呢子衬衫、忍饥挨饿的身体、悔恨;到处都有一个由不安的、病态地贪婪的良知形成的残酷的转火轮,而罪人就在那轮子上自我车磔②;到处都有无声的折磨、极度的恐惧、受刑的心脏的垂死挣扎、某个未知幸运发出的痉挛、还有寻求"解脱"的喊叫。事实上,这套程序彻底克服了那古老的抑郁、沉重和疲惫,生命重新变得非常有趣:清醒、永远地清醒了、睡眠不足、燃烧着、被烧焦了、精疲力竭却又不感觉累、——人,或称"罪人",他一旦被告知了这些秘密之后,他就会呈现出上述状态。禁欲主义祭司,这位同无趣感作战的古老而又伟大的魔术师——他显然获得了胜利,他的王国到来了:人们已经不再抱怨疼痛,人们在渴求疼痛;"再多一点疼痛!再多一点儿疼痛!"几百年来,他的信徒和知情者们就这样喊着他们的要求。每种引起疼痛的情感的无节制发展,所有会撕裂、颠倒、压碎、使人着迷、令人陶醉的东西,行刑室里的秘密,地狱本身的创造性——这一切的一切从此都被发现、被猜出、被彻底利用,所有这一切都为魔术师服务,为他的理想,即禁欲主义理想的胜利而服务……"我的国不属于

---

① [译注]可怕的野兽(grewliche thier):参马丁·路德《桌边谈话录》(Tischreden),1542-1543年冬天,第5513号。
② [译者版注]参本章第6节Pütz版注伊克西翁的转火轮和本书第二章第3节Pütz版注轮磔之刑。

这世界"①——他一直都在这样说话:可是他真的还有权利这样说吗?……歌德曾宣称②,世上只有三十六种悲剧情节;如果我们之前还不了解歌德的话,那么我们从这句话就可以猜出,歌德肯定不是一个禁欲主义祭司。因为后者——所知更多……

21

[391] 说到禁欲主义的这一整套"罪恶的"治疗方法,任何批判用语都是多余的。谁会有兴趣坚持说,禁欲主义祭司经常对他的病人施用的那种让情感无节制发展的疗法(他在这样做时当然是以最神圣的名义,而且内心充满肩负使命的神圣感),确实曾经对某个病人产生过*疗效*?我们至少应当理解"疗效"一词的含义。假如人们用"疗效"表达的意思仅仅是这样一种治疗体系使人得到改善,那么我没有异议:我只想补充一点"改善"对我而言意味着什么——即意味着"被驯化"、"被弱化"、"失去勇气"、"变得狡诈"、"被柔化"、"去男性化"(基本上就意味着遭到了损害……)。但如果我们涉及的主要是病人、反常者、沮丧者,同时这一治疗体系能使他们得到"改善"的话,那么该体系一定会让其病情加重;我们只需问问精神病医生就可以知道,那种使用了忏悔的反复折磨、悔恨以及解脱的危机的治疗方法总是会带来什么样的效果。同时人们也可以咨询历史:凡是禁欲主义祭司施用了这类治疗方法的地方,疾病就会飞快地向深度和广度发展。那么什么是这种治疗方法的"成果"呢?这就是在已经患病的肌体上再添加上一个受损的神经系统;无论是在最大范围内,还是最微小的规模,无

---

① [Pütz 版注]"我的国不属于这世界":参《约翰福音》第 18 章第 36 节。
② [Pütz 版注]歌德曾宣称:参《歌德谈话录》,爱克曼(Eckermann)编辑;1830 年 2 月 14 日,歌德说:"戈齐曾宣称,世上只有三十六种悲剧情节。"(卡洛斯·戈齐 [Carlos Gozzi],1720-1806,威尼斯的剧作家和诗人。)

论是个体,还是群体,都是如此。我们发现,在每次忏悔和解脱的训练之后,都会发生一场可怕的癫痫大流行,历史上最大规模的爆发就发生在中世纪那些圣法伊特①和圣约翰②舞蹈狂③患者身上;我们还能看到,这种训练还有其他形式的后果,即可怕的麻痹症和持久的抑郁感,一个民族或一座城市(如日内瓦和巴塞尔)的气质和禀性也许会因此被彻底扭转为与原来相反的情况;——同属此类的还有 [392] 巫婆癔症,即类似于梦游症的东西(仅在 1564 年到 1605 年间就有八次该病症的大规模爆发);——同样,我们在这种训练之后还发现了那种渴求死亡的群众性谵妄,他们那恐怖的呐喊 evviva la morte④ 曾经响彻整个欧洲,中间时而夹杂着一些或者渴求骄奢淫逸、或者渴求肆意破坏的特异性反应:即使在今天,每当禁欲主义关于罪孽的学说再次获得巨大成功时,我们依然能够随处观察到同样的情绪转换,同样的间歇性和同样的骤然发作。(宗教的神经官能症是以某种具有"邪恶本质"的形式出现的:这毋庸置疑。但它究竟是什么呢? Quaeritur⑤。)总的来说,禁欲主义理想及其崇高的道德礼仪,即那种将所有有利于情感无节制发展的工具统统进行最机智、最无顾忌、最为危险的系统化的行为,

---

① [Pütz 版注]圣法伊特(St. Veit):即来自西西里的天主教殉教者维图斯(Vitus,死于 304/305 年),是癫痫、癔症、疯癫、狂犬病以及舞蹈狂等病症的救难圣人。([译按] 圣法伊特节是在 6 月 15 日,中世纪认为那天是盛夏的开始。)
② [Pütz 版注]圣约翰(St. Johann):施洗者圣约翰节(6 月 24 日)临近夏至,所以他的名字也和一些民间迷信联系在一起。癫痫也叫圣约翰病。14 和 15 世纪,大规模的圣约翰舞蹈病主要席卷了莱茵河、摩泽尔河沿岸地区以及荷兰等地。直到圣法伊特节或圣约翰节那天这些病症才被治愈。
③ [译注]舞蹈狂(Tanzwut):又称舞蹈瘟、流行性舞蹈病、圣约翰之舞或圣法伊特之舞,是中世纪欧洲时常爆发的一种群体性癔症(原因至今未明),患者会一直跳到口吐白沫、精疲力竭。之所以被称为圣约翰或圣法伊特之舞,是因为患者多在圣法伊特节前后发病,据说有些患者向两位圣徒祈祷后可以停止跳舞,因此被认为是圣徒的诅咒。
④ [Pütz 版注]evviva la morte:意大利文,死亡万岁!
⑤ [Pütz 版注]Quaeritur:拉丁文,这是一个需要考虑的问题。

它依靠其神圣意图的保护,以一种可怕的、令人难忘的方式被写进了整个人类历史;可惜是不仅仅写进了人类的历史……除了禁欲主义理想之外,我简直想象不出别的什么东西能够如此损害人类的健康和种族的强盛,特别是对于欧洲人而言尤其如此;我们可以毫不夸张地把这种理想称之为欧洲人健康史上的真正灾难。唯一勉强能够与其影响相提并论的,可能只有日耳曼人特有的影响:我指的是用酒精毒化欧洲,这种毒化一直严格地同日耳曼人的政治与种族优势同步发展(——日耳曼人在哪里输入他的血液,也就在那里输入他的恶习)。——排在第三位的则是梅毒——magno sed proxima intervallo①。

22

无论哪里,只要禁欲主义祭司占据了统治地位,他就会败坏人的心灵健康,因此,他也就 [393] 损害了人在 artibus et litteris② 方面的品味——而且他现在还在继续这样做。"因此"?——我希望读者能直接同意我用的这个"因此";至少我现在还无意去证明它。唯一可以提示的是:这涉及基督教文献中的那本基础典籍,涉及基督教真正的原型,即那本"自在之书"③。古希腊罗马的兴盛时期也是其典籍的兴盛时期,那是一个尚未萎缩、尚未毁灭的古典文献的世界,那个时代的人们尚能够读到几部典籍,而现在,为了获取这些典籍,我们情愿用我们全部文献的一半去做交换。而面对着那样的一个时代,基督教的鼓吹家们——人们现在称他们为

---

① [Pütz 版注] magno sed proxima intervallo:拉丁文,虽然紧随其后,但其实相距甚大。([译按] 语出维吉尔《埃涅阿斯纪》,卷五,行 320,"longo sed proximus intervallo" [虽然紧随其后,但其实相距颇远]。)
② [Pütz 版注] artibus et litteris:拉丁文,艺术和科学。
③ [Pütz 版注] 自在之书(Buche an sich):指《圣经》。

早期基督教教父①——他们已经敢于幼稚而虚荣地宣称:"我们也有我们自己的经典,我们不需要希腊人的文献",——而在说这番话的同时,他们还骄傲地罗列出一些传说故事书、使徒书信以及那些卫道士们撰写的宣传小册子,这就像今天的英国"救世军"②用一些类似文件来进行反对莎士比亚和其他"异教徒"的斗争一样。读者应该已经猜到,我不喜欢《圣经新约》;以我之品味,在评价这部最受尊崇、也最被过于尊崇的文献时竟如此孤立,这几乎使我有点不安(二千年来的品味都在反对我):可是这又有什么关系呢!"我就是这样,我不可能是别样的"③——我有勇气坚持我的不雅品味④。至于《圣经·旧约》——那就完全不一样了:《圣经旧约》真是了不起! 在里面,我找到了伟大的人物、神话史诗般的巨幅风景画,还有某些尘世间最为罕见的东西,那就是强健心灵的无可比拟的纯真;更为重要的是,我在里面发现了一个民族。而在《新约》里面却全是些琐碎的宗派事务,全是些洛可可式的心灵⑤,全

---

① [Pütz版注]早期基督教教父(Kirchenväter):指从圣保罗之后至公元8世纪之间的早期基督教的神学代表,例如奥古斯丁(354-430年)。([译按]另参本书第一章第15节Pütz版注一个成功的早期基督教父。)
② [Pütz版注]救世军(Heilsarmee):由卜威廉(William Booth,[译按]1829-1912,英国卫理公会传道者)于1865年创立的准军事化管理的宗教社团,其目的是为了缓解社会贫困,总部设在伦敦。
③ [Pütz版注]"我就是这样,我不可能是别样的":这是马丁·路德(根据传说)于1521年4月18日在沃尔姆斯([译按]Worms,德国莱茵河畔小城,763-1545年间神圣罗马帝国议会多次于此召开)的帝国议会上所说的话,当时有人问他是否愿意撤回自己的学说。
④ [Pütz版注]我有勇气坚持我的不雅品味:参司汤达在《红与黑》中用来形容于连·索黑尔的话。尼采在1884年春天的遗稿中引用了这句话:"Il n'a pas peur d'être de mauvais goût, lui."("他是不怕有伤风雅的,他。"[译按]参《红与黑》下卷第十二章"他会是一个丹东吗"。)
⑤ [Pütz版注]洛可可式的心灵(Rokoko der Seele):造型艺术中的洛可可时期是指巴洛克时期之后带有阿拉贝斯克(arabeskenhaft[译按]阿拉伯风格的装饰,以缠绕交错的线条为特点)形式的艺术时期。而在文学上突出着重主题、形式与内容上的精细纤巧:例如细小的神灵与理念。

第三章 禁欲主义理念意味着什么？

是些加了花饰的、弯弯曲曲的、奇异古怪的东西,净是些私人结社的空气①,别忘了,偶尔还有一种田园牧歌式②的甜蜜气息,这是那个时代的特征(也是罗马行省的特征),它既不是犹太式的,也不是希腊式的。在里面,恭顺谦卑与妄自尊大同时并存,喋喋不休地[394]谈论感觉,简直让人头昏脑胀;这里没有热情,只有沉迷;只有令人难堪的表情与手势的变化;显然,这里缺少任何良好的教养。人们怎么可以像那些虔诚的小人物一样对自己的小小恶习大惊小怪呢？没有公鸡会为此啼叫③;更不用说上帝了。而到了最后,这些外省的小民,他们竟然还妄求"永生的冠冕"④:他们为了什么目的？他们要那"冠冕"干什么？不能再继续这种非份之想了。假如圣彼得获得了"永生":谁还能受得了他！他们有着让人发笑的野心:那个小人物⑤,他反复不停地详细解释着他最私密的东西、他的愚蠢、他的悲哀以及他那街头闲汉一般的忧虑,就好像万物本源(das An-Sich-der-Dinge)的义务就是关心这些！他还不知疲倦地把上帝本人也裹胁进小人物们最微不足道的痛苦中去。而且还没完没了地与品位最不雅的上帝尔汝相称！嘴爪并用,以犹太式的,而且不仅仅以犹太式的方式对上帝纠缠不休！……在亚洲东部有一些弱小的、受到轻视的"异教民族",这些早期的基督徒们原本可以从他们身上学到一些基本的东西,那就是表达敬畏的礼节;基督教的传教士们证实,在那些民族里,根

---

① [Pütz版注]私人结社的空气(Konventikel-Luft):私人结社指的是私人性质的宗教集会,特别是17和18世纪的虔信派教徒,他们希望通过个人心灵的虔诚与爱邻人的思想来革新福音信仰。

② [Pütz版注]田园牧歌式(bukolisch):希腊牧歌风格的。特别在文学上的洛可可时期,古希腊时期的牧歌重新受到关注。

③ [Pütz版注]没有公鸡会为此啼叫:请参考《马太福音》第26章第67-68节。([译按]此处似乎有误,公鸡啼叫的典故应当是《马太福音》第26章第69-75节。)

④ [Pütz版注]永生的冠冕:参《启示录》第2章第10节。

⑤ [译注]那个小人物(das):似乎指圣保罗,即《新约》超过一半内容的作者。

本不允许人说出他们的神的名字。在我看来,这种行为非常审慎;而且可以肯定的是,不仅仅只有"早期"的基督徒才认为这行为太过审慎了;让我们来感受一下相反的情况,我们可以回想一下路德,那位德国"最雄辩"、最不谦逊的农民,回想一下他说话的语气,那是他与上帝对话时最喜欢的语气。毫无疑问,路德对教会的那些使徒圣人们的反抗态度(特别是针对"教皇,那魔鬼的母猪"①的态度),说到底不过是一个粗野小子的反抗,他对教会的良好礼仪恼恨不已,即那种带着祭司品味的敬畏礼仪,因为这种礼仪只允许更有奉献精神、更为沉默的人进入最神圣的境地,而将那些粗野家伙拒之门外。那些家伙永远都不应该拥有在这儿说话的权利——可是路德,那个农民,[395]却要让它彻底变个样子,因为那些礼仪对他而言不够德意志化:他要的首先就是能够直接说话,能够自己说话,和他的上帝进行"不拘礼节地"交谈……于是,他就这样做了。——读者可能已经猜到,禁欲主义理想从来就不是培养高雅品位的学校,更不是培养良好举止的学校——它充其量最多就是个培养祭司举止的学校——在它自己的肌体中就有某种东西,那是一切良好举止的死敌,而且它也造就了那东西,——缺乏分寸感、厌恶分寸感,禁欲主义理想本身就是一种"non plus ultra"②。

23

禁欲主义理想不仅败坏了健康和品味,而且还败坏了第三种、第四种、第五种、第六种东西——我不打算把所有被败坏的东西都列出来(那样的话我何时才能讲完!)。可是我在这里所

---

① [Pütz 版注]"教皇,那魔鬼的母猪"(des Teuffels Saw, den Bapst):这是路德的惯用语。
② [Pütz 版注]non plus ultra:拉丁文,没有更进一步的;一种无法被超越的东西。

要披露的并不是禁欲主义理想取得的影响;我只是更想要披露禁欲主义理想意味着什么,劝诫什么,在它的背后、下面、内里都隐藏了些什么,而它那种暂时性的、含糊不清的、被疑问和误解弄得沉重不堪的方式与风格又是为了什么。也只有在涉及这一目的的时候,我才不得不让我的读者们一睹它那巨大的影响、也是灾难性的影响:这样就可以使读者们对最后一个、也是最可怕的观点有所准备,这观点所涉及的就是那个理想的意义问题。那个理想的权力,它那权力的巨大力量到底意味着什么?它为什么有这么大的活动余地?为什么没有对它实行更为有效的抵制?禁欲主义理想表达了一种意志:而与其相反的对立意志,以及其中所表达出的对立的理想又在哪里?禁欲主义理想有一个目的——它具有无比普遍的特点,与它相比,人类存在的其他一切利害问题都显得渺小和狭隘;它无情地根据这样一种目的来解释时代、民族、人类,[396] 却不承认有其他解释和其他目的,它总是只以它自己的解释为基准来进行谴责、否定、肯定、确认(——在世界上,是否曾经有过比这更能贯串始终的解释系统吗?);它不屈从于权力,它相信它在任何权力面前都享有特权,相信它相对于任何权力都拥有绝对的等级差别(Rang-Distanz)——它相信,尘世间没有哪个权力不是首先必须从它那里接收到一个意义、一种存在权、一种价值的,这一切都是它用来完成工作的工具,是它用来实现自己目的的道路和手段,那是它唯一的目的……对于这种自我封闭的关于意志、目的和解释的系统而言,它的对立面又在哪里?为什么会没有对立面?……而那另外的"一种目的"又在哪里?……可是有人告诉我说,对立面是存在的,它不仅仅发动了一场针对禁欲主义理想的漫长而且出色的斗争,而且在所有重要的方面都已经征服了那一理想:而我们全部的现代科学就是证明——他们说,现代科学,作为一种真正的现实哲学,它显然只相信它自己,显然只对它自己抱有勇气和意志,而且它不需要上帝、彼岸以及否定式的美德也能维持下去。可是,这些喧闹、这些宣传家们的鼓噪,在我身上并没有取得任何效果:这些"现实"的吹鼓手们都是些糟糕的音乐艺人,他们的声音虽然可闻,但却不深沉,他们说的话不是发自科学良知的深渊——因为科学现在就是一个深不可测的深渊——"科学"一词出现在这些吹鼓手的嘴里简直就是一种亵渎、一种滥用、一种无耻。真相恰好和这些吹鼓手们的主张相反:科学现在根本就没有针对自己的信仰,更何况一种在自己之上的理想——只要科学还是激情、爱、炽热、痛苦,它就不会是禁欲主义理想的对立面,相反却是其最新和最高贵[397]的形式。这听起来很陌生,对吗?……即使在当今的学者中,也有足够多的正直和谦逊的劳动者群体,他们喜爱他们那狭小的角落,而且由于他们喜爱他们那一隅,所以他们偶尔也会不那么谦恭地大声说出他们的要求,说现在每个人都应当感到满足,尤其是在科学中感到满足——科学中有那么多有益的事情可以做。我对此并没有异议;我最不希望败坏这些诚实的劳动者的工作兴致:因为我喜欢他们所做的事。不过,虽然在科学领域内,人们工作认真严格,而且感到满足,但这些绝不能证明,科学作为一个整体,如今已经有了一个目标、一种意志、一种理想,一种对伟大信仰的激情。如前所述,事实恰好相反:如果科学不是禁欲主义理想的最新表现形式,——这是罕见的、高贵的、特殊的情况,如果真是这样,整个判断就要被扭转过来了——那么科学就是所有类型的厌烦情绪、怀疑、内心的蛀虫①、despectio sui②、良知谴责等的藏身之所——科学就是缺乏理想本身引起的不安,是缺乏伟大的爱而造成的痛苦,是一种强迫满足所引起的不满。啊!如今还

---

① [译注]内心的蛀虫(Nagewurm):当是指内疚,参本书第二章第14节。
② [Pütz版注]despectio sui:拉丁文,自我蔑视。([译按]参本章第18节相关脚注。)

有什么不能被科学所掩盖呢！科学到底掩盖了多少东西啊！我们那些最好的学者们非常能干,他们勤奋得有些莽撞,他们那不分昼夜而工作的大脑因为运转过热都已经冒烟了,而他们的手艺也非常精湛——而所有这一切的本意则大多在于使他们自己的某些东西不至于暴露！科学就是自我麻醉剂,你们知道吗？……任何和学者们打交道的人都知道,人们会因为一个无关紧要的字眼而深深地伤害他们;当我们试图对我们的学者朋友们表示崇敬时,却往往会惹火他们;我们让他们变得很激动,仅仅是因为我们太粗心,以至于猜不出我们是在和谁打交道;我们是在和受难者打交道,可是他们不愿意承认,[398] 他们自己是受难者;我们是在和被麻醉的人与没有知觉的人打交道,他们只畏惧一种东西:那就是恢复意识……

24

——现在让我们来看看我刚才提到过的那些罕见的情况,也就是现在的哲人和学者中最后的那些理想主义者:也许在他们中间有我们寻找的禁欲主义理想的反对者,有对立思想的理想主义者(Gegen-Idealisten)？事实上,他们这些"不信神"的人(他们都是如此)正是这样看待他们自己的;反对禁欲主义理想正是他们最后的一点信仰,他们在这个问题上越是认真,他们的言行就越是激动——可是这样就必然说明他们的信仰是正确的吗？……而我们这些"认识者"却正是要对所有类型的"信仰者"表示怀疑;我们的怀疑也逐渐教会我们用一种相反的方法去总结人们已经总结过的东西:也就是说,不论在哪儿,只要我们发现信仰的力量过于强大时,我们就能推论出一种查有实据的软弱,甚至能总结出信仰对象的非真实性(Unwahrscheinlichkeit)。虽然我们并不否认,信仰能"让人有福了"①：但是正因为如此，我们才否认信仰能够证明某种东西的存在——一种强大的让人有福的信仰恰恰会引起对其信仰对象的怀疑，信仰所建立的不是"真理"，它只是建立了某种可能性——某种幻觉（Täuschung）的可能性。但是这些同我们谈论的问题有什么联系呢？——这些现代的否定论者和乖僻的人们，这些执着追求一种东西，即理智的纯洁性的人们，这种构成我们时代荣耀的严酷的、严格的、寡欲的、英雄的才智之士，所有这些苍白的无神论者、反基督主义者、非道德主义者、虚无主义者，这些精神的怀疑论者，犹豫者（Ephektiker）②、神经过敏者（Hektiker）（无论从何种意义上讲，他们全部都是神经过敏者），这些最后一批认识的理想主义者们，今天只有在他们身上还残留着、[399]还活跃着理智的良知；事实上，这些"自由的、非常自由的精神"③，他们相信自己已经尽可能摆脱了禁欲主义理想：可是我却要透露给他们一个他们看不到的事实——他们之所以看不到是因为他们距离自己太近了——这事实就是：禁欲主义理想也便是他们自己的理想。在今天，也许不是别人，正是他们自己体现了这一理想。他们自己就是这禁欲主义理想最为精神化的畸形产物，是一群属于禁欲主义理想的最前沿的战士和侦察兵，是这一理想最为棘手、最为娇嫩、最不可思议的诱惑形式——如果说我在某种意义上是个解谜人，那么我希望是因为这句话而成为解谜人……这些人还远非什么自由意志者：因为他们仍然相信真理……当基督教十字军在东

---

① ［Pütz版注］让人有福了：参《路加福音》第1章第45节与《约翰福音》第20章第29节。
② ［Pütz版注］犹豫者：乃是古希腊怀疑论者的别名，参本章第9节Pütz版注犹豫的；此处有一个文字游戏，尼采提取了犹豫者（Ephektiker）的后半部分，使之变成了神经过敏者（Hektiker），表示尽管他们是犹豫者，但他们也同时是神经过敏者。
③ ［Pütz版注］"自由的、非常自由的精神"：参尼采《善恶的彼岸》第44段。

第三章 禁欲主义理念意味着什么？

方遭遇那个不可战胜的阿萨辛派教团①时,那是一个真正的自由精神的教团,其最下层成员的服从程度超过了其他任何一种教团,而十字军也通过某种途径了解到了被该教团最上层人士当作机密而加以保留的标志和誓言:"什么都不是真的,一切都是允许的"……没错,这才是精神的自由,甚至连信仰都因此宣布真理无效……是否曾经有某个欧洲的、基督教的自由意志者误入过歧途,被这句话及其迷宫般的推论所迷惑？他能凭经验认出这个洞窟中的弥诺陶洛斯②吗？……我对此表示怀疑,更准确地说,我所知道的恰好相反——对于那些执着于某种东西的人们,对于那些所谓的"自由意志者们"而言,再没有比那种意义上的自由和解脱更让他们感觉陌生的了。他们对真理的信仰所带给他们的束缚比其他任何方面都更牢固,在这里他们比其他任何人都受到更为结实、更为绝对的绑缚。我也许是太过于从近处了解这一切了:那令人尊敬的哲人的清心寡欲,这也是这样一种信仰所必需的;那理智上的廊下主义③,结果它像禁止肯定一样严格地禁止否定;那种在现实、在 factum brutum④ 面前驻足的愿望;那种"petits faits⑤"的宿命论［400］(我称之为 ce petit faitalisme⑥),而法国科学则在其中寻

---

① ［Pütz 版注］阿萨辛派教团(Assassinen-Orden):伊斯兰教的秘密教派;创始人是哈桑·伊本·萨巴赫(Hasan ibn Sabbah,约 1081－1124),他以及他的继任者们以波斯和叙利亚为据点,经常针对伊斯兰教或十字军中的高层人士组织恐怖行动(所以法语及英语中"刺客"一词都由"assasin"演变而来)。
② ［Pütz 版注］弥诺陶洛斯(Minotauros):希腊神话中克里特岛国王弥诺斯豢养的半人半牛的怪物,雅典人在与其作战失败后,被迫每年向克里特岛进贡七对童男童女以喂养弥诺陶洛斯。忒修斯杀死了这个怪物,从而将雅典从这种残酷的供奉中解放了出来。
③ ［Pütz 版注］斯多葛主义:参本章第 18 节 Pütz 版注廊下主义。
④ ［Pütz 版注］factum brutum:拉丁文,残酷的事实。
⑤ ［Pütz 版注］petits faits:法文,小的事实。
⑥ ［Pütz 版注］ce petit faitalisme:法文,这个小的事实宿命论。在这里,尼采故意玩了一个文字游戏,即将事实一词 faita 与宿命论一词 fatalisme 组合在一起,形成了一个新词 faitalisme［事实宿命论］。

找一种可以压倒德国人的道德优势;还有那放弃进行任何解释的行为(也就是说放弃强加于人、放弃修正、放弃缩编、放弃删改、放弃生搬硬套、放弃虚构、放弃伪造,以及一切从本质上说属于解释的行为)——整体来看,所有这些都恰好体现出道德上的禁欲主义,和其他任何一种对情欲的否定毫无二致(说到底,它们只不过是这类否定的一种形式)。至于那个迫使它们表达禁欲主义的那种绝对的真理意志,它其实就是对禁欲主义理想的信仰本身,虽然它是那理想发布的无意识的命令,但在这个问题上我们不可以有错误的认识——这是对一种形而上学的价值的信仰,是对于真理的自为价值的信仰,该价值在那种理想中得到了担保和确认(它与那理想共兴亡)。严格地说,世上根本就不存在"不设前提"的科学,关于那样一种科学的想法是不能想像的,也是不合理性的:总是先需要有一种哲学,一种"信仰",从而使科学能够从中获得一个方向、一种意义、一个界限、一种方法、一种存在的权利。(如果有谁的理解与此相反,比如说有人准备将哲学置于一种"严格的科学基础之上",那么他就首先必须让哲学倒立,而且不仅是哲学,甚至连真理也得大头朝下;这可是对两位如此可敬的女士①的莫大的失礼!)是的,这一点毫无疑问——在此请允许我引用我的《快乐的科学》一书中的一段话(参该书第五卷第 263 页②)——"对于那个求真的人而言,对科学的信仰提前为其设定了那种莽撞大胆的意义,这也是他的最终意义,这使得他所肯定的世界迥异于生命的、自然的和历史的世界;假如他肯定了这个'另外的世界',那么他是如何做的呢?他是否因此而必须对其对立面,即现实世界、我们的世界——加以否定呢?……我们对科学的信仰始终还是基于一种形而上学的信仰——[401]而我们,今日的认识

---

① [译注]两位可敬的女士:德文中哲学与真理两个词均是阴性名词,所以可以被喻为女性。
② [KSA 版注]《快乐的科学》:参该书格言 344。

者们、无神论者和反形而上学者,就连我们的火也是取之于那由千年的古老信仰所点燃的火堆,那就是基督徒的信仰,也是柏拉图的信仰,即相信上帝是真理,而真理是神圣的……但是,倘若恰恰是这些东西变得越来越不可信,倘若没有任何东西再被证明是神圣的,那将会怎样呢,所剩下的无非是谬误、盲目和谎言——倘若上帝本身被证明是我们历时最久的谎言呢?"——在这里有必要稍作停留,做一番长时间的思考。从现在起,科学需要为其自身正名(我的意思并不是说对科学的这种正名是存在的)。在这个问题上,让我们参考一下最古老和最新的哲学:他们全都没有意识到,追求真理的意志本身首先需要得到正名,在所有哲学中都有这样一个漏洞——怎么会是这样呢?因为禁欲主义理想至今仍然主宰着所有哲学,因为真理自身被设定为存在、设定为上帝、设定为最高法官,因为真理不允许成为一个问题。听懂这个"允许"了吗?——对禁欲主义理想的上帝的信仰遭到了否定,从那时起,又出现了一个新问题:这就是真理的价值问题。——追求真理的意志需要被批判——我们在这里以此为己任——我们尝试对真理的价值提出质疑……(如果有哪位读者觉得我在这里讲得过于简短,我建议他查阅一下《快乐的科学》中以"我们虔诚到何种程度"为标题的那一段,即该书第260及以下几页①,最好是阅读该书的整个第五卷,还有《朝霞》一书的前言。)

25

[402] 不!在我找寻禁欲主义理想的天然敌手时,在我提出疑问:"那种与之对立的理想所赖以表达的那种对立的意志何在"时,不要再和我提什么科学了。在这个方面,科学对于自身的依赖

---

① [KSA版注]《快乐的科学》:参该书格言344。

还远远不够,在考虑每一个问题时,它都首先需要一种价值理想,一种创造价值的强力,只有在为这些理想和强力服务的框架内,科学才允许信仰自己——科学本身永远也不会创造价值。科学和禁欲主义理想之间的关系从根本上说还不是对立性的;科学甚至主要还表现了促进该理想内部扩展的前进动力。更加仔细的考察会使我们发现,科学要反对和与之抗争的并不是理想本身,而只是理想的外围工事,它的表现形式、它的伪装游戏,还有该理想暂时性的僵化、木质化、教条化①——科学否定了该理想身上公开且通俗的东西,从而使藏在该理想里的生命重获自由。我已经阐述过,科学和禁欲主义理想,这两者原本生于同一片土壤:即它们同样过分推崇真理(更确切些说,它们同样信仰真理的不可低估性和无可争辩性),正是这种共同信仰使他们必然成为盟友,——因此,当他们遭受到反对时,也只能是共同地遭到反对和诘难。贬低禁欲主义理想的价值不可避免地会引起对科学价值的贬低;为此我们现在要把眼睛擦亮,把耳朵削尖了!(提前说一下,关于艺术,我想以后找个时间更充分地讨论它——恰恰在艺术中,谎言得到了神化,追求幻觉的意志得到了良知的支持,艺术比科学更加彻底地反对禁欲主义理想:柏拉图,这个欧洲有史以来最大的艺术之敌,他凭本能感到了这一点。柏拉图反对荷马②:这就是整个真实的

---

① [Pütz版注]教条化(Verdogmatisierung):将某事提升为无法进一步证明的信条。
② [Pütz版注]柏拉图反对荷马:柏拉图在《王制》第十卷认为,所有的诗(除了歌颂神明和赞美好人的颂诗以外)都是对事物影像的模仿,即认为现实只是理念的外表,诗则是对现实的模仿,而与那些和生活实际相关的知识相比,诗没有任何认识价值。在书中,荷马被作为主要证人来证明诗歌在实际生活的无用性,因为荷马对于城邦的建立、军队作战以及发明创造都毫无贡献。尽管如此,艺术还是通过它的形式发挥了作用。进行模仿的艺术家根据心灵的非理性部分行事,从而制造了混乱和歧义:与画家模仿了人的视角之内的光学错觉的本质一样,诗人也模仿了心灵那些混乱的力量之间的内在纷争。悲剧带来的同情与喜剧带来的欢笑取代了人类理性上的蔑视态度,人类变得脆弱化,从而对人的自控能力造成威胁,而这要比去刺激那些低贱的心灵本能来得更加危险。

激烈对抗——[403]那边的一方是充满最良好愿望的"彼岸",是生命的伟大诽谤者,而这边的一方则是无意间将生命神圣化的人,是金子般的自然与天性。因此,艺术家如果效忠并服务于禁欲主义理想,那就是最根本的艺术家的腐化,可惜又是一种最常见的腐化:因为没有谁比艺术家更容易腐化堕落)。从生理学的角度加以推算,科学也是和禁欲主义理想生于同一片土壤:在生理上,它们都以某种生命的退化(Verarmung des Lebens)为前提,——情绪冲动被冷却,速度被减慢,辩证法①取代了本能,表情和动作被烙上了严肃的印记(严肃,它乃是新陈代谢变得更加吃力,生命充满争斗,劳作变得更为艰难的最清楚无误的标志)。在一个民族的历史中,请仔细查看那些学者地位突出的时期:那是该民族变得疲惫的时期,往往也是其日薄西山、走向没落的时期——而旺盛的力量、对生命的信心、对未来的信心也消失了。满大人②掌握权柄绝不是什么好的征兆:同样,民主制的出现,用和平仲裁法庭代替战争,妇女的平等权利,同情式的宗教,以及其他一切生命衰微的症候也都不是什么好兆头。(科学被理解为问题;科学意味着什么?——关于这个问题请参考《肃剧诞生于音乐精神》一书的前言③。)——不!现在请睁大你们的眼睛,看看这"现代科学",它目前正充当着禁欲主义理想的最佳同盟者,而这恰恰是因为它是最无意识的,最不经意的,也是最隐蔽的,最深层的同盟者!这些

---

① [Pütz版注]辩证法:对于古希腊诡辩学派以及苏格拉底而言,辩证法乃是论证的艺术;而在柏拉图以及中世纪哲学中,辩证法则是形式逻辑的一门学科,同时也是本体论的方法,为的是对形而上的东西加以界定和确定。康德在《纯粹理性批判》中批评辩证的方法为"幻相的逻辑"(Logik des Scheins,参该书B86)。黑格尔则尝试通过辩证法将逻辑与本体论重新联系起来。
② [译注]满大人(Mandarinen):参本书第二章第3节相关正文及Pütz版注满大人。
③ [Pütz版注]《肃剧诞生于音乐精神》的前言:指的是尼采1886年出的新版本中的前言《自我批判的尝试》。

"自知精神贫穷的人"①和那些禁欲主义理想在科学上的敌手们,他们一直都在共同做一种游戏(顺便提醒一句,我们要注意,不要以为后者就是前者的对立面,就是什么精神的富裕者:不,他们不是,我称他们为精神的神经过敏者②)。后者所取得的那些著名的胜利:没错,那些的确是胜利——但那是对谁取得的胜利呢?前者的禁欲主义理想[404]根本就没有被战胜,相反却是因此变得更加强大,也就是变得更为不可思议、更加机智、更难对付,结果是总有一堵墙、一道外围工事被加盖在同一个理想之上,同时也使其观点变得含混不清,而科学则不得不一再地对其进行无情地卸下和拆除。是否有人真的认为,神学天文学③的失败就意味着禁欲主义理想的失败?……是否人因此也许变得不再那么渴求一种彼岸结局来解答他的存在之谜,从而使得存在从此以后显得更加无足轻重、更加无所事事,在事物的外在秩序(sichtbare Ordnung)中更加可有可无?人的自我贬低、人的自我贬低意志,难道不正是自哥白尼④以后不断加剧的吗?啊!对人的尊严的信仰、对人的唯一性的信仰、对人在生物序列中的不可替代性的信仰消失了——人变成了动物,这不是比喻,人已经不折不扣、没有保留地变成了动物,而在他从前的信仰里,他几乎就是上帝("神子"、"既是人又是神的耶稣基督")……自哥白尼以后,人似乎被置于一个斜坡上——他已经越来越快地滚离了中心地位——滚向何方?滚向虚无?滚入"他那虚无的穿透性的感觉"中?……看哪!这不正是

---

① [Pütz版注]自知精神贫穷的人(Armen des Geistes):参《马太福音》第5章第3节。([译按]圣经和合本上译作"虚心的人"。)
② [译注]精神的神经过敏者:参本章第24节。
③ [Pütz版注]神学天文学:指的是被中世纪神学所接受的托勒密的地心说。
④ [Pütz版注]哥白尼:尼古拉·哥白尼(Nikolaus Kopernikus, 1473—1543),来自波兰托伦市(Thorn)的天文学者,用日心说取代了地心说的世界观。而从18世纪末至19世纪,这一学说也不断得到修正,一开始认为太阳系位于银河系的中心,后来则修改为位于银河系的边缘位置。

那条直达的道路——通向的不正是那古老的理想吗?……所有科学(绝不仅仅是天文学,关于天文学的诋毁和贬低作用,康德曾经做过非常值得注意的表述:"它取消了我的重要性。"①),不论是自然的科学还是非自然的科学(我指的是对认识的自我批判),现在都开始劝人放弃他保留至今的自尊自重,好像那自尊自重无非是一种希奇古怪的自负而已;我们甚至可以说,科学有其独特的骄傲,而在廊下派式的不动心②问题上,它也有其独特的严肃形式,而这种独特的骄傲和形式就体现在,人要把这种费力达到的自我蔑视当作人最后的、最严肃的自尊要求来加以坚持(他其实有权〔405〕这样做:因为蔑视者仍然一直是一个"没有忘记尊重"的人……),这真的会和禁欲主义理想相抵触吗?人们是否真的是无比严肃地认为(正如神学家们曾经一度夸张地那样想象),康德针对神学上教条主义概念("上帝"、"灵魂"、"自由"、"永生")的胜利③给禁欲主义理想带来了很大的损害?——在这里,我们暂且不谈康德本人是否也有意获得这样的胜利。可以肯定的是,自康德以来,所有类型的先验主义者④都成了赢家——他们都从神

---

① [Pütz版注]康德(……)我的重要性:"前面〔头上的星空〕那个无数世界堆积的景象仿佛取消了我作为一个动物性被造物的重要性(……),后面〔我心中的道德律〕的这一景象则把我作为一个理智者的价值通过我的人格无限地提升了(……)"(参康德《实践理性批判》,1788年第1版,第289页。〔译按〕即该书的结论部分。)
② [Pütz版注]不动心(Ataraxie):参本章第16节Pütz版注伊壁鸠鲁,以及第18节Pütz版廊下主义。
③ [Pütz版注]康德针对神学上教条主义概念的胜利:在《纯粹理性批判》的第二编"先验辩证论"中,康德批判了那些文中所引用的作为理念出现的概念,他认为没有任何客观的、与经验相吻合的内容可以与之相符。而在《实践理性批判》中也只是假定了这些理念在实践与伦理上的实在性。
④ [Pütz版注]先验主义者:对于"先验—哲学",康德的理解是一个由概念和原则组成的体系,它包含了如何使认识某物成为可能的那些条件(《纯粹理性批判》,B25)。如果说,康德的纲领是要批判那些针对先验的、经验彼岸的客体的认识的话,那么尼采则认为,康德的纲领被其唯心主义的继承者们(费希特、谢林、黑格尔)转换成了一种新型的先验与绝对的哲学。

学中解放出来了;这是何等的幸运!——康德向他们透露了那条隐秘的路径,他们现在可以完全独立地依照最佳的科学规矩来追求"他们内心的愿望"了。与此同时:不可知论者们,这些自在的未知物和神秘物的崇拜者们,当他们现在把问号本身当作上帝来膜拜的时候,谁又能责怪他们呢?(克萨韦尔·杜当①曾在谈论破坏与劫掠[ravages]的后果时说,类似行为造成了"l'habitude d'admirer l'inintelligible au lieu de rester tout simplement dans l'inconnu",②他认为老人本可以放弃这一习惯。)假如人所"认识"的一切并没有满足他的愿望,而是与之相违背,使其敬畏,那么人们不可以在"愿望"中,而应在"认识"中寻找这一切责任,这是一个多么神圣的托辞啊!……"世界上不存在认识:因此——世界上有一个上帝":这是多么新颖精巧的推论!这是禁欲主义理想莫大的胜利!——

26

或许现代的全部史学论著表现出一种更相信生命、更相信理想的态度?它最高贵的要求曾是要作一面镜子,而这已成为过去;它拒绝一切神学;它不再想"证明"任何东西;它[406]耻于扮演法官,它在这个问题上具有良好的品味,——它既不肯定什么也不否定什么,它进行确认,它进行"描述"……这一切都具有高度的禁欲主义色彩;不过同时也具有更高的虚无主义色彩,关于这一

---

① [Pütz 版注]克萨韦尔·杜当(Xaver Doudan):其原名为斯梅内·杜当(Ximénès Doudan,1800-1882[译按] 有百科全书上认为其卒年为1872),法国作家与政治家。
② [Pütz 版注]法文,(造成了)人们不再停留于无知状态,而是养成了一个习惯,即对不可理解的东西表示赞赏。(出处不明[译按] 当是出自其《通信集》[Lettres],1879年巴黎出版,第三卷,第23-24页。)

点,我们不可以弄错!我们看到了一种悲哀的、严厉的,但却坚定的目光——那向外张望的眼睛,就像是某位孤独的北极探险家在向外张望(也许这是为了不向内张望,是为了不去回顾?……)这里遍地积雪,在这里生命沉默了;在这里喊出的最后的啼叫是"为了什么?"是"徒劳!"是"虚无!"——在这里不再有什么东西可以繁荣生长,最多只有彼得堡的政治形而上学①和托尔斯泰式的"同情"②③。至于另外一种历史学家,也许是更加"现代"的那一种,他们是一群贪图享乐、迷恋肉欲、既向生命递送秋波,也和禁欲主义理想眉来眼去的历史学家,他们把"形式艺术家"一词当手套用,而且他现在也将对沉思的赞美完全租为己用:噢,这些甜得发腻的才智之士④,他们甚至能让人对禁欲者和冬景都抱有极大渴望!不!让这"沉思的"民族见鬼去吧!我凭什么还要和这些历史的虚无主义者一道穿过那最为阴暗、灰蒙和冰冷的浓雾!——假如我必须做出选择,对我而言,哪怕是去倾听一种纯粹非历史的、反历史的声音也不会给我带来太多困扰(例如杜林⑤,他的声音目前在德国陶醉了一群尚在忸怩作态、不够坦诚的"美丽的心

---

① [Pütz版注]彼得堡的政治形而上学(Petersburger Metapolitik):是对形而上学(Metaphysik)一词的模仿造词;尼采在这里影射19世纪出现的俄罗斯弥赛亚精神、斯拉夫派(Slawophilie[译按]指19世纪俄罗斯部分历史哲学家坚持俄罗斯东正教文化与古斯拉夫传统,反对俄罗斯西欧化的思潮)与泛斯拉夫主义等政治运动,这些思潮通过政治的、文化的、人种学的以及宗教的动机来为俄罗斯人的使命感辩护。
② [Pütz版注]托尔斯泰式的"同情":俄国小说家列夫·尼古拉耶维奇·托尔斯泰伯爵(1828-1910)在1882年后受到一种普遍性的文化悲观主义影响,他皈依了一种非东正教式的基督信仰,并且采取了一种普通农民式的生活方式。
③ [KSA版注]政治形而上学和托尔斯泰式的"同情":供初版用的手写付印稿上写作"形而上学和陀思妥耶夫斯基"。
④ [KSA版注]甜得发腻的才智之士:供初版用的手写付印稿上原写作"甜得发腻的胆小鬼"。
⑤ [Pütz版注]杜林:参本书第二章第11节相关脚注。

灵"①,也就是受过教育的无产阶级中的那些无政府主义种群②)。而那些"喜好沉思者"比他们糟糕一百倍——:我想不出别的什么东西能比下列的东西更令人恶心了,也就是那样一种"客观的"靠椅,那样一个在历史面前散发着香气的享乐主义者,一半是神棍,一半是淫棍,那就是来自法国的香水——勒南③,他那表示赞许的高音假嗓已经暴露了他缺少什么,他哪里缺东西,以及在这种情况下命运女神将会在哪里无情地挥动剪子!啊,实施夸张的外科手术!这场景败坏了我的胃口[407]和我的耐心:谁若是在耐心方面没有什么可以失去的,那就让谁在面对这些景象时保持他的耐心吧——这景象让我非常愤怒,这种"观众"激怒了我,逼迫我反对"戏剧",而且不仅仅是戏剧(很显然,我在这里指的是历史本身),但突然之间,阿那克瑞翁式的欢快情绪④占据了我的心灵。自然赋予公牛以其角,赋予狮子以其 $\chi\alpha\sigma\mu'\ \dot{o}\delta\dot{o}\nu\tau\omega\nu$ ⑤,可是自然为什么要赋予我以脚?……据神圣的阿那克瑞翁说,是为了践踏!而不仅仅是为了逃跑:而是为了踏毁那腐朽的靠椅,为了踏毁那胆怯的沉思,为了踏毁那对历史的贪婪的阉割,为了踏毁那与禁欲主义理想的卖弄风情,为了踏毁那阳痿的伪善正义!我对禁欲主

---

① [Pütz版注]"美丽的心灵":参本章第14节相关脚注。
② [KSA版注]一种纯粹非历史的(……)无政府主义种群;供初版用的手写付印稿(第一稿)上写作:"鼓吹家中的可怜的喊叫魔鬼也不会给我带来太多困扰(例如那个[可怜的共产主义者]杜林,他通过诽谤整个历史的方式来试图说服我们,使我们相信他是历史的"撰写者",[同时也是历史的]"末日审判法庭",[而同时他的诽谤本身就意味着正义])。"
③ [Pütz版注]勒南:欧内斯特·勒内(Ernest Renan,1823—1892),法国宗教学者;他试图将基督教教义与一种对耶稣生平的实证主义的历史解释相结合(参其著作《耶稣传》[La vie de Jésus],1863年出版)。
④ [Pütz版注]阿那克瑞翁式的欢快情绪(anakreontische Launen):古希腊诗人阿那克瑞翁(约公元前500年左右);其诗歌主题主要是:爱情、美酒、人生的乐趣。在洛可可时期,这些主题又重新受到当时的阿那克瑞翁派的重视。参本章第22节的两个Pütz版注洛可可式的心灵以及田园牧歌式。
⑤ [Pütz版注] $\chi\alpha\sigma\mu'\ \dot{o}\delta\dot{o}\nu\tau\omega\nu$:希腊文,血盆大口。

理想非常尊重,只要它是真诚的!只要它相信自己而不是在我们面前表演闹剧!但是我厌恶所有这些卖俏的臭虫,它们野心勃勃地妄想使自己散发出如同无限性一般的味道,最终却使得无限性闻起来像臭虫;我厌恶那些粉饰的坟墓①,它们假装自己就是生命;我厌恶那些用智慧包裹自己、用"客观"的眼光看待事物的疲劳者和困顿者;我厌恶那些盛装打扮成英雄的鼓动家,他们塞满稻草的脑袋上戴着理想的隐身帽;我厌恶那些野心勃勃的艺术家,他们想发挥禁欲主义者和祭司一般的作用,而实际上却只是悲惨的小丑;我也厌恶另外那些人,那些新近出现的理想主义上的投机者,还有那些反犹主义者,他们现在正翻着基督徒式的、雅利安种的、市侩庸人般的白眼,而且他们滥用最廉价的宣传伎俩、滥用道德姿态,试图用这些令人耗尽所有耐心的方法去激起民众身上的各种攻击成分(——所有类型的精神骗术在今天的德国之所以能得逞,这和德意志精神的萎缩[Verödung]有关,这种情况的存在是不可否认的,而是已经非常明显了,我要在某种由报纸、政治、啤酒和瓦格纳的音乐组合而成的极其独特的食粮中寻找其原因,此外,我还要搞清楚,到底是什么 [408] 为这种饮食方式提供了前提:一方面是民族的逼仄感和虚荣心,是强大但却狭隘的"德意志、德意志高于一切"②的原则,此外还有"现代理念"的 Paralysis agitans③④)。欧洲如今富裕而且很有创造性,特别是在刺激性药剂

---

① [译注]粉饰的坟墓:参《马太福音》第23章第27节。
② [Pütz版注]"德意志、德意志高于一切":出自德国诗人兼文学史专家法勒斯雷本(August Heinrich Hoffmann von Fallersleben,1798-1874)于1841年撰写的三阕诗歌《德意志之歌》(Lied der Deutschen)的第一行。1922年成为魏玛共和国国歌,1952年诗歌的第三阕被定为德意志联邦共和国国歌。([译按]作曲乃是著名音乐家海顿。)
③ [Pütz版注]Paralysis agitans:医学术语,震颤性麻痹([译按]即帕金森综合症)。
④ [KSA版注]提供了前提(……)Paralysis agitans:供初版用的手写付印稿(第二稿)上写作:"提供了前提,那就是自称为'进步'的现代理念的 palalysis agitans,即民主化,德国连同其他所有欧洲国家一同都沉湎于此:一种无可救药的疾病!"

方面,看上去兴奋剂和药酒是最必需的了:所以对于理想这种最高纯度的药酒进行大规模伪造也是必需的,所以那种讨厌的、难闻的、骗人的、伪酒精味道的空气也就必然充斥着所有地方了①。我想知道,如今必须从欧洲输出多少船诸如仿造的理想主义、英雄戏装和吹牛用的铙钹等货物,必须输出多少吨糖衣裹着的同情心药酒(其商号是:la religion de la souffrance②),必须输出多少供精神上的扁平足患者使用的木制假腿,即"高尚的愤怒",必须输出多少基督教与道德理想方面的戏子,欧洲的空气才能重新变得更为干净……显然,这种生产过剩为一种新的交易提供了可能,显然,和小小的理想偶像以及相关的"理想主义者们"有一笔新的"买卖"可做——别忽略了这一明显的暗示!谁有足够的勇气去这样做?——使整个地球"理想化"的机会已经掌握在我们手中!……可是我为什么要在这儿谈论勇气呢:在这里只有一种东西是必需的,这就是手,一只自由的手,一只非常自由的手……

---

① [KSA 版注]我也厌恶另外那些人(……)必然充斥着所有地方了:供初版用的手写付印稿(第一稿)上写作:"我也厌恶那些[虔诚而又善辩的理想主义者]'理想主义'上的投机者,他们现在正翻着基督徒式的、德意志的、反犹太主义的白眼,而且[非常聪明地]用一种倨傲的道德姿态去试图掩盖他们内心那些[恶劣的本能][小]虫子及其专属领域,即妒忌、[粗鲁、受伤的虚荣心]虚荣心的痉挛以及那无可救药的平庸(——所有类型的精神骗术在今天的德国之所以能得逞,这和德意志精神的[愚蠢化与]萎缩有关,这种情况的存在是不可否认的,而是已经非常明显了,我[可能要在]要在某种由报纸、政治、啤酒和瓦格纳的音乐组合而成的极其独特的食粮中寻找其原因,此外,我还要搞清楚,到底是什么为这种饮食方式提供了前提,那就是那种全民族的爱国[神经官能症]癔症,现在德国连同其他欧洲所有国家都罹患此症,而且德国在所有欧洲国家中病得最厉害。Cette race douce énergique meditative et passionnée [译按,法文,这种甜蜜的充满活力的冥想和激情]——这癔症去哪里,德国人就去哪里!……)这种理想主义的骗术不仅败坏了德国的空气,而且也败坏了今天整个欧洲的空气——欧洲以一种令人尴尬的方式散发出无比可怕的难闻气味。"

② [Pütz 版注]la religion de la souffrance:法文,痛苦教派。

27

——够了！够了！让我们放弃最现代精神的这些稀奇古怪和错综复杂吧，它们既令人发笑，又使人恼火；而我们的问题，关于禁欲主义理想的意义问题恰好用不着它们，——这问题同昨天和今天有什么相干！我应当从另一种关联的角度对那些东西做更彻底、更严厉的处理(相关的题目就叫"论欧洲虚无主义的历史"；我想在这里提请大家注意 [409] 我正在准备的一部著作①：《权力意志(**Der Wille zur Macht**)②：重估一切价值的一种尝试》)。我必须在这里要指出的唯一的问题是：即使在最高的精神领域里，禁欲主义理想也暂时总是只有一种真正的敌人和损害者：这就是表演这种理想的戏子们——因为他们唤起了人们的怀疑。而除此之外，如今在精神进行着严谨的、有力的、不弄虚作假的工作的地方都完全摒弃了理想主义——这种节制行为的通俗名称就是"无神论"——这里不包括它的求真意志(abgerechnet seines Willens zur Wahrheit)。但是，这种求真意志，这种理想的残余，如果大家愿意相信我的话，它正是那禁欲主义理想本身最严谨、最精神化的表达形式，非常深奥，乃是该理想拆除了一切外围工事之后的表现，因此它不仅是那理想的残余，而且还是那理想的核心。与之相应，那种绝对的正派的无神论(——而我们，即这个时代较为精神化的人们，也只呼吸它的空气！)，也并不像表面上那样与禁欲主义理想相对立；恰恰相反，无神论只是那种理想的最后一个发展阶段，是其最终的一种形式和内在逻辑的一种发展——它是两千年真理培育造成的灾难，它亟需得到敬畏，而其结局就是禁止上帝信仰中

---

① ［KSA 版注］我正在准备的一部著作：供初版用的手写付印稿上写作"我的正处于筹备阶段的主要著作"。

② ［Pütz 版注］权力意志：参 Pütz 编者说明第三部分"源自压抑本能的罪欠意识"。

的谎言。(在印度也出现了同样的发展进程,该进程完全独立于我们的发展之外,因此具有某种实证价值;在印度,同样的理想也导致了同样的结局;其关键性的时刻发生在公元前五世纪,以佛陀,更准确地说:是以印度的数论哲学①为发端,后来佛陀使这种哲学普及化并把它变成了宗教。)让我们提一个非常严肃的问题,到底是什么战胜了基督教的上帝呢?答案就在我的《快乐的科学》的第290页②:"是基督教的道德观本身,是愈益受到严肃对待的求真理念,是基督教良知所具有的告解神父般的细腻,这些被不惜一切代价地翻译成并升华为科学的良知和理智的纯洁。[410] 把大自然视为上帝善意与呵护的明证;诠释历史的目的是为了向某种上帝的理性表达敬意,将其作为一种道德化的世界秩序和道德化的终极目的的永恒见证;在解释个人的经历时,就像虔诚之人长期坚持解释的那样,似乎所有命运、所有暗示、即所有一切都是为了灵魂的拯救而特意设想和安排的;所有这一切都已成为过去,因为这一切无不违背良知,对于所有具有更为高尚良知的人来说,这些都是不正派的、不诚实的、都是谎言、都是女性化的、都是软弱、怯懦——正是凭借着这种严格的精神,我们才成为优秀的欧洲人,以及欧洲最悠久与最勇敢的遗产的继承者,这遗产就是自我超越的精神(Selbstüberwindung)"……所有伟大事物都是因为其自身,因为一种自我扬弃的行为而走向毁灭的:这就是生命的法则,生命的本质中那必不可少的"自我超越"的法则所追求的东西——而最终,法则的制订者本人也不得不面对这样的一种呼喊:patere legem, quam ipse tulisti③。就这样,基督教作为教条,因其

---

① [Pütz 版注]数论哲学(Sankhyam-Philosophie):数论,乃是婆罗门哲学中最古老的一种典籍(公元前800-前550);它对那些具有宗教教育意义的戏剧进行了反思和系统化。
② [KSA 版注]第290页:参《快乐的科学》格言357。
③ [Pütz 版注]patere legem, quam ipse tulisti:拉丁文,请你忍受你自己制订的法律。

自己的道德而走向毁灭；出于同样的原因，基督教作为道德也必然会衰亡——我们正站在这一事件的门坎上。基督教的求真性（Wahrhaftigkeit）在得出了一个又一个结论之后，最终会得出它最强有力的结论，那是反对它自己的结论；不过，只是当基督教提出疑问，即"所有求真意志究竟意味着什么"时，上述情况才会发生……我的未曾相识的朋友们（——因为我还不知道我是否有朋友），我在这里再次触及我的难题，我们的难题：如果我们内心的那种求真意志本身已经成了进入我们意识领域的问题，那么如果这个并不是我们整个存在的意义，那么该意义将会是什么？……毫无疑问，在这求真意志意识到自己的存在之际，道德开始走向毁灭；对于欧洲而言，在接下来的两个世纪里，那出伟大的百幕戏剧将会［411］得以保留，那将是所有戏剧中最恐怖、最可疑、或许也最富有希望的戏剧……

28

如果除去禁欲主义理想，那么人，人这种动物，迄今为止尚未拥有任何意义。他的尘世存在不包含任何目标；"人生何为？"——这是一个没有答案的问题；人和地球均缺乏意志；在每一个伟大人物的命运背后都重复震响着一个更为伟大的声音："徒劳无功！"这恰恰正是禁欲主义理想所意味的东西：即缺少一些东西，意味着有一片巨大的空白环绕着人；——他不知道该怎样为自己正名，不知道该怎样解释自己、肯定自己，他因为自己的存在意义问题而痛苦。他也因为其他问题而痛苦，他基本上是一个患病的动物：然而他的问题并不在于痛苦本身，而在于对"为何痛苦？"这类呼喊无从对答。人，这个最勇敢、最惯于忍受痛苦的动物，他从根本上并不否定痛苦：他希求痛苦，他找寻痛苦，前提是必须有人给他指明一种生存的意义，一种痛苦的目的。是痛苦的无目的性，而非痛苦本身构成了长期压抑人类的不幸与灾难——而禁欲主义理想恰恰为其提供了一种意义！直到目前，这还是人类唯一的意义；任何一种意义总要比没有意义好；无论从什么角度看，禁欲主义理想都是有史以来最好的 **faute de mieux**①。痛苦在其中得到了解释；那个巨大的空白似乎也得到了填补；面对所有自杀性的虚无主义，大门紧紧关闭。毋庸置疑，解释也带来了新的痛苦，更加深刻、更加内向、毒素更多、更折磨生命的痛苦：它对所有痛苦都从罪欠的视角加以审视……可是，尽管如此——人还是因此得救了，他拥有了一个意义，从此他不再是风中飘零的一片叶子，不再是 [412] 任由荒诞与"无意义"摆布的玩偶，他从此以后也可以有所愿望了——不管他愿望何处、愿望何为、愿望何凭：重点是意志本身得救了。我们不能再缄口不谈那整体的愿望所要真正表达的东西，因为我们的愿望从禁欲主义理想那里获得了它的方向：那就是去仇恨人性、进而仇恨动物性，甚而仇恨物质性，还有就是厌恶感官、厌恶理性本身，畏惧幸福和美丽，要求超越一切幻觉、变化、成长、死亡、希冀、甚至于超越要求本身——让我们鼓起勇气直面现实：所有这一切都意味着一种虚无意志，一种反生命的意志，意味着拒绝生命最基本的前提条件，但它的确是，而且还将一直是一种意志……最后还是让我用本章开头的话来结尾：人宁愿愿望虚无，也不愿空无愿望②……

---

① [Pütz 版注]faute de mieux：法文，因为没有更好的东西，不得已而求其次；权宜之计。
② [Pütz 版注]人宁愿愿望虚无，也不愿空无愿望（Lieber will noch der Mensch das Nichts wollen, als nicht wollen）：可能是影射叔本华《作为意识和表象的世界》一书第一卷结尾的句子（[译按] 商务印书馆中文本只翻译了这一卷，所以也就是中文本的最后一句话）："在彻底扬弃意志之后所剩下来的，对于所有意志依然完满的人而言当然就是虚无。不过反过来看，对于那些意志已经翻转并且否定了自身的人们而言，我们这个如此非常真实的世界，包括所有的恒星与银河系在内，也是——虚无。"如果说在叔本华那里，虚无乃是禁欲主义理想的目标，它意味着所有个体意志的扬弃的话，那么在尼采那里，权力意志则是特殊的意志，旨在超越某个特定个人或自我，而该意志也在此过程中得到了证实和提升。尼采的这个结束语准确地表达出了权力意志与叔本华的虚无主义以及传统的形而上学之间的对立。

Pütz 版尼采年表

1844 年　10 月 15 日:弗里德里希·尼采出生于吕茨恩(Lützen,位于普鲁士的萨克森行省,莱比锡的西南面)附近的勒肯镇(Röcken),其父卡尔·路德维希·尼采乃是牧师(祖父也是牧师)。

1849 年　7 月 30 日:父亲去世。

1850 年　全家迁至萨勒河(Saale)畔的瑙姆堡(Naumburg,位于德国萨克森安哈尔特州南部)。

1858 年　10 月:尼采进入瑙姆堡附近的舒尔普福尔塔(Schulpforta)高级中学学习,直到 1864 年。(该校始建于 12 世纪上半叶,原本是一家熙笃会修道院,即普福尔塔圣玛丽亚修道院[Monasterium sanctae Mariae de Porta],后在 1543 年被萨克森公爵莫里茨改为为其培养新教后备力量的选帝侯中学。作为教育机构,该学校长期享有很高声望,并且除尼采外还培养了很多优秀学生,例如德国启蒙运动的重要诗人克洛普施托克、哲学家费希特以及历史学家兰克等。)

1864 年　10 月:尼采开始在波恩大学学习神学与古典语文学。

1865 年	10 月：尼采跟随其语文学老师 F.W. 里彻尔（Ritschl）来到莱比锡，并在那里继续他的学业。开始接触叔本华的著作。
1866 年	开始与古典语文学者埃尔温·罗德（Erwin Rohde）交往。
1868 年	11 月 8 日：尼采在莱比锡结识理查德·瓦格纳。
1869 年	2 月：尼采虽然没有博士头衔，但在里彻尔的推荐下，同时因为他之前撰写的几篇非常出色的论文（主要是关于忒奥格尼斯与第欧根尼·拉尔修）而被任命为瑞士巴塞尔大学古典语文学的兼职教授。
1869 年	5 月 17 日：尼采初次拜访瓦格纳，后者的寓所当时位于瑞士卢塞恩附近的特里普申（Tribschen）。 5 月 28 日：在巴塞尔大学发表就职演讲：《荷马与古典语文学》。 与瑞士文化及艺术史学者雅各布·布克哈特（Jakob Burckhardt，也是巴塞尔大学的教授）订交。 开始撰写《肃剧诞生于音乐精神》（发表于 1872 年 1 月）。
1870 年	3 月：尼采被任命为全职教授；大约有 6-10 名学生听其授课，授课内容主要是关于索福克勒斯、赫西俄德、诗韵学，而在第二年则讲授柏拉图对话以及拉丁碑铭学。 8 月：尼采志愿参加普法战争，担任部队卫生员；患痢疾与白喉。 10 月：尼采返回巴塞尔。开始与神学家弗兰茨·欧维贝克交往。
1871 年	患病并暂时休假。在瑞士卢加诺、特里普申、伯尔尼高地以及德国瑙姆堡、莱比锡和曼海姆均有逗留。

1872 年	2-3 月:在巴塞尔做系列讲座,题目为《论我们教育机构的未来》(在其死后才作为遗稿发表)。
	3 月 22 日:拜罗伊特节日剧院奠基;尼采在拜罗伊特。
1873 年	《不合时宜的沉思》"第一篇:施特劳斯——表白者与作家"。
	《希腊人悲剧时代的哲学》(在其死后才作为遗稿发表)。
	最迟从这一年开始,尼采不断受到类似偏头痛的疾病的困扰。
1874 年	《不合时宜的沉思》"第二篇:历史学对于生活的利与弊"和"第三篇:作为教育者的叔本华"。
1875 年	10 月:尼采与音乐家彼得·加斯特(原名:海因里希·科泽里茨)相识。
1876 年	《不合时宜的沉思》"第四篇:瓦格纳在拜罗伊特"。
	8 月:尼采参加首届拜罗伊特音乐节;与瓦格纳出现疏远的迹象。
	9 月:与心理学家保罗·雷伊相识。病情加重。
	10 月:巴塞尔大学准许尼采休假以便其恢复健康。尼采与雷伊以及德国女作家玛尔维达·冯·迈森布格(Malvida von Meysenbug)在意大利的索伦托度过了1876/77 年的冬天。
	1876 年 10 月尼采与瓦格纳最后一次晤谈。
1878 年	《人性的、太人性的》(上卷)。
	1 月:瓦格纳最后一次寄作品给尼采:《帕西法尔》。
	5 月:尼采致瓦格纳的最后一封信,随信还附上了《人性的、太人性的》一书。尼采与瓦格纳夫妇的友谊终结。

1879 年	日益严重的疾病迫使尼采放弃了在巴塞尔大学的教职。大学方面为其提供了未来六年的退休金。
1880 年	《人性的、太人性的》(下卷)之"漫游者和他的影子"。 3-6 月:首次在威尼斯逗留。 从 11 月起:第一次在意大利热那亚过冬。
1881 年	《朝霞》。 第一次在瑞士上恩加丁河谷的希尔斯—马里亚村度过夏季。 11 月:尼采在热那亚第一次观看比才的歌剧《卡门》。
1882 年	《快乐的科学》。 3 月:意大利西西里之行。 4 月:尼采结识了露·冯·莎乐美(Lou von Salomé),后向其求婚但遭到拒绝。 在意大利的拉帕洛(Rapallo)过冬。
1883 年	《扎拉图斯特拉如是说》的第一卷和第二卷。 2 月 13 日:瓦格纳去世。 从 12 月起:第一次在法国尼斯过冬。
1884 年	《扎拉图斯特拉如是说》的第三卷。
1885 年	《扎拉图斯特拉如是说》的第四卷(最初以内部出版物的形式发表)。 5 月:尼采的妹妹伊丽莎白与作家及殖民者伯恩哈德·弗尔斯特(Bernhard Förster)结婚;伊丽莎白多年来一直与尼采不和,曾经和好过,后再次闹翻,(尼采死后)她还曾伪造过尼采写给她以及母亲的信。
1886 年	《善恶的彼岸》。 《肃剧诞生于音乐精神》与《人性的、太人性的》的新版本。
1887 年	《道德的谱系》。

	《朝霞》、《快乐的科学》与《扎拉图斯特拉如是说》(前三卷)的新版本。
1888 年	4 月:尼采第一次来到意大利的都灵。而在丹麦的哥本哈根大学,格奥尔格·勃兰兑斯开设了关于尼采的讲座。
	5-8 月:《瓦格纳事件》。《狄俄尼索斯颂歌》写就(1891 年发表)。
	9 月:《敌基督者》(1894 年发表)。
	10-11 月:《瞧这个人》(1908 年发表)。
	12 月:《尼采反瓦格纳》(1895 年发表)。
1889 年	《偶像的黄昏》。
	1 月:尼采在都灵精神崩溃。后被送入德国耶拿大学的精神病院。
1890 年	尼采的母亲将儿子带回瑙姆堡。
1897 年	母亲去世。尼采被送至魏玛其妹妹处。
1900 年	8 月 25 日:尼采在魏玛去世。
1901 年	彼得·加斯特与尼采胞妹伊丽莎白·弗尔斯特—尼采从尼采 19 世纪 80 年代的遗稿中挑出 500 多条断片编辑出版,伪托书名为《权力意志》。1906 年又再次出版了差不多同样数量的断片。

译　后　记

　　译事三难，信为最难。难就难在谬误之不可避免。无数译者在序言或后记中说自己水平有限，错误在所难免，其实并非谦辞，毕竟我们不过都是凡人。首先是理解的偏差。如果说文学阅读时，人们尚且会说"一千个人有一千个哈姆雷特"，那么哲学翻译时，作品内容之深刻，语句之繁复，皆是妨害译者修成正果的业障。至于有些段落连母语人士都感觉佶屈聱牙、令人费解，身为译者的我们就只能见仁见智了。所以译者的视野直接决定了原作与译者"视野融合"的质量，而文本意义的实现正有赖于此。然则书籍翻译又是个十分漫长的过程，译者不是机器，很难一直保持相同的状态，有时或许下笔如有神助，有时则是旬月踟蹰，难见寸功。而译者的身体条件更是译本质量的保证。再则德语乃是表音文字，语言之基即在字母的排列顺序，往往一个字母的增减竟成意义之迥异与语法之殊别。谨举两例，Bürgen（担保）与 Bürger（公民），两者的差别只在最末的字母；而 konnten（"能够"的过去时）与 könnten（"能够"的虚拟式）则仅仅是通过两个点来承载一个很重要的语法信息。西方哲学长于分析其实与其语言大有关系，而译者虽然均在目的语上浸淫多年，但仍需克服自傲心理，面对西文文本时必须慎之又慎，不可想当然耳。谨慎也是译者克服上述所有问题必有的态度。纵然谬误如物理学上的误差般不可避免,译者仍要认真做好每个细节,争取最大限度接近真值。

尼采此书文字恣肆,才情非凡,嬉笑怒骂,词深人天,细读来竟有些"非汤武而薄周孔"的意思。然则其人生于西方"原罪"文化之中,每受德国唯心主义与辩证法熏陶,兼采英国心理学与进化论之长,以语源学为解牛之刀,更有卓然不群之志,遂成此鞭辟入里之文字。译者本人才气不足,不敢存并驾齐驱之奢望,唯愿勤能补拙,为我国读者奉献一诚意之作。所幸对于翻译者而言,当今时代正是最好的时代。以前从事翻译的老先生,经常为查找一个人名地名而耗去很多光阴与精力,而如今全球化与网上电子资源的发展,却让这一切都变得很容易,所以如今的我们没有理由不翻译得比前人更准确翔实。是故凡是本书所涉人名和地名,若 Pütz 版已给出注释,则按 Pütz 版翻译,若没有,则认真求索,全部给出相关注释,尤其注重与尼采本人以及上下文之关联。而所涉引言,则首先一定先去寻找已有的中译本,找到相关文字出处,并参照德文译出,特别是相关的章节目次按已有中译本的构架给出,方便中国读者按图索骥。至于尼采本人的引言,则全部依照华东师范大学出版社"笺注本尼采著作全集"的翻译,略有修改。另外,本书的翻译同时还参考了三联版周红老师与漓江版谢地坤老师的译本,周老师文字轻快流畅,谢老师平实质朴,均给了我很多启发,在此谨表谢忱!同时也向尼采所引文献的所有中译本译者表示感谢!

承蒙刘小枫与倪为国两位先生错爱,委托我翻译此书。不料这样一本小册子,竟然一拖再拖,实在汗颜。而两位先生未曾有过苛责,如此宽容厚意,不能不让人拿出百分之一百二十的气力,力求做出目前中国最好的译本与笺注,奉献给两位先生。唯有如此,才能稍解我内心之惭愧。同时还要感谢本书的责任编辑彭文曼女士对整个工作的支持与帮助。如果海德格尔所言不差,那么"谢"(danken)与"思"(denken)当是同源,我们有了感激之思方有感激之言。其实在我们说出谢意之前，就已经先行谢过了。从这个意义上说，这本极耗心血与思考的译作，其实正是为感激而生的。

梁锡江
经年累月足不出户之日于上海

图书在版编目(CIP)数据

道德的谱系 /(德)尼采著;梁锡江译.
--上海:华东师范大学出版社,2015.4
(经典与解释·尼采注疏集)
ISBN 978-7-5675-2771-3

I.①道… II.①尼…②梁… III.①尼采,F. W.(1822~1900)-伦理学-研究
IV.①B516.47②B82

中国版本图书馆 CIP 数据核字(2014)第 264584 号

华东师范大学出版社六点分社

企划人 倪为国

本书著作权、版式和装帧设计受世界版权公约和中华人民共和国著作权法保护

尼采注疏集
道德的谱系

著　　者	(德)尼采
译　　者	梁锡江
审读编辑	温玉伟
项目编辑	彭文曼
封面设计	吴元瑛
出版发行	华东师范大学出版社
社　　址	上海市中山北路 3663 号　邮编　200062
网　　址	www.ecnupress.com.cn
电　　话	021-60821666　　　　行政传真　021-62572105
客服电话	021-62865537　　　　门市(邮购)电话　021-62869887
地　　址	上海市中山北路 3663 号华东师范大学校内先锋路口
网　　店	http://hdsdcbs.tmall.com
印 刷 者	上海景条印刷有限公司
开　　本	890×1240　1/32
插　　页	2
印　　张	8
字　　数	200 千字
版　　次	2015 年 4 月第 1 版
印　　次	2025 年 3 月第 5 次
书　　号	ISBN 978-7-5675-2771-3/B·896
定　　价	48.00 元
出 版 人	王焰

(如发现本版图书有印订质量问题,请寄回本社客服中心调换或电话 021-62865537 联系)